CHÉNIER

TABLEAU

HISTORIQUE

DE L'ÉTAT ET DES PROGRÈS

DE LA

LITTÉRATURE

FRANÇAISE

DEPUIS 1789

PRÉCÉDÉ D'UNE NOTICE SUR L'AUTEUR

PAR DAUNOU

Et accompagné de Notes complémentaires
1810—1862

PARIS

E. DUCROCQ, LIBRAIRE-ÉDITEUR

55, RUE DE SEINE, 55

BIBLIOTHÈQUE

CLASSIQUE

DES

CÉLÉBRITÉS CONTEMPORAINES

SAINT-DENIS. — TYPOGRAPHIE DE A. MOULIN.

En publiant le tableau de la littérature française de Chénier, et en y ajoutant l'indication sommaire des travaux les plus remarquables de notre siècle, nous avons eu un double but :

1° Remettre en lumière un chef-d'œuvre qu'on semble un peu trop oublier ;

2° Préparer les matériaux d'une *histoire de la littérature contemporaine*, avec l'espoir de trouver un second Chénier pour traiter cet intéressant sujet dans tous ses développements.

La postérité a déjà confirmé la plupart des jugements portés par ce grand esprit, et dans chaque page de son livre, on reconnaît l'auteur de ces vers immortels :

> C'est le bon sens, la raison qui fait tout,
> Vertu, génie, esprit, talent et goût.
> Qu'est-ce vertu ? raison mise en pratique ;
> Talent ? raison produite avec éclat ;
> Esprit ? raison qui finement s'exprime ;
> Le goût n'est rien qu'un bon sens délicat,
> Et le génie est la raison sublime.

NOTICE

SUR

M.-J. CHÉNIER

PAR DAUNOU

Marie-Joseph Chénier naquit, le 28 août 1764, à Constantinople, où son père était consul général. Transporté en France dès l'âge le plus tendre, il reçut à Paris une éducation si précoce et si rapide qu'aussitôt qu'elle fut terminée il sentit le besoin d'étudier tout ce qu'on venait de lui apprendre. Mais la nature l'avait doué d'une raison forte, d'une vive et brillante imagination, d'une mémoire immense; et il avait puisé au sein de sa famille, beaucoup plus que dans les écoles, le goût de toutes les connaissances utiles. Ses parents entretenaient avec un grand nombre d'artistes et de littérateurs distingués des relations qui, depuis 1770 jusqu'en 1780, contribuèrent à développer ses talents, secondèrent les progrès qu'il faisait déjà, et préparèrent surtout ceux qu'il devait faire. Sa mère, née en Grèce et digne d'une telle patrie, est connue par quelques lettres insérées dans le Voyage littéraire de Guys; et son père, après avoir rempli honorablement plusieurs fonctions diplomatiques, a publié deux ouvrages, l'un sur l'histoire des Maures, l'autre sur les révolutions de l'empire ottoman.

En 1781, M.-J. Chénier embrassa la profession militaire, qui, depuis le milieu du dix-huitième siècle, était devenue compatible avec celle des lettres. Officier dans un régiment de dragons, alors en garnison à Niort, il a passé dans cette ville deux années, durant lesquelles il a recommencé toutes ses études. N'ayant plus de professeurs, il fit en peu de temps des progrès solides; mais il était trop avide d'instruction et de gloire pour se tenir longtemps si loin du centre des lumières et du théâtre des succès. Il fallut donc quitter le service, revenir à Paris, et se mettre en état de débuter le plus tôt possible dans un des principaux genres de littérature.

Depuis son adolescence il n'avait cessé d'ébaucher des scènes théâtrales, d'imaginer des canevas dramatiques, et de s'exercer à les remplir. Parvenu à l'âge de vingt-deux ans, il rougissait d'être encore inconnu ; et, le 4 novembre 1786, il fit représenter à Fontainebleau une tragédie qui, jouée à Paris le 6 du même mois, fut imprimée peu de temps après : elle se nommait *Azémire*. Il n'a pas daigné la faire entrer, en 1801, dans le recueil de ses pièces de théâtre; il ne parlait plus d'*Azémire* qu'avec cette gaîté satirique qui, dans les dernières années de sa vie, était devenue l'un de ses talents. Nous oserons être moins sévères : quoique cet essai ne fût pas heureux, déjà quelques traits éloquents de l'un des principaux rôles, quelques mouvements, quelques beaux vers annonçaient un poëte tragique. Les premiers efforts d'un talent qui s'est perfectionné peuvent mériter qu'on les observe : en lisant cette pièce à la tête du Théâtre de Chénier, les jeunes auteurs dramatiques apprennent au moins à ne pas se décourager.

Trois années de silence et d'études suivirent une si faible tentative; et l'on ne se souvenait plus du tout d'*Azémire*, quand *Charles IX* parut, le 4 novembre 1789 : l'éclatant succès de cette tragédie fut considéré comme le début de Chénier. Il nous serait difficile de dire combien de fois elle a été représentée, reprise, imprimée, traduite ; mais tandis qu'elle obtenait partout tant de renommée, elle subissait l'inexorable censure de son propre auteur, qui, jusqu'en 1801, n'a cessé de la retoucher. Il aimait passionnément la gloire, mais la gloire durable; et il sut de bonne heure de quels longs travaux elle est le prix.

Après cette tragédie mémorable, dont le principal ressort est la terreur, et dont l'énergie est le plus sensible caractère, Chénier donna, en 1791, deux tragédies qu'on peut compter au nombre des plus pathétiques qui soient au théâtre : *Henri VIII* et la *Mort de Calas*. Cette dernière même est un spectacle si déchirant que l'auteur a fini par reconnaître qu'il avait passé le but ; c'est un monument précieux de son talent plutôt qu'une heureuse production de son art. Plusieurs vers de ce drame sont restés dans la mémoire des hommes de goût : ceux surtout qui offrent une peinture si fidèle des funestes effets de l'édit de 1685. Mais le pathétique est si profond et si vrai dans *Henri VIII* qu'il suffirait à remplacer les autres genres d'intérêt qui pourraient manquer à cette tragédie. Quand on la veut critiquer, il faut commencer par essuyer ses larmes, veiller sans cesse à les retenir, et résister non moins courageusement aux impressions qui résultent des mouvements et de la beauté du syle. Elle a été aussi à diverses reprises retouchée par le poëte, qui semblait avoir une sorte de prédilection pour elle. Il en a donné, en 1805, une dernière édition, la seule qui contienne toutes les corrections qu'il a faites à ce poëme.

Caïus Gracchus, mis au théâtre en 1792, continuait d'être représenté en 1794. En vain l'auteur avait dignement exprimé les grandes pensées et les sentiments énergiques des Romains; en vain il avait souvent reproduit les traits et les mouvements de leur éloquence républicaine; on ne lui pardonna point d'avoir osé emprunter leur voix pour demander des lois et non du sang, au moment même où le sang ruisselait en France sur les ruines de toutes les institutions sociales. La tyrannie répondit : *Du sang et non des lois*, proscrivit la pièce et résolut la proscription du poëte.

Il avait mérité cette honorable haine par plusieurs autres ac-

tions généreuses, et principalement par sa tragédie de *Fénelon*, représentée au mois de février 1793. La morale auguste et véritablement religieuse qui règne dans cet ouvrage était une sorte de protestation solennelle contre les crimes publics dont le cours avait commencé. « J'ai cru, disait-il, qu'en nos jours mêlés de
» sombres orages, lorsque les mauvais citoyens prêchent impuné-
» ment le brigandage et l'assassinat, il était plus que temps de
» faire entendre au théâtre cette voix de l'humanité qui retentit
» toujours dans le cœur des hommes rassemblés. » La pièce obtint un brillant succès et demeura sans influence : l'auteur, qui avait aspiré à se rendre utile, ne réussit qu'à devenir plus célèbre : il ne recueillit que de la gloire. Il y a sans doute plus de grandeur dans *Charles IX*, plus de pathétique dans *Henri VIII*; mais l'éclat plus doux qui brille dans *Fénelon* est peut-être aussi plus pur : c'est l'ouvrage d'un homme de bien, habile dans l'art dramatique, supérieur dans l'art des vers. Après beaucoup de corrections successives, cette tragédie a été réimprimée avec une préface nouvelle en 1802.

Il fit encore, en 1793, représenter à l'Opéra un divertissement en un acte, intitulé le *Camp de Grand-Pré*, mis en musique par Gossec. Il suffit que cette production soit d'un genre dans lequel l'auteur s'est peu exercé, pour qu'on aime à la retrouver dans la collection de ses œuvres dramatiques. Elle peut contribuer à faire apprécier la flexibilité de son talent ; et l'on est d'ailleurs assez équitable aujourd'hui pour ne considérer dans les événements et les circonstances qu'elle rappelle que l'héroïsme des armées françaises.

A l'égard de *Timoléon*, tragédie en trois actes avec des chœurs, Chénier n'y trouvait ni assez de mouvements dramatiques, ni même un style assez animé. Composée en 1794, peu de mois avant le 9 thermidor, elle n'était destinée qu'à inspirer l'horreur des forfaits de ces temps affreux :

>   La tyrannie altière et de meurtres avide,
>   D'un masque révéré couvrant son front livide,

> Usurpant sans pudeur le nom de liberté,
> Roule au sein de Corinthe un char ensanglanté...
> Il est temps d'abjurer ces coupables maximes;
> Il faut des lois, des mœurs, et non pas des victimes.

Mais la tyrannie décemvirale, qui ne pouvait manquer de se reconnaître à ce portrait, fit rechercher, saisir, brûler tous les manuscrits de ce poëme : une seule copie, échappée à cette recherche, et conservée par Mme Vestris, servit, en 1795, à publier la pièce telle qu'on l'a depuis réimprimée plusieurs fois.

Cyrus n'a eu qu'une seule représentation : c'était à la fin de 1804, peu de jours après une cérémonie fameuse. On crut apercevoir quelques rapports entre le couronnement de Cyrus et la bénédiction pontificale qui venait de consacrer une usurpation nouvelle. Il se pouvait bien qu'en effet Chénier eût conçu l'idée d'adresser des leçons sévères au plus impérieux des despotes, de lui retracer les devoirs de cette puissance suprême qu'il osait envahir, et de réclamer solennellement pour la liberté publique les garanties dont il l'avait déjà frustrée. Ce qui est sûr, c'est que le chef de l'État se tint pour offensé; qu'il employa contre le succès de cette pièce les ressorts et les agents de son pouvoir; et que cette fois il fut secondé par ses propres ennemis autant que par ses flatteurs. On croyait lui refuser à lui-même les applaudissements qu'on n'accordait point à *Cyrus*; et, sans examiner si les reproches qu'on faisait au poëte étaient mal ou bien fondés, il suffisait qu'ils parussent tenir lieu de ceux qu'on n'osait point adresser au pontife. Les lecteurs ont pu, bien mieux que les spectateurs, juger des intentions, du plan et du style de cette tragédie : elle a été imprimée pour la première fois en 1818, ainsi que toutes celles dont il nous reste à parler.

L'une, intitulée *Philippe II* (ou *Don Carlos*), est reçue, depuis plus de vingt ans au Théâtre-Français : nous n'avons pas besoin d'expliquer les causes qui en ont empêché la représentation. Il n'a plus été permis, sous le régime impérial, de mettre sur la scène aucun des ouvrages de Chénier; et cette prohibition est du nombre de celles qui se sont maintenues comme d'elles-mêmes depuis 1814. L'auteur, dans les dernières années de sa vie, ne travaillait plus que pour la postérité ; son *Tibère* n'a pas même été présenté aux comédiens : sur le seul titre, l'ouvrage était déjà dénoncé comme le portrait d'un autre tyran. On peut le considérer comme une suite de *Germanicus* de M. Arnault : c'est presque le même sujet traité sous deux aspects divers par deux auteurs que rapprochent à la fois leurs talents, leurs malheurs, la noble franchise de leurs caractères, et l'honorable amitié qui les unissait. Mais, indépendamment de toute circonstance, le *Tibère* de Chénier tient, aux yeux des meilleurs juges [1], un rang éminent parmi les chefs-d'œuvre dramatiques.

Les lecteurs éclairés ont distingué aussi dans son théâtre une comédie en vers, intitulée *Nathan le Sage* ; sujet traité fort au long par Lessing, et que Chénier a réduit en trois actes, en y répandant beaucoup de grâce et de gaîté. Il a puisé, dans quelques scènes des deux derniers actes du *Jules César* de Shakespeare l'idée de sa tragédie de *Brutus et Cassius*. C'est un ouvrage de sa jeunesse, qu'il a remis plusieurs fois sur le métier, et qu'il se promettait de perfectionner un jour. On n'a pu recouvrer que des fragments de deux comédies, dont l'une est imitée de Shéridan [2], et l'autre une nouvelle esquisse d'un sujet sur lequel Voltaire s'était essayé [3]. Mais le théâtre posthume de Chénier renferme des imitations de l'*OEdipe-Roi*, de l'*OEdipe à Colone* [4],

---

[1] Voyez l'analyse du théâtre de Chénier, par M. Lemercier, tome I des OEuvres anciennes.

[2] L'*École du scandale*.

[3] Le *Dépositaire*, comédie de société.

[4] « La tragédie d'*OEdipe mourant* n'est point une traduction de la pièce de
» Sophocle, mais une pièce sur le même sujet, où j'ai tâché de rassembler, autant
» qu'il m'a été possible, toutes les beautés de l'*OEdipe à Colone*, et de ne point
» le déshonorer par une intrigue oiseuse ou mesquine. J'ai retranché ce qui m'a
» semblé ne pouvoir convenir au théâtre français ; mais dans ce que j'ai ajouté,
» mon unique dessein a été d'imiter la manière dont ces Grecs pensaient et ex-
» primaient leurs pensées. Aucune nation ne les a égalés dans le style noble et
» simple, qui n'est point le style prosaïque, mais bien le style de la plus belle

et d'une partie de l'*Électre* de Sophocle. Il se proposait de reproduire ainsi tout ce qui nous reste de ce tragique grec, qu'il préférait à tous les autres poëtes dramatiques de l'antiquité. L'un de ses plus ardents désirs était de voir un jour les talents de nos plus grands acteurs et de nos plus habiles musiciens concourir à représenter les poëmes de Sophocle sur le plus vaste de nos théâtres. Selon lui, ces spectacles pouvaient seuls nous donner quelque idée de ceux de la Grèce, nous en dévoiler tous les charmes, nous en faire sentir tout le prix. C'était dans les tragédies grecques qu'il avait puisé de bonne heure le système qui a présidé à toutes ses compositions dramatiques et qui en a déterminé l'extrême simplicité. Il a toujours pensé que l'intérêt devait naître, non de la complication romanesque des incidents, mais de la nature même du sujet; non de l'incertitude du dénoûment, mais du caractère pathétique ou terrible des situations; que l'art consistait à représenter les personnages, c'est-à-dire à les animer, à exprimer leurs pensées, leurs passions, leurs vertus, leurs vices; qu'en un mot il s'agissait bien moins d'exciter la curiosité du spectateur, et de le tenir en suspens que de l'émouvoir, de le charmer, de l'attendrir. Il ne nous appartient pas d'examiner si ce système est le plus vrai; il est du moins le plus sévère : mais il se peut que Chénier l'ait quelquefois poussé trop loin. L'expérience la plus hardie et la plus heureuse qu'il en ait faite, c'est dans ce cinquième acte de *Fénelon*, qui intéresse si vivement les spectateurs, quoiqu'il n'ait rien à leur apprendre. En admirant les traits de génie qui éclatent dans les monstrueuses productions de Shakespeare, Chénier ne concevait pas qu'on pût mettre sérieusement en parallèle avec le théâtre classique des Grecs et des Français un prétendu genre romantique, ignoble symptôme de la décrépitude de l'art théâtral, quand il n'en est plus le premier essai. Il lui semblait impossible que l'esprit humain rétrogradât de Racine à Schiller, à moins qu'on

» poésie, puisqu'il consiste à peindre toujours par l'expression et par les sons,
» sans jamais rien affecter. » (*Note de* Chénier, *trouvée parmi ses manuscrits inédits.*)

ne s'avisât aussi de renoncer à la philosophie de Locke pour celle de Kant, et de se replonger, après deux siècles de progrès et de lumières, dans les plus épaisses ténèbres du moyen âge. Il espérait que les Français, au moins, seraient longtemps préservés de ces travers par le sentiment de la gloire éminente de leur littérature nationale, et par l'instruction saine et pure que leurs grands écrivains ont répandue.

Chénier, outre son théâtre, a laissé des poésies diverses, dont le public possède déjà deux principaux recueils : l'un, imprimé en 1797, composé seulement de poésies lyriques, est divisé en trois livres, savoir : les odes, les hymnes et les chants imités d'Ossian ; l'autre, beaucoup plus riche, publié en 1818, et contenant le premier livre de la *Rataviade*, le chant premier d'un poëme sur les Principes des arts, un Essai sur la satire, des discours en vers, des épîtres, des élégies, des contes, des dialogues, des épigrammes, une traduction en vers de l'Art poétique d'Horace, et quelques autres poésies diverses. On s'est abstenu d'insérer dans ce second recueil certaines pièces satiriques qui avaient été imprimées à part depuis 1796 jusqu'en 1805, et qui ont besoin de devenir plus anciennes, pour ne réveiller aucune discorde et ne perpétuer que les traditions du bon goût. En rappelant ici ces satires de Chénier, nous ne prétendons point assurément les déclarer impartiales. Dans la chaleur ou même dans le tumulte des querelles politiques et littéraires, comment aurait-il toujours évité les écueils d'un pareil genre? Trop souvent victime, il n'a pu se garantir assez d'être injuste ; et c'est là le plus grand tort que lui aient fait ses ennemis. Entraîné par l'essor de son talent bien plus que par des affections malveillantes, il eut le malheur d'apprécier sans équité quelques hommes de lettres auxquels il a rendu depuis toute son estime. L'une de ses plus chères habitudes, durant les dernières années de sa vie, était de saisir et de chercher toutes les occasions de réparer ses propres torts, toutes les fois qu'il pouvait le faire avec une parfaite liberté. Il se montrait disposé à toutes les réconciliations qu'on ne lui rendait pas impossibles. Du reste, nous songerions en vain à dissimuler l'énergie, la gaîté, le talent qui règnent dans toutes ses satires. Les traits en sont naturellement si vifs et si purs, ils tiennent à des idées générales si justes et si précises que bien souvent ils n'auraient besoin d'être appliqués à aucun nom propre, et gagneraient, au contraire, à s'en débarrasser.

Fort peu de poëmes, depuis 1800, ont été plus glorieusement accueillis que l'Épitre de Chénier à Voltaire. Il est vrai que le gouvernement d'alors prit soin d'avertir avec fracas le public de l'attention dont elle était digne, en frappant l'auteur d'un décret de destitution. Mais cet éclat inusité n'était nullement nécessaire au succès d'un poëme aussi distingué par la richesse des pensées que par le charme de l'expression, et qui n'est pas moins admiré, moins reconnu pour l'une des plus belles productions poétiques du dix-neuvième siècle, depuis qu'on ne se souvient plus de ces bruyants hommages qu'on s'était trop empressé de lui rendre. Il a reparu dans le recueil de 1818, où l'on a omis, nous ne savons par quelle fatalité, un discours en vers qui aurait pu y disputer le premier rang à cette épître, et qui roule sur la question de savoir *si l'erreur est utile aux hommes*. M. Beuchot a réparé cette omission en insérant ce discours dans le tome XXIII de l'une des nouvelles éditions de Voltaire, ainsi que Voltaire lui-même avait donné place dans son Dictionnaire philosophique au discours de Rulhière sur les Disputes. Nous croyons qu'en effet Voltaire eût dit de ces vers de Chénier encore plus que de ceux de Rulhière : « Voilà des vers comme on en faisait dans le bon
» temps. »

La Hollande affranchie du joug espagnol était le sujet d'un poëme épique en dix livres, qui, entrepris en 1806, n'aurait pu être achevé qu'en 1815, et qui demeurait interrompu toutes les fois que le poëte, dont la santé s'affaiblissait de jour en jour, perdait l'espoir d'atteindre à ce terme. Il se promettait de finir au moins un poëme didactique, qui ne devait avoir que quatre chants, mais dont il n'a pu terminer que le premier. Il osait y traiter de la théorie générale des beaux-arts, des principes qui leur sont communs à tous, des formes et des méthodes qui doivent demeurer propres à chacun d'eux. Il avait déjà publié un discours en vers sur les poëmes descriptifs; et il se proposait d'examiner si la raison et le bon goût admettent un genre romantique.

C'est, comme on voit, un recueil très-riche et très-varié que celui des poésies diverses de Chénier : il s'en faut pourtant que nous indiquions ici tous les morceaux qui le composent, ni tous ceux qui resteraient à y joindre. Les amis des lettres et de la liberté y ont distingué l'élégie intitulée la Promenade, composée en 1805 : peinture fidèle et touchante des sentiments politiques de l'auteur, de son patriotisme inaltérable, et de l'horreur que lui inspirait la tyrannie.

Ses écrits en prose peuvent se diviser en trois parties dont la première est comprise, sauf les morceaux que l'on n'a pu recouvrer, dans un volume publié en 1818, sous le titre de *Fragments de littérature*. On y retrouve un discours, imprimé en 1801, sur les progrès des connaissances en Europe, et de l'enseignement public en France. Quoique ce discours ait été prononcé à une distribution de prix, ce n'est ni une harangue de collége, ni un tissu de vaines formules, de compliments académiques et d'exhortations banales : c'est un éloquent morceau d'histoire littéraire, et véritablement un modèle de l'art d'instruire, qui n'est au fond que celui d'agrandir l'esprit des élèves, de l'enrichir d'idées précises, mûres et profondes. Mais l'histoire des lettres avait tant d'attraits pour Chénier que depuis il en voulut faire l'objet d'un travail beaucoup plus étendu. Les discours qu'il a lus à l'Athénée de Paris contenaient la première partie d'un Tableau historique de la littérature française : il y traçait l'histoire de la langue et des divers genres de poésie et de prose depuis le onzième siècle jusqu'à l'avénement de François Ier. Le seizième, le dix-septième et le dix-huitième siècle devaient fournir la matière des trois autres parties. Une excellente introduction expose le plan de tout l'ouvrage, et en indique même les principaux résultats. Les leçons qui concernent les fabliaux et les anciens romans français sont les seules qui aient été imprimées en entier. Celles qui avaient pour objet les chroniques, les histoires, les poëmes, les mystères, et les autres productions dramatiques antérieures à l'année 1515, ne sont point assez complètes dans les copies qu'il a été jusqu'ici possible d'en recouvrer. Toutes ces leçons étaient d'un grand intérêt, malgré quelques inexactitudes ou même quelques erreurs que Chénier n'avait pas eu le temps d'éviter. Il se proposait de vérifier plus à loisir certains détails obscurs et d'une faible importance, auxquels il n'avait guère pu donner que l'attention qu'ils méritent. Il s'était du moins assuré, par beaucoup de lectures et de recherches, de la vérité des résultats essentiels. Nous oserons dire qu'il les a mieux saisis, et surtout mieux présentés que n'ont fait jusqu'à présent ceux qui ont attaché un prix extrême à des particularités aussi indifférentes que problématiques. L'érudition est sans contredit indispensable dans ces matières; mais elles réclament encore plus, pour être utilement traitées, les lumières de la philosophie, les grâces de l'esprit et du style. Ce qu'il faut regretter, c'est que Chénier n'ait achevé que la partie la moins attrayante de son ouvrage, et que la littérature française, proprement dite, attende encore un historien, quand la littérature italienne en a trouvé un, et le meilleur qu'elle ait jamais eu, dans un écrivain français [1]. Au discours ou leçon que nous venons de rappeler, on a joint des articles de littérature insérés par Chénier dans quelques journaux, spécialement dans *le Mercure*, dont il était, en 1809 et 1810, l'un des rédacteurs, et une traduction du Dialogue sur les orateurs attribué à Tacite ou à Quintilien. Il a traduit d'autres morceaux de Tacite; et ce travail est resté manuscrit; mais on a imprimé en Belgique et ailleurs sa version française de la poétique d'Aristote. Tels sont ceux de ses écrits en prose que nous comprenons sous une première classe.

La seconde consiste dans le volume imprimé sous le titre de

[1] *Histoire littéraire d'Italie*, par Ginguené. Paris.

Tableau historique de l'état et des progrès de la littérature française depuis 1789 : ouvrage déjà classique, qui, depuis la fin de 1816, a eu quatre éditions, outre celle que l'institut en avait fait faire en 1815. Ce volume est malheureusement resté incomplet : on n'y trouve ni le chapitre qui devait concerner le genre oratoire, ni celui qui aurait été consacré à l'examen des livres d'histoire littéraire ; on désirerait aussi les dernières pages du chapitre qui traite de l'histoire civile : mais ceux qui ont pour objet la grammaire, la logique, les sciences morales et politiques, la théorie de l'art d'écrire et les romans sont achevés, aussi bien que ceux qui concernent les principaux genres poétiques. Avant la publication de cet ouvrage, l'opinion publique, il faut l'avouer, n'avait point encore décerné à Chénier la place éminente qu'il méritait parmi les prosateurs de ces derniers temps : on ne connaissait toute l'étendue ni de son talent, ni de ses lumières, ni de son impartialité ; on ne savait pas quel empire sa raison et sa conscience exerçaient sur ses préventions et sur ses ressentiments ; on ignorait qu'habile autrefois dans l'art de la satire, il avait fini par l'être bien plus dans l'art de louer : véritable et rare progrès du talent littéraire autant que de la bonté morale. Ce tableau, où sont si bien appréciées les productions les plus récentes de notre littérature, a pour appendice un rapport auquel avaient donné lieu les discussions sur les prix décennaux, ouvertes au sein de l'Institut. C'est le dernier écrit de Chénier : il l'a tracé d'une main mourante avec toute la vigueur et toute la grâce de son talent. Cette fois les applaudissements furent unanimes, et l'on parut sentir enfin quel littérateur, quel écrivain l'on était sur le point de perdre : l'auteur fut presque aussi loué que s'il eût déjà cessé de vivre. Il est certain qu'en réclamant pour l'un de ses anciens ennemis le prix de littérature didactique, il a réellement enseigné à le mériter, et que personne encore n'avait mieux apprécié ce qu'il y a d'excellent et d'imparfait, de trop court et de trop long dans les dix-neuf tomes du Lycée de La Harpe.

Divers autres écrits en prose, que nous n'avons pas encore indiqués, composeraient une troisième et dernière classe. Nous voulons parler, non des préfaces et des notes qu'il a jointes à ses poëmes, principalement à ses tragédies, mais bien des discours qu'il a prononcés dans plusieurs assemblées politiques, et qui, presque tous encore, appartiennent à la littérature, par leur matière même autant que par leurs formes. En effet, ils concernent la propriété des productions littéraires, les récompenses dues aux savants, aux artistes, aux écrivains ; la conservation des monuments, des livres et des objets d'arts ; l'instruction publique en général, et certaines institutions particulières, spécialement le Conservatoire de musique, dont Chénier a proposé, obtenu et déterminé l'organisation.

Voilà quels ont été ses ouvrages en prose et en vers depuis 1786 jusqu'à la fin de 1810, c'est-à-dire durant vingt-quatre années, entre lesquelles il en faut compter dix de fonctions politiques et dix de maladies.

Il a été, sans interruption, membre de toutes les législatures qui se sont succédé depuis 1792 jusqu'au mois de mars 1802. Quoiqu'il ait beaucoup écrit en vers et en prose dans le cours de ces dix années, il est indubitable que, s'il avait pu les consacrer aux lettres sans partage et sans distraction, le recueil de ses œuvres serait aujourd'hui beaucoup plus riche. Cependant, comme nous venons de le dire, c'était encore de littérature et d'instruction publique qu'il s'occupait le plus ordinairement dans l'exercice de ses fonctions législatives, et il s'est, à certaines époques, presque borné à ce seul genre d'activité et d'influence. Quand il sortait de cette sphère, c'était presque toujours, depuis 1794, pour contribuer au retour de l'équité, pour s'opposer aux résolutions tyranniques, aux mesures arbitraires, pour rétablir l'ordre et le règne des lois. Sa voix éloquente a rappelé au sein de la Convention M. Lanjuinais et les autres proscrits de 1793, et au sein de la France, M. de Talleyrand.

Il est bien aisé, après de violents orages, de censurer les

hommes publics qui, jetés au milieu des troubles, ne les ont pas maîtrisés. Mais l'exagération des reproches qu'on leur adresse prouve seulement qu'en leur place on en aurait soi-même mérité de bien plus graves ; car c'était précisément cette partialité, cette rigueur extrême, cet impatient besoin de condamner, qui, dans ces temps déplorables, disposait, entraînait presque invinciblement aux erreurs, aux fautes, aux injustices. Il est une opinion, un vote de Chénier que nous n'entendons excuser en aucune manière ; à l'égard des autres, nous désirerions que ses censeurs voulussent bien prendre une connaissance un peu exacte des faits et des époques dont ils parlent : ils sauraient que plusieurs missions lui ont été proposées en 1793 ; que, pour les avoir toutes refusées, il fut exclu du comité d'instruction publique [1] ; que, menacé d'une proscription plus sérieuse, et forcé de prendre la parole sur les honneurs qui avaient été décernés, en 1791, à la mémoire de Mirabeau, il osa rendre hommage aux talents, au génie et à quelques actions de cet orateur célèbre, et ne pas dire un seul mot d'un autre homme dont on divinisait le délire et les attentats. Ce silence, au moment même d'une telle apothéose, en était, sans aucun doute, le désaveu le plus solennel, l'improbation la plus outrageante ; et nous ignorons ce qu'auraient fait de plus courageux, en une pareille conjoncture, ceux qui ont tant blâmé et si peu lu ce discours [2]. Les tyrans en jugèrent mieux : ils se promirent de venger leur idole par la perte de Chénier et de sa famille entière. Son père fut menacé ; deux de ses frères furent arrêtés ; il fut bientôt dénoncé lui-même, cité, recherché, inscrit à son rang sur l'une des pages de la liste des proscriptions. Il n'en devint que plus ardent à solliciter la délivrance de ses frères ; durant plusieurs mois, il n'eut pas d'autre pensée ; et ses instances furent si vives, si persévérantes qu'il parvint à sauver l'une des deux victimes. Nous ne prétendons point le louer

---

[1] Voyez le procès-verbal de la Convention nationale, séance du quinzième jour du premier mois de l'an II, pages 123 et 124.
[2] Il est dans le *Moniteur* du 7 frimaire an II.

ici de ces démarches, auxquelles l'entraînaient les sentiments les plus tendres, mais qu'il aurait encore faites quand il n'eût consulté que son intérêt personnel ; car les périls de ceux qui portaient son nom aggravaient les siens propres ; et l'on arrivait à lui en les frappant. André Chénier périt le 7 thermidor, et cette date toute seule réfuterait assez une calomnie aussi absurde qu'horrible. Si quelqu'un, le 7 thermidor, avait en effet le moyen de sauver ses parents les plus chers, assurément un tel crédit, une telle puissance n'appartenait point à celui qui périssait lui-même si ce régime sanguinaire eût duré quinze jours de plus. Immolé à trente-un ans, André Chénier s'était déjà distingué dans la carrière des lettres : ses productions en vers et en prose annonçaient un écrivain d'un goût pur, d'un esprit étendu et d'un rare talent. Sa mère, qui l'a pleuré quatorze ans, demeura, tant qu'elle vécut, avec Marie-Joseph Chénier ; et c'était lui qui la consolait, si le charme de la douleur partagée doit s'appeler consolation [1].

Une femme célèbre, que Chénier comptait au nombre des écrivains dont la littérature française devait s'enorgueillir [2], l'a jugé lui-même avec beaucoup moins d'équité [3]. Elle ne cite pourtant, de toute sa conduite politique, que deux faits fort honorables l'un et l'autre, savoir : ce qu'il fit pour M. de Talleyrand, *qui lui dut son rappel*, et pour Dupont de Nemours, *qu'il parvint à sauver*. Mme de Staël trouve ces deux actions assez belles pour s'y associer elle-même, et, sans doute, elle était fort digne de les suggérer ; car on l'a vue, dans toutes les circonstances difficiles, empressée à rendre des services courageux, et les périls de tous les hommes de mérite, y compris Chénier [4], ont toujours vive-

---

[1] Voyez les vers 129-156 du *Discours sur la Calomnie*, tome III des œuvres anciennes.

[2] *Tableau de la littérature française* depuis 1789.

[3] *Considérations sur la Révolution française*, page 188 et 189 du tome II.

[4] Voici ce que Mme de Staël écrivait, en 1802, à un ami de Chénier : « Je suis
» venue chez vous ce matin pour vous demander si vous ne saviez rien de Ché-
» nier, dont je suis fort inquiète, et pour causer avec vous sur les services qu'on
» peut lui rendre. Je voulais lui faire offrir de l'argent, un asile et un passeport,

ment excité son zèle. Il était l'un de ceux dont elle recherchait le plus la société : on la rencontrait chez lui ; on le remarquait parmi les membres du corps législatif et de l'Institut qu'elle se plaisait à réunir chez elle. Mme de Staël aimait comme lui, il aimait comme elle la liberté et la justice, et depuis 1795 jusqu'en 1802, on n'apercevait d'ordinaire aucune différence bien essentielle entre leurs opinions politiques. Il n'en était pas tout à fait ainsi lorsqu'il s'agissait du genre romantique ou de la philosophie allemande : nous devons confesser que, sur ces articles, Chénier ne se montrait ni assez traitable ni peut-être même assez poli ; et c'est sans doute à quelque ressouvenir de ces discussions ou disputes littéraires qu'il convient d'attribuer ce qui est dit des préjugés et de l'âpreté de Chénier, dans l'ouvrage posthume, d'ailleurs si recommandable, de Mme de Staël.

Tous ceux qui ont connaissance des événements de 1799 et des trois années suivantes savent que Chénier fut l'un des hommes publics de cette époque qui, soit dans les commissions intermédiaires établies le 18 brumaire, soit au sein du tribunat, s'efforcèrent de mettre un frein aux usurpations, de repousser les lois arbitraires, de maintenir en France les derniers restes du système représentatif, et qu'on eut besoin d'éloigner pour arriver au consulat à vie et à l'empire. Il fut donc compris dans l'élimination de 1802 avec Ginguené, Saint-Aubin, et MM. Bailleul, Ganilh, Parent-Réal, Benjamin Constant, Thiessé, etc. ; et peu s'en fallut qu'on ne prît contre lui des résolutions plus violentes [1].

Tant d'orages, tant de périls et de chagrins doivent être comptés parmi les causes qui ont abrégé les jours de Chénier. L'altération de sa santé n'était déjà que trop sensible en 1799, quand il résistait avec l'énergie la plus honorable aux derniers mouvements de l'anarchie, et aux premières entreprises d'usurpa-

---

» selon qu'il pourrait en avoir besoin. » Chénier, quoiqu'il n'ait accepté aucune de ces offres, n'en était pas moins reconnaissant.

[1] Voyez la note précédente.

tion. Sa constitution robuste et les soins de M. Portal, son médecin et son ami, ont lutté pendant plus de dix ans contre les progrès d'une maladie grave et compliquée, qui peut-être aurait cédé aux efforts de la nature et de l'art, si Chénier avait su s'assujettir à un régime uniforme et austère ; mais, trompé par l'activité toujours croissante de ses facultés intellectuelles et morales, il méconnut longtemps son état, et n'en sentit tout le péril, que lorsque ce sentiment ne pouvait plus être qu'un péril de plus.

C'est dans le cours de ces dix années qu'il a commencé ou achevé la plupart de ses ouvrages. Il en avait projeté plusieurs autres : par exemple, une tragédie ayant pour sujet la mort de Conradin, une édition de Racine, un traité des sources du pathétique, une continuation des éléments de l'histoire de France de Millot. Il ne subsiste aucun vestige de ces projets, parce que Chénier n'écrivait presque jamais de notes ni d'esquisses ; mais les matériaux en étaient si bien rassemblés et disposés dans sa tête qu'il rendait compte de toutes les idées, de tous les détails qui devaient entrer dans ces productions futures, et que, lorsqu'il en parlait, il en composait réellement quelque partie. L'étendue et la ténacité de sa mémoire le dispensaient des soins qu'on a coutume de prendre pour recueillir et fixer ses connaissances et ses pensées. Quoiqu'il n'eût jamais rien transcrit, rien extrait de ses lectures, nous ne saurions dire combien de volumes on eût rempli des morceaux de vers et de prose qu'il savait par cœur : car il faudrait y comprendre, non-seulement tous les chefs-d'œuvre de la poésie française, tous les grands traits et les plus belles pages de nos meilleurs écrivains en prose, mais encore un recueil très-long, quoique choisi, des plus mauvais vers qu'on ait faits depuis Chapelain, et des phrases les plus ridicules qu'on ait écrites depuis les premières harangues de l'Académie française. Aucune sottise n'échappait à sa mémoire impitoyable, qui avait contracté, en quelque sorte, les habitudes satiriques de son esprit ; mais aussi il ne pouvait rien voir de grand et de beau sans l'admirer, ni rien admirer sans le retenir à jamais. Tant de souvenirs, toujours fidèles, toujours présents, éclairaient les discussions littéraires auxquelles il prenait part; il disposait d'un inépuisable fonds d'exemples, qui venaient s'appliquer d'eux-mêmes avec une parfaite justesse à chaque point d'une question. Ce qui surprendra davantage ceux qui ne l'ont pas connu, c'est qu'il savait presque autant de dates que de vers; pas un seul fait de quelque importance dans l'histoire civile ou littéraire, dont il ne fût toujours prêt à rappeler l'époque précise ou convenue; pas un poëte, par un seul auteur, tant soit peu remarqué, dont il ne pût au besoin et sans la moindre recherche dater la naissance, les travaux et la mort, autant du moins qu'on le peut faire. Il avait particulièrement étudié la bibliographie, comparé les plus riches catalogues, examiné un très-grand nombre de livres; non-seulement il savait d'une manière imperturbable les dates de toutes les éditions qui sont dignes de quelque souvenir, mais il en avait observé et retenu toutes les circonstances distinctives : cette étude lui plaisait, comme une branche de l'histoire littéraire, de cette histoire de toutes les connaissances humaines, qui est elle-même l'une des plus utiles connaissances.

Il n'avait point cultivé les sciences physiques et mathématiques; mais il en savait l'histoire et par conséquent les principaux résultats, ceux du moins que le langage commun peut exprimer. Plus entraîné vers les arts qui tiennent à la poésie par des rapports immédiats et sensibles, il en avait appris et les annales et les langues : il prenait un vif intérêt aux arts du dessin, il cultivait la musique; et les grands artistes le plaçaient au premier rang des amateurs éclairés. Mais il excellait dans les deux genres de connaissances qu'on a coutume de désigner par les noms de belles-lettres et d'histoire; il les regardait comme indivisibles, et n'en séparait ni l'analyse de la pensée, ni les sciences morales et politiques. Malgré l'immensité de ses lectures et son goût pour certaines recherches, il ne prétendait point à l'érudition; mais fort peu de littérateurs ont réuni, possédé un plus grand nombre de ces connaissances réelles, de ces lumières véritables et fécondes qui ne prennent que le modeste nom d'instruction, et qui manquent souvent aux érudits.

De ses passions, qui toutes étaient vives, la plus dévorante fut le désir de contribuer aux progrès des lumières ; il aimait les lettres et la vérité encore plus que la gloire. L'extrême imperfection de l'enseignement dans les écoles publiques l'avait frappé dès son jeune âge : il n'omit aucun soin pour y remédier, soit lorsqu'il concourut à la rédaction des projets de loi qui concernaient cette importante matière, soit lorsqu'il exerça les fonctions de membre du jury d'instruction du département de la Seine, puis celles d'inspecteur général des études. L'état déplorable de sa santé ne modéra point son zèle : il parcourut, en 1803, les départements de l'ouest, y visita toutes les écoles, ranima partout les études et l'émulation ; jamais sa maladie ne l'a plus affligé, qu'en le forçant d'interrompre ces utiles et laborieux voyages. Lorsqu'après la publication de l'épître à Voltaire, il eut été si scandaleusement destitué de cette place d'inspecteur, il continua du moins de prendre part aux travaux de la classe de l'Institut à laquelle il appartenait, et y concentra souvent toute l'activité de son esprit et de son âme : ses quatre dernières années ont été consacrées au service et à la gloire de cette compagnie. Il entreprit pour elle le Tableau de la Littérature française depuis 1789 ; et, quoiqu'elle ne paraisse point avoir revendiqué cet ouvrage, il doit être permis de dire qu'elle n'a guère vu naître dans son sein de productions plus honorables. Mais il s'intéressait vivement à tous les autres objets des discussions académiques, particulièrement au concours d'éloquence et de poésie ; zélé défenseur des vrais talents, toujours sûr de les discerner, et presque toujours d'obtenir pour eux des triomphes. S'il en fallait citer des exemples, nous nommerions MM. Jay et Victorin Fabre, dont les succès ont commencé par le suffrage de Chénier. Tel était enfin son dévouement à tous les genres de travaux littéraires que le dictionnaire même de l'Académie française l'a occupé sérieusement, et qu'on retrouve dans ses papiers les traces des efforts qu'il a faits pour le perfectionner, ou du moins pour substituer des exemples classiques aux phrases triviales, insignifiantes et quelquefois incorrectes qui le remplissent.

Nul n'a su mieux que lui jouir de tous les succès de ses plus dignes rivaux : c'étaient pour lui des jours de fête que ceux où la littérature s'enrichissait d'un bel ouvrage, de l'*Othello* de Ducis, de l'*Agamemnon* de M. Lemercier, des *Vénitiens* de M. Arnault, d'une comédie de M. Andrieux. Il louait éloquemment même ses ennemis, La Harpe, par exemple, qui, après avoir reçu de lui d'éminents services, l'outragea plus qu'auparavant. Il est vrai que Chénier s'est vengé, par quelques traits satiriques, de cet excès d'ingratitude et d'injustice; mais il connut les bornes que devaient avoir ces représailles. Dès qu'il sut que La Harpe était malade, il retira des mains de l'imprimeur une dernière satire où ce littérateur célèbre était jugé sévèrement. Ce n'est là qu'un acte d'humanité bien simple et bien vulgaire dans les mœurs de Chénier; mais, lorsqu'il était malade et presque moribond lui-même, ses ennemis n'avaient pas coutume d'être si généreux.

Dans la société, Chénier recevait de tout ce qu'il entendait et voyait, des impressions extrêmement fortes; et, au moment où elles s'emparaient de lui, il ne savait pas les dissimuler : voilà pourquoi ceux qui n'ont pas eu avec lui des relations très-intimes ont pu quelquefois ne pas trouver ses mœurs assez douces. Qui l'a bien connu doit rendre hommage à la noblesse et à la bonté de son caractère; tous les sentiments honnêtes, humains, vertueux remplissaient son âme active. Pour l'estimer et le chérir, il suffisait de le voir de près. Il n'était dans la vie privée qu'un homme excellent et le meilleur des amis.

Nous ne dissimulerons point qu'il avait contracté, dès sa jeunesse, un goût pour la magnificence, qui, dans l'état de sa fortune, pouvait sembler excessif : mais ce qui mérite aussi d'être observé, c'est que, malgré l'empire de ce penchant, il ne s'est jamais occupé, durant dix années de fonctions publiques, des moyens de le satisfaire ; et que, depuis 1799 jusqu'en 1802, quand l'opulence et les honneurs étaient pour des hommes tels que lui le prix assuré de l'adulation et des complaisances, loin de rendre à l'autorité nouvelle aucun des services qu'elle récompensait avec tant de prodigalité, il s'est tenu constamment et sciemment sur la ligne qui n'aboutissait qu'à des disgrâces. La toute-puissance ne s'était pas attendue à trouver dans un ami du luxe une conscience si pure, un caractère si noble, un désintéressement si austère. Ayant toujours porté dans ses affaires personnelles la probité, la délicatesse, malheureusement aussi la négligence au plus haut degré possible, il est sorti des assemblées nationales beaucoup plus pauvre qu'il n'y était entré. Il y arrivait, en 1792, plein de santé et déjà riche des produits de ses premiers travaux littéraires : il s'est retiré, en 1802, malade, exténué, endetté, sans autre ressource qu'un talent dont on ne lui permettait plus de recueillir les fruits honorables. Bientôt, malgré les réclamations du public, en dépit du zèle et de l'intérêt des acteurs, la représentation de toutes ses pièces de théâtre fut partout interdite ; et de tous les biens de ce monde il ne lui restait plus qu'une grande renommée, lorsque, cédant aux conseils de ses amis, il accepta, en 1806, un obscur et modique emploi dans une administration particulière [1]. D'autres travaux dont il se chargea depuis l'aidèrent à mieux pourvoir à ses besoins : mais, vers la fin de novembre 1810, sa maladie prit un caractère plus menaçant que jamais : il essuya des accidents graves : sa force naturelle s'épuisait enfin, et ne luttait plus qu'avec désavantage contre les progrès du mal. Sa mort fut précédée d'un mois d'insomnie et de souffrance, durant lequel il avait pourtant conservé tout son génie et toute sa mémoire ; quelquefois même il retrouvait encore la gaîté de son esprit. Cependant il touchait au terme de sa carrière illustre ; et, le 10 janvier 1811, vers midi, il mourut

[1] Dans l'un des bureaux des archives.

paisiblement, sans faste et sans faiblesse, à l'âge de quarante-six ans, quatre mois et treize jours, échappant peut-être à d'autres infortunes, mais enlevé à un siècle sur lequel il aurait, de plus en plus, versé de l'éclat et des lumières ; laissant, il est vrai, plus de travaux qu'il n'en faudrait pour honorer une vie bien plus longue, mais ayant acquis à peine la moitié de la gloire littéraire à laquelle il lui était permis d'aspirer.

TABLEAU

DE LA

LITTÉRATURE FRANÇAISE

DEPUIS 1789.

INTRODUCTION

Plus nous avançons dans le travail qui nous a été prescrit, et plus nous sentons quel poids il nous impose. Comment, de leur vivant même, apprécier tant d'écrivains, non sur de rigoureuses théories, sur des faits démontrés, sur des calculs évidents, mais sur des choses réputées arbitraires, sur l'esprit, le goût, le talent, l'imagination, l'art d'écrire? Comment se frayer une route à travers tant d'écueils redoutables, entre tant d'opinions diverses, quelquefois contraires, toujours débattues avec chaleur; parmi tant de passions qu'il était si difficile d'assoupir, et qu'il était si facile de réveiller? Comment satisfaire à la fois, et ceux dont il faut parler, et ceux qui ont un avis sur la littérature après l'avoir étudiée, et ceux même qui, sans aucune étude, se croient pourtant du nombre des juges? Dispenser la louange avec plaisir, exercer la censure avec réserve, proclamer les talents qui nous restent, applaudir aux dispositions naissantes : tel est le devoir que nous avons à remplir.

Sans pouvoir nommer aujourd'hui tous les écrivains qui seront cités dans notre ouvrage, nous allons toutefois en indiquer un assez grand nombre, et nous tâcherons surtout d'exposer clairement la marche et les divisions du travail qui nous occupe. Dans ce travail considérable, puisqu'il embrasse le cercle entier des applications de l'art d'écrire, à la tête de chaque genre, nous traçons l'aperçu rapide des progrès qu'il a faits en France jusqu'à l'époque où commencent nos observations. C'est marquer les points lumineux qui éclairent la route. L'art de communiquer les idées par la parole, l'art d'enchaîner les idées entre elles, l'art d'analyser les sens, et par eux les sensations, et par elles toutes les idées qui en découlent, fixent d'abord notre attention : telle est la marche naturelle. Il faut parler et penser avant d'écrire. C'est à la classe de littérature française qu'il appartient spécialement de jeter un coup d'œil sur les sciences philosophiques, fondées, au moins en France, par cette école de Port-Royal, source inépuisable autant qu'elle est pure, où vont remonter à la fois toute saine doctrine et toute littérature classique. Ces mêmes sciences, dans le cours du dernier siècle, ont dû beaucoup aux travaux de Condillac, que l'Académie française se glorifiait de compter parmi ses membres. Fondateur lui-même d'une école de philosophie, il a laissé d'habiles disciples et d'honorables successeurs. M. Domergue, M. Sicard, plusieurs autres encore, cultivent avec succès la grammaire générale et particulière. Nous aurons à remarquer un ouvrage sur notre langue, l'une des meilleures productions de Marmontel. Un esprit sage et méthodique, M. de Gérando, a recherché les rapports des signes et de l'art de penser. Un esprit étendu, M. de Tracy, a rassemblé les trois sciences liées dans un corps d'ouvrage, comme elles le sont dans la nature. M. Cabanis, intéressant et clair avec profondeur, en comparant l'homme physique et l'homme moral, a soumis la médecine à l'analyse de l'entendement. Chargé d'enseigner cette analyse au sein des écoles normales, M. Garat, par son imagination brillante, a rendu la raison lumineuse; genre de service que, dans les questions encore abstraites, la raison ne peut devoir qu'aux talents d'un ordre supérieur.

La science des devoirs de l'homme, la morale, sans produire autant d'ouvrages, n'a pas été pourtant stérile. Nous avons trouvé, dans les Leçons que Marmontel léguait à ses enfants, les préceptes de Cicéron mêlés à la sagesse évangélique. On doit surtout distinguer un livre important de Saint-Lambert, qui jadis avait enrichi notre littérature d'un poëme élégant, harmonieux et philosophique. Arrivé près du terme de la vie, il ne déserta point la bannière adoptée par sa jeunesse. Inaltérable dans ses principes, fuyant l'excès même dans le bien, il n'affecta ni le pieux rigorisme, ni l'austérité stoïcienne. Sans détacher la morale du principe social, nécessaire, démontré, d'un Dieu surveillant et protecteur, il la trouva tout entière dans les rapports qui unissent l'homme à l'homme, dans nos besoins, dans nos passions ; dans cette foule d'intérêts individuels qui, sans cesse armés l'un contre l'autre, mais forcés par la nature à traiter ensemble, viennent former, en se ralliant, l'intérêt général des sociétés.

Ici nous occupent à leur tour ceux qui ont appliqué l'art d'écrire aux matières de politique et de législation ; non cette foule d'esprits subalternes qui, par des feuilles périodiques ou des brochures non moins éphémères, caressaient les passions de la multitude, quand la multitude avait la puissance; mais un petit nombre d'hommes plus ou moins distingués par leurs talents, également louables par leurs intentions. Un habile dialecticien, M. Sieyes, en des ouvrages où la force de la pensée produit la force du style, a traité d'importantes questions de politique générale. Un écrivain célèbre en plus d'un genre, M. le duc de Plaisance ; comme lui, M. Rœderer, M. Dupont de Nemours, M. Barbé-Marbois; après eux, M. J.-B. Say, M. Ganilh, ont porté l'intérêt et la clarté dans les diverses parties de l'économie politique. Les Éléments de Législation, publiés par M. Perreau, ne sont pas indignes d'être cités. L'auteur d'un livre honoré du prix d'utilité que décernait l'Académie française, M. Pastoret, exposant les principes de la législation pénale, a cru pouvoir déterminer comment la loi doit poursuivre pour être humaine, quand elle doit frapper pour être juste, où elle doit s'arrêter pour être utile.

Nous remarquerons, dans les œuvres de M. de Lacretelle, un discours brillant et renommé sur la nature des peines infamantes. Tous ces écrivains ont marché avec la raison de leur siècle, et plusieurs ont accéléré sa marche. En évitant d'agiter après eux des questions délicates, nous n'évitons pas de rendre justice au mérite quelquefois éminent qu'ils ont déployé.

Avant de passer à l'art oratoire, où nous retrouverons la politique et la législation présentées sous des formes nouvelles pour la France, nous aurons à parler d'un Traité sur l'éloquence de la chaire, livre éloquent lui-même, où M. le cardinal Maury donne d'excellents préceptes, après avoir donné d'éclatants exemples. Dans la critique littéraire, plusieurs écrivains nous offrent des études approfondies, des commentaires judicieux sur nos grands classiques : M. Cailhava, sur Molière ; M. Palissot, sur Corneille et sur Voltaire ; Chamfort, sur La Fontaine, dont, jeune encore, il avait fait un charmant éloge ; et Laharpe, sur Racine, que jadis il avait aussi loué dignement. Nous ne négligeons pas de remarquer des additions nombreuses aux Mémoires littéraires de M. Palissot, livre souvent instructif, toujours écrit avec une rare élégance. Nous n'oublions pas le travail de M. Ginguené sur la littérature italienne, ouvrage utile, considérable et déjà fort avancé. Ici se présente les derniers volumes du cours de Laharpe, et sa Correspondance en Russie. Après avoir apprécié les talents incontestables de ce littérateur qui n'est plus, nous serons obligés de faire sentir l'extrême rigueur qu'il se croyait en droit d'exercer contre la plupart de ses contemporains, et surtout contre ses rivaux; ce blâme sans restriction qui n'est presque jamais équitable, ce plaisir de blâmer qui décrédite un censeur habile, souvent l'injustice évidente, et, dans la justice même, cette injurieuse amertume si contraire à l'urbanité française. A cette occasion, nous examinerons les règles d'une saine critique. C'est prendre l'engagement de les observer dans tout le cours de notre ouvrage; et peut-être est-il important d'en rappeler le souvenir, quand elles paraissent oubliées. Ces règles, fondées sur la justice, sur le véritable esprit des sociétés, et consacrées par le caractère national, ne sont, comme en tout autre genre, que la pratique des écrivains qui ont mérité le plus d'estime.

Dans l'art oratoire se présente, au commencement de l'époque, le recueil des Oraisons funèbres et des Sermons de l'évêque de Sénez, Beauvais, prélat qui dut ses dignités à son mérite, et qui se montra quelquefois le digne successeur de Bossuet et de Massillon. Le barreau français parut s'appauvrir quand ses soutiens enrichirent la tribune. A ce mot, notre mémoire se reporte avec inquiétude vers des assemblées orageuses. Nous les traverserons en fuyant de nombreux écueils; et, forcé de nous souvenir qu'il y eut des factions, nous n'oublierons pas qu'il y eut des talents. Nous commençons par cet orateur illustre qui, doué d'un esprit aussi vigoureux que flexible, attacha sa renommée personnelle à presque tous les travaux de l'Assemblée constituante. Après Mirabeau viennent ceux qui combattirent ses opinions avec énergie, M. le cardinal Maury, Cazalès ; ceux qui les défendirent avec succès, Chapelier, Barnave et M. Regnault de Saint-Jean-d'Angely, qui fait briller encore, au Conseil d'État comme à l'Institut, cette précision toujours claire, caractère particulier de son éloquence. Pourrions-nous oublier tant d'habiles jurisconsultes qui ont appliqué l'art oratoire aux différents objets de législation : Thouret, Tronchet, dignes rivaux ; Camus, qui joignit un grand savoir à des mœurs austères ; Target, M. Merlin, M. Treilhard, dont les lumières étendues ont éclairé les tribunaux ? Nous rendons hommage à ce plan d'instruction publique, monument de gloire littéraire élevé par M. de Talleyrand, ouvrage où tous les charmes du style embellissent toutes les idées philosophiques. Les assemblées suivantes nous offrent, dans le même genre, deux productions d'un rare mérite : l'une du profond Condorcet ; l'autre de M. Daunou, dont plusieurs législateurs ont estimé les travaux utiles, l'éloquence et la modestie. Nous remarquons, dans ces mêmes assemblées, des orateurs qui unirent à la probité courageuse une diction pathétique ou imposante : Vergniaud, par exemple ; M. Français de Nantes ; M. Boissy d'Anglas, renommé par sa présidence ; M. Garat, M. Portalis, M. Cambacérès, M. Siméon. Nous ne citons que des personnes dignes de mémoire. Et comment hésiterions-nous à rappeler tous les talents précieux qui, parmi nous, ont honoré la tribune, puisque leurs débris sont aujourd'hui rassemblés dans les différents corps de l'État ? leurs débris : car, hélas ! combien de philosophes respectables, d'orateurs éloquents, de jurisconsultes éclairés, d'énergiques écrivains moissonnés durant une année désastreuse, où le talent était devenu le plus grand des crimes après la vertu !

Dans les camps, où, loin des calamités de l'intérieur, la gloire nationale se conservait inaltérable, naquit une autre éloquence, inconnue jusqu'alors aux peuples modernes. Il faut même en convenir : quand nous lisons, dans les écrivains de l'antiquité, les harangues des plus renommés capitaines, nous sommes tentés souvent de n'y admirer que le génie des historiens. Ici le doute est impossible ; les monuments existent, l'histoire n'a plus qu'à les rassembler. Elles partirent de l'armée d'Italie, ces belles proclamations où les vainqueurs de Lodi et d'Arcole, en même temps qu'ils créaient un nouvel art de la guerre, créèrent l'éloquence militaire dont ils resteront les modèles. Suivant leurs pas, comme la fortune, cette éloquence a retenti dans la cité d'Alexandrie, dans l'Égypte où périt Pompée, dans la Syrie, qui reçut les derniers soupirs de Germanicus. Depuis, en Allemagne, en Pologne, au milieu des capitales étonnées, à Vienne, à Berlin, à Varsovie, elle était fidèle aux héros d'Austerlitz, d'Iéna, de Friedland, lorsqu'en cette langue de l'honneur, si bien entendue des armées françaises, du sein de la victoire même, ils ordonnaient encore la victoire et communiquaient l'héroïsme.

Au moment où les sciences et les lettres, longtemps froissées par les orages, se reposèrent dans un nouvel asile, on vit l'éloquence académique renaître et bientôt refleurir. Il n'est pas rétréci, ce genre dont les modèles variés appartiennent exclusivement à la littérature du dernier siècle. Deux écrivains illustres, Thomas et M. Garat, ont prouvé qu'en certains sujets il admet les grandes images et les plus beaux mouvements oratoires. Souvent aussi l'art consiste à les éviter ; mais l'art exige toujours l'élégance et la régularité des formes, la clarté, la justesse, et l'heureux accord des idées et des expressions. On a trouvé ces qualités réunies dans les discours que M. Suard a prononcés, comme secrétaire perpétuel, au nom de la classe de la littérature française. C'est avec le même succès qu'au nom des autres classes, ont été remplies les mêmes fonctions. M. Arnault, dans plusieurs solennités, a répandu beaucoup d'intérêt sur des objets d'instruction publique. Parmi les panégyristes, l'éclat et la facilité du style ont distingué M. de Boufflers, M. François de Neufchâteau, M. Cuvier, M. Portalis ; et l'on a paru surtout écouter avec un plaisir soutenu l'éloge de Marmontel, ouvrage plein de mérite, dicté à M. Morellet par la philosophie et l'amitié. Enfin, car il est impossible de tout citer, de bons discours de réception, de belles réponses, une foule de productions diversement estimables, garantissent que ce genre d'écrire reprendra l'influence utile dont il jouissait autrefois, soit à l'Académie française, soit à l'Académie des sciences, lorsque plus d'un homme célèbre, membres de ces deux sociétés, maintenaient entre leurs différentes études cette union qui donne aux sciences une utilité plus générale, aux lettres une direction plus étendue.

L'histoire, cette partie importante, fixera longtemps

notre attention. Ce n'est pas que nous prétendions tirer de l'oubli une foule de mémoires particuliers sur la révolution française. Vicieux ou nuls quant au style, n'offrant d'ailleurs que des plaidoyers en faveur des différents partis, ils rentrent dans la classe des écrits polémiques, et nous les écarterons avec eux. Nous aurons toutefois à parler d'un assez grand nombre d'ouvrages. Là, M. de Castera peint une souveraine qui brilla plus de trente années sur le trône de Pierre le Grand. Ici, M. de Ségur, en traçant le tableau politique de l'Europe durant une époque orageuse, communique à son style la sagesse de ses opinions. Nous ferons ressortir le mérite d'un précis sur l'histoire de France, ouvrage de Thouret, l'un des membres les plus regrettables de l'assemblée constituante. L'époque nous présente un livre supérieur encore, au moins pour les grandes qualités de l'art d'écrire. Un académicien qui n'est plus, Rulhière, a raconté les événements mémorables écoulés dans le dernier siècle en ces régions et sur ces mêmes bords de la Vistule où, portant la victoire, nos guerriers ont conquis une paix glorieuse. Quoique cet ouvrage posthume soit resté incomplet, nous y reconnaîtrons partout l'empreinte d'un talent perfectionné par le travail, et quelquefois très-éclatant. Nous n'oublierons pas une intéressante production de M. de Bausset, la Vie de ce prélat immortel qui parla du peuple à la cour, donna Télémaque à notre langue, réunit l'éloquence, la religion, la philosophie, et fut simple à la fois dans son génie, dans sa piété, dans sa vertu.

Les voyages font partie de l'histoire. Nous suivrons, dans l'Amérique septentrionale, les pas de M. de Volney, qui, jadis, en traversant l'Égypte et la Syrie, écrivit un des beaux ouvrages du dix-huitième siècle, et le chef-d'œuvre du genre. Des hommes habiles ont rédigé les annales des sciences, ou tracé le tableau fidèle des opinions humaines. M. Naigeon, achevant un grand travail commencé par Diderot, décrit la marche lumineuse de la philosophie ancienne et moderne. M. Bossut sait intéresser par la diction dans l'Histoire des Mathématiques; avec M. de Volney, la raison éloquente interroge des ruines accumulées durant quarante siècles ; avec M. Dupuis, l'érudition raisonnable cherche l'origine commune des diverses traditions religieuses. Là nous trouvons encore une esquisse profonde et rapide des progrès de l'esprit humain, dernier ouvrage, et presque dernier soupir de Condorcet, testament fait par un sage en faveur de l'humanité.

Avant que parmi nous on eût appliqué l'art d'écrire à l'histoire des sciences, on savait à quelle hauteur il peut atteindre dans les sciences mêmes qui ont pour objet l'étude de la nature : Buffon nous l'avait appris ; et nous aurons l'occasion de remarquer combien son digne continuateur, M. de Lacépède, a su profiter des leçons d'un si grand maître. Nous verrons Lavoisier, M. de Fourcroy, porter dans la chimie cette clarté, la première qualité du style, et la plus nécessaire à l'enseignement. De là nous examinerons si les théories relatives aux différents arts d'imitation n'offrent pas, sous le même point de vue, un perfectionnement remarquable. Nos recherches ne seront pas infructueuses. Nous ferons surtout observer avec quelle élégance facile M. Grétry a traité de l'art musical, qu'il a longtemps honoré, sur nos deux scènes lyriques, par des productions dont la mélodie et la vérité ne sauraient vieillir.

Nous ne passerons point à la poésie sans jeter un coup d'œil sur les romans, genre qui se rapproche de l'histoire par le récit des événements ; de l'épopée, par une action fabuleuse en tout ou en partie; de la tragédie, par les passions; de la comédie, par la peinture de la société. Nous n'indiquerons même pas une foule de compositions frivoles ou sans caractère, mais nous apprécierons l'esprit et le talent de plusieurs dames qui marchent avec distinction sur les traces de la femme illustre à qui nous devons la princesse de Clèves. Nous remarquerons Atala, ornement du livre considérable où M. de Châteaubriand développe le génie du christianisme. Nous trouverons, dès la première année, le meilleur, le plus moral et le plus court des romans de l'époque entière, cette Chaumière indienne, où l'un des grands écrivains qui nous restent, M. Bernardin de Saint-Pierre, a réuni, comme en ses autres ouvrages, l'art de peindre par l'expression, l'art de plaire à l'oreille par la musique du langage, et l'art suprême d'orner la philosophie par la grâce.

La poésie nous présentera d'abord ce genre éminent et sublime consacré à chanter les hommes qui font la destinée des nations : le poëme héroïque. Les chantres capables d'atteindre à l'épopée ne sont pas moins rares que les personnages dignes d'être adoptés par elle : cinq chefs-d'œuvre épars en trente siècles le prouvent assez. Si dans l'espace que nous avons à parcourir, nous apercevons à peine une tentative estimable, mais défectueuse, les Helvétiens, nous aurons à concevoir de plus hautes espérances, garanties par les talents poétiques de M. de Fontanes, qui brille aujourd'hui comme orateur à la tête du corps législatif. En passant au poëme héroï-comique, nous tâcherons de ne pas oublier l'extrême circonspection qu'exigent de certaines matières, et de payer en même temps le tribut d'éloges que la justice réclame pour un de nos meilleurs poëtes, M. de Parny. Après les compositions originales viendront les imitateurs, M. Parseval de Grandmaison, à qui l'on doit les Amours épiques, et M. Luce de Lancival, auteur d'Achille à Scyros, doivent être distingués de la foule : mais des traductions du premier mérite nous occuperont bien davantage. Virgile et Milton semblent parler eux-mêmes notre langue; et, grâce à un classique vivant, que ce mot fera nommer, grâce encore à M. de Saint-Ange, habile et laborieux traducteur d'Ovide, nous aurons le plaisir d'observer qu'à cet égard l'époque actuelle est supérieure à toute autre. On n'avait pas porté si loin jusqu'à ce jour, au moins en des ouvrages d'une telle importance, l'art difficile de conquérir les beautés de la poésie étrangère, et de traduire le génie par le talent.

Dans la poésie didactique, c'est encore à M. Delille que l'époque doit sa fécondité. Il a répandu dans trois poëmes originaux cette richesse de style qu'il avait déployée en traduisant l'Énéide et le Paradis perdu : le poëme de l'Imagination surtout suffirait pour fonder une haute renommée. M. Esménard, M. Castel et quelques autres viennent ensuite, dignes encore d'éloges, loin cependant de leur modèle. Le Brun seul aurait soutenu la concurrence avec M. Delille, s'il avait achevé son poëme de la Nature, dont il nous reste des fragments d'un mérite supérieur. Sans émule dans le genre de l'ode, Le Brun tira des sons harmonieux de la lyre pindarique, si rebelle aux chantres vulgaires, et nous remarquerons que ses derniers accents furent consacrés à nos derniers triomphes. Il était digne de les chanter.

M. Daru, traducteur d'Horace, a montré dans cette difficile entreprise un goût pur, un esprit flexible, une étude approfondie des ressources de notre versification. La poésie érotique s'honore de M. de Parny, de M. de Boufflers. Des poëtes que nous allons retrouver avec éclat sur la scène française, se présentent déjà sous des formes brillantes et variées : M. Ducis, dans l'épître ; M. Arnault, dans l'apologue ; M. Andrieux, dans le conte ; M. Legouvé, M. Raynouard, en de petits poëmes d'un genre grave et philosophique. Après ces talents exercés, on voit se former de jeunes talents qui donnent plus que des espérances. Deux ans de suite, M. Millevoye, remarquable par l'élégance du style, a remporté le prix de poésie. M. Victorin Fabre, plus jeune encore, a mérité, deux ans de suite, une honorable distinction. Plusieurs, qu'il est impossible de citer ici, ne seront point oubliés dans notre ouvrage, où nous fuirons la sévérité, persuadés qu'en littérature, comme en tout le reste, l'indulgence est plus près de la justice.

Ici se présente à nos regards la poésie dramatique, dont les deux genres eurent tant d'influence sur notre langue, sur notre littérature entière et sur les mœurs nationales. Dans la tragédie paraît le premier M. Ducis, inventeur même quand il imite, inimitable quand il fait parler la piété filiale, poëte justement célèbre, et dont le génie pathétique a tempéré la sombre terreur de la scène anglaise. Des émules très-distingués marchent ensuite : M. Arnault, si noble dans Marius, si tragique dans les Vénitiens ; M. Legouvé, dont la mort d'Abel offre une élégante imitation de Gessner, et qui déploya beaucoup d'énergie dans Épicharis ; M. Lemercier, qui, dans Agamemnon, sut fondre habilement les beautés d'Eschyle et de Sénèque ; enfin M. Raynouard, qui rendit un brillant hommage à des victimes honorées des regrets de l'histoire. Nous indiquerons les scènes intéressantes du Joseph de M. Baour-Lormian, et ce qu'il y a d'estimable dans l'Abdélasis de M. de Murville [1]. Quelques réflexions ne doivent pas être négligées. On ne saurait reprocher aux bonnes compositions tragiques de l'époque la multiplicité des incidents, la profusion des personnages subalternes, les épisodes inutiles, la fadeur des scènes élégiaques. Partout l'action est simple, et presque toujours sévère. La marche des poëtes n'est point timide. Sans violer les

[1] Pour obéir à la classe de littérature française, on nomme ici M. Chénier. Sa tragédie de Fénelon a réussi, protégée par la mémoire d'un grand homme.

règles anciennes, ils ont obtenu des effets nouveaux. Du reste, ils ont conservé ce caractère philosophique imprimé à la tragédie par le plus beau génie du dernier siècle ; et sur ses traces, la plupart se sont ouvert les routes variées de l'histoire moderne, immense carrière qui promet longtemps des palmes nouvelles aux poëtes capables de la parcourir. On a tout dit, si l'on en croit des hommes qui n'ont rien à dire. Heureusement l'erreur est évidente. En quelque genre que ce soit, l'art est semblable à la nature, son modèle : il a des règles comme la nature a des lois ; il n'a point de bornes, puisque la nature est infinie.

En passant au genre de la comédie, nous trouvons, dès les premières années, la jolie petite pièce du Couvent, par M. Laujon; les Ménechmes grecs, par M. Cailhava, comédie d'intrigue amusante et bien conduite ; un ouvrage élégamment versifié, la Paméla de M. François, copie de celle de Goldoni, mais copie supérieure à l'original. Deux rivaux exercés à lutter ensemble, Fabre d'Eglantine et Collin d'Harleville, enrichissent la haute comédie : l'un en dessinant à grands traits l'égoïsme impassible et la vertu passionnée, l'autre en peignant avec une vérité fortement comique les inconvénients d'un célibat prolongé. M. Andrieux brille au même rang par un enjouement aimable, par la grâce piquante des détails et le charme continu du style. Une imagination féconde, une gaîté franche, la peinture originale des mœurs, ont assuré les succès de M. Picard. Aussi gai, presque aussi fécond, M. Duval mérite en partie les mêmes louanges.

On estime une diction pure en quelques essais de M. Roger. Ici nous indiquons un perfectionnement dont il est juste de faire honneur aux principaux écrivains que nous venons de nommer, peut-être encore au changement qui s'est opéré dans nos mœurs. Durant l'époque entière, les comédiens un peu remarquables n'offrent aucune trace de ce jargon qui fut longtemps à la mode. Pour réussir, il a fallu être naturel; et l'on a banni entièrement le style précieux, le faux esprit, le ton factice que des auteurs plus recherchés qu'ingénieux avaient introduits sur la scène comique.

Dans le drame, genre défectueux, mais susceptible de beautés, nous distinguons Beaumarchais, que ses comédies et ses mémoires avaient déjà rendu célèbre; M. Monvel, auteur qui a mérité de nombreux succès, et l'un de nos plus grands acteurs; M. Bouilly, dont les pièces respirent cet intérêt que produit une excellente morale. Sur la scène illustrée par Quinault, se font remarquer M. Guillard et M. Hoffman; plus récemment, M. Esménard et M. de Jouy : sur l'autre scène lyrique, M. Hoffman encore, M. Monvel, M. Marsollier, M. Duval. Après avoir rendu justice à des productions agréables, forcé toutefois de renouveler quelques opinions de Voltaire, et d'observer ce qu'il avait prévu, ce qu'il avait craint, l'influence de l'opéra comique sur le goût général des spectateurs, nous reviendrons, par cette observation même, à chercher les moyens de soutenir, d'augmenter, s'il est possible, l'éclat de la scène française, où réside essentiellement l'art dramatique.

En achevant un vaste tableau dont le temps ne nous permet de tracer aujourd'hui qu'une esquisse incomplète, mais au moins fidèle, des considérations générales sur l'époque entière nous arrêteront un moment. Elles se communiquent aux littératures, ces secousses profondes qui remuent et décomposent les nations vieillies, en attendant que le génie puissant vienne les recomposer et les rajeunir. Nous suivrons, dans les diverses parties de l'art d'écrire, les effets du mouvement universel. Nous chercherons quel fut sur l'époque l'ascendant du dix-huitième siècle, et comment l'époque, à son tour, peut influer sur l'avenir. Nous avons indiqué, nous prouverons qu'elle mérite une étude approfondie En vain les ennemis de toute lumière, proscrivant la mémoire illustre du siècle philosophique, annoncent chaque jour une décadence honteuse, qu'ils opéreraient si leurs cris imposaient silence au mérite, et qui serait démontrée s'ils avaient le privilége exclusif d'écrire. Il sera facile de confondre ces assertions injurieuses, dont quelques étrangers crédules auraient tort de se prévaloir. Non, cette étrange catastrophe n'est point arrivée. La France agrandie n'est pas devenue stérile en talents. Nous rassemblerons sous les yeux des Français les éléments actuels de cette littérature française, dont une envieuse ignorance dénigrait, à chaque époque, et les chefs-d'œuvre et les classiques, mais qui fut toujours honorable, et qui même aujourd'hui, malgré des pertes nombreuses, demeure encore, à tous égards, la première littérature de l'Europe.

Et si l'esprit de parti, décoré, dans les temps de trouble, du nom d'opinion publique, avait autrefois donné de fausses directions aux idées les plus généreuses, si ce même esprit, non moins funeste en agissant d'une autre manière et par d'autres hommes, avait depuis arrêté l'essor des talents et paralysé la pensée, il nous resterait des espérances qui ne seront point déçues. L'art d'écrire s'applique à tous les arts : il facilite l'accès de toutes les sciences ; il embrasse toutes les idées ; il les éclaircit par la justesse, il les étend par la précision. Il présente en première ligne ce qui touche de plus près les hommes mémorables : l'histoire qui raconte les grandes actions, l'éloquence qui les célèbre, et la poésie qui les chante. Il refleurira dans le siècle qui commence.

CHAPITRE PREMIER.

GRAMMAIRE. — ART DE PENSER. — ANALYSE DE L'ENTENDEMENT.

Bacon, qui découvrit un nouveau monde dans les sciences, distingua le premier la grammaire positive de la grammaire philosophique. Il déclara que celle-ci était encore à naître ; mais, d'avance, il lui traça la route qu'elle avait à suivre, et qu'indiquait suffisamment le nom même qu'il lui imposait. Ce fut cinquante ans après que Lancelot, déjà connu par des travaux estimables sur les deux langues anciennes, écrivit sous la dictée d'Arnauld, l'âme de Port-Royal, cette Grammaire générale si justement renommée, et qui est parmi nous le point de départ de la science. Quant à la langue française, dès le siècle précédent, et lorsque, pour ainsi dire, elle balbutiait encore, on en donnait déjà les règles : car on la croyait fixée. Robert Estienne, sous le règne de Henri II, avant les ouvrages de Malherbe et de Montaigne, et du temps même de Ronsard, avait publié sa Grammaire française. Henri Estienne, suivant les traces de son père, composa deux Traités relatifs à notre langue; mais de tels ouvrages, d'ailleurs pleins de mérite pour le temps où ils parurent, sont aujourd'hui plus curieux qu'utiles. Depuis l'établissement de l'Académie française, Vaugelas, T. Corneille, Patru, Ménage, Bouhours, Dangeau, publièrent successivement sur la langue des remarques plus ou moins judicieuses : elles sont consultées encore. Au commencement du dernier siècle, Regnier Desmarais fit paraître sa Grammaire française; production bien imparfaite, mais qui répandit des lumières, grâce à quelques notions fort saines, grâce encore aux critiques trop souvent fondées que Buffier lui prodigua dans sa Grammaire sur un autre plan. Un peu plus tard, Girard et d'Olivet perfectionnèrent l'étude de la langue, l'un par ses Synonymes français, ouvrage plein de finesse, écrit d'après une idée de Fénelon; l'autre, par son excellent Traité de la Prosodie. Dans le même temps, un homme supérieur, Dumarsais, enrichissait la Grammaire générale du meilleur livre qui existe sur la partie figurée du langage. Ce beau Traité sur les Tropes n'était pourtant que la dernière division du grand ouvrage qu'il méditait, et dont quelques matériaux se retrouvent dans les articles lumineux qu'il a rédigés pour l'Encyclopédie. Duclos éclaircit plusieurs points importants dans ses remarques profondes sur la Grammaire de Port-Royal. De Brosses et Court de Gébelin, le premier surtout, dans sa Formation mécanique des Langues, jetèrent quelque jour sur les obscurités étymologiques. Beauzée publia sa Grammaire générale et raisonnée, ouvrage le plus complet qui eût encore paru, souvent neuf, toujours utile et qui le serait bien davantage, s'il ne repoussait les lecteurs par un style à la fois sec et diffus. Enfin Condillac donna sa Grammaire générale; elle est divisée en deux parties : la première développe toute la génération des idées, en partant de la sensation ; la seconde est une conséquence rigoureuse des principes démontrés dans la première. Tout est lumière dans ce livre, aussi précis qu'il est clair, aussi bien écrit qu'il est bien conçu. C'est le plus grand pas qu'ait fait la science ; et, chez aucun peuple, aucun ouvrage du même genre n'est comparable à ce chef-d'œuvre d'analyse.

Entre nos contemporains, M. Domergue [1] a rendu de grands services à cette même science. Sa Grammaire simplifiée, son Journal de la langue française, son Mémoire sur la proposition, ses Solutions grammaticales, contiennent beaucoup de règles nouvelles, toutes rattachées à des principes incomplétement observés par ses prédécesseurs, ou même qu'ils n'avaient point aperçus. Personne, avant lui, n'avait analysé si bien la proposition. Voulant assujettir la classification des mots à cette rigoureuse analyse, il a cru devoir changer la nomenclature. C'était le moyen de refondre une théorie importante, où la rouille de l'école se laisse encore apercevoir. Telle fut la marche de Lavoisier, lorsqu'il appliqua, comme il le dit lui-même, la méthode de Condillac à la

[1] M. en 1810.

chimie. En refaisant la nomenclature, il refit la science.

Mais quelques savants, unis entre eux, suffisent pour changer les nomenclatures physiques ; il n'en est pas de même dans la grammaire, où tout le monde se croit juge. En vain M. Domergue a-t-il fait marcher ensemble l'ancienne et la nouvelle nomenclature ; la nouvelle était trop raisonnable, et les préjugés ne sont point tolérants pour la raison, même quand la raison veut bien être complaisante pour les préjugés.

M. Domergue a traité à fond la question si difficile et si souvent agitée des participes. Il est même un des grammairiens qui ont jeté le plus de lumière dans l'ancien chaos des modes et des temps. Beauzée s'aperçut le premier que l'on confondait la conjugaison française avec la conjugaison latine. Il inventa pour notre langue un système ingénieux, mais compliqué : il admit cinq verbes auxiliaires au lieu de deux que l'on admet ordinairement; de là des temps, des époques sans nombre ; et leur classification sous les trois modes généraux présente d'extrêmes difficultés, pour ne pas dire d'étranges bizarreries. M. Domergue convient, avec Beauzée, que tous les temps des verbes doivent être classés sous les trois modes du temps réel : le présent, le passé, le futur. Toutefois, en partant du même principe, il arrive à d'autres résultats ; et, rejetant les trois verbes auxiliaires imaginés par Beauzée, il offre un système beaucoup plus simple, et que nous croyons préférable. Parcourant toutes les parties de la science, M. Domergue, d'après d'Olivet, a éclairci la prosodie française. Après Dumarsais et

Duclos, il a proposé de nombreux changements à l'orthographe. Il va même plus loin qu'eux, et l'on aurait sur ce point bien des objections à lui faire ; mais tous ces travaux sont utiles : on lui doit plusieurs idées neuves, et, parmi les grammairiens vivants, il n'en est pas d'aussi inventeurs ; il en est peu d'aussi éclairés.

Les lumières étendues de M. Sicard [1] brillent d'une manière différente. Sans être arriéré sur aucune partie de la science, il semble redouter les innovations, et le principal mérite qu'il déploie dans ses Éléments de grammaire générale, est d'exposer clairement les théories qu'ont inventées ses prédécesseurs ; il suit tour à tour Lancelot, Beauzée, Condillac, quelquefois, mais plus rarement, M. Domergue. Il est tellement circonspect, que, pour l'orthographe, il n'approuve pas même les légers changements faits par Voltaire, et qui n'ont pourtant d'autre défaut que celui d'être insuffisants. Néanmoins, dans une partie plus importante, les conjugaisons françaises, il adopte en entier l'opinion de Beauzée, sans être effrayé, sinon par les divisions multipliées d'un tel système, du moins par les singuliers résultats qui en sont la suite. Au reste, le livre de M. Sicard est une grammaire complète : l'auteur va jusqu'à donner les règles de la versification française, et celles des petits genres de poésie ; ce qui paraît dépasser la grammaire, et surtout la grammaire générale. Quelques lecteurs lui reprochent de pousser trop loin la clarté, d'ailleurs si

[1] M. en 1822.

nécessaire, d'avoir peur de n'en jamais assez dire, et de prodiguer les développements, au point que, dans son ouvrage, la partie relative aux conjugaisons est plus longue à elle seule que toute la Grammaire de Port-Royal. On ne risquerait point de telles censures, si l'on négligeait moins d'entrer dans l'esprit de l'auteur. Il connaît la meilleure manière d'enseigner, comme il le prouve tous les jours, depuis qu'il dirige le célèbre établissement des Sourds-Muets. En composant sa Grammaire, il s'est occupé de ses élèves et des enfants : c'est pour cela qu'il fait succéder à ses chapitres autant de leçons dialoguées par demandes et par réponses, et qu'il développe dans chaque leçon ce qu'il vient de développer dans chaque chapitre ; c'est encore pour cela qu'il s'adresse quelquefois aux sages instituteurs et aux mères sensibles, et qu'il se livre à des digressions morales qui lui font beaucoup d'honneur, sous des rapports étrangers à la grammaire. Il est accoutumé d'ailleurs à parler longtemps, puisqu'il est obligé de parler seul, et l'on sent qu'il écrit comme il parle. Aussi ne fait-il pas difficulté de fondre en entier, dans son ouvrage, les leçons qu'il improvisait aux écoles normales, quand il y professait l'art de la parole ; mais l'abondance de son style est estimable, en ce qu'elle convient aux jeunes esprits qu'une extrême attention fatigue. C'est une instruction élémentaire qu'il a voulu donner à l'enfance ; et, sous ce point de vue, on ne saurait lui accorder trop d'éloges pour avoir si bien rempli le but intéressant qu'il s'est proposé.

L'Hermès d'Harris, publié en Angleterre au milieu du dernier siècle, est un des livres les plus estimés qui existent sur la grammaire générale. Son moindre mérite est d'être fort érudit, et d'offrir des notions étendues sur les théories des grammairiens de l'antiquité; il est surtout remarquable par une analyse profonde des éléments du discours. Sans descendre aux petits détails, l'auteur s'élève à des idées générales, dont la précision et la justesse embrassent une foule de cas particuliers. En toute science, en tout genre d'écrire, c'est là le secret des hommes supérieurs. M. François Thurot [1] a fait paraître, il y a douze ans, une traduction de l'Hermès. Elle est digne, à plus d'un égard, de nous occuper un moment; très-distinguée par l'élégante clarté du style, elle l'est encore par un travail qui n'appartient qu'au traducteur. Il a rendu l'ouvrage plus facile à lire avec fruit, en y corrigeant l'abus des citations, défaut commun à beaucoup d'écrivains anglais. Il a substitué des exemples choisis dans nos classiques aux exemples qu'Harris avait tirées des classiques de son pays. Dans une foule de remarques et de notes instructives, il a justement apprécié les travaux de ce philosophe, ses découvertes, ses erreurs, et les progrès que les plus célèbres grammairiens français ont fait faire à la science du langage durant le cours du siècle dernier. Dans un discours préliminaire, où des faits nombreux ne nuisent point aux pensées, M. Thurot expose à grands traits l'histoire de la science, depuis les écoles d'Athènes

[1] M. 1832; Thurot a publié en 1830 un *Traité de l'entendement et de la raison* ou *Introduction à l'étude de la philosophie*.

et d'Alexandrie jusqu'à l'époque illustrée par Condillac ; et ce précis rapide est lui-même un bon ouvrage à la tête d'une bonne traduction.

Le Cours théorique et pratique de langue française, publié par M. Lemare [1], embrasse une vaste étendue. L'auteur y soumet à un nouvel examen les principes de la grammaire ; il cherche dans la nature même des idées, les éléments du langage, leurs dénominations, leur classification méthodique, leurs combinaisons diverses. Il commence toujours par recueillir et classer les faits ; il remonte ensuite aux sources étymologiques ; il oppose les analogies et les différences. Ce n'est jamais qu'après de nombreux détails et des analyses sévères, qu'il s'élève à des généralités, et qu'il établit des règles fixes. Il fait surtout un emploi très-heureux des tableaux scientifiques. L'art de ces tableaux, comme l'observe Condorcet, est d'unir beaucoup d'objets sous une disposition systématique, qui permette d'en voir d'un coup d'œil les rapports, d'en saisir rapidement les combinaisons, et de former bientôt des combinaisons nouvelles. Peut-être, quand ils sont multipliés, nuisent-ils au plaisir que peut procurer la lecture d'un ouvrage ; mais, du moins, ils facilitent l'enseignement. C'est ce qu'a senti M. Lemare. Après lui avoir rendu justice, nous sommes contraints de lui faire un reproche assez grave. On est fâché qu'il se permette des expressions dures et des plaisanteries un peu lourdes, lorsqu'il croit devoir combattre ou des gram-

---

[1] M. 1835; a donné en 1820 un *Dictionnaire français, par ordre d'analogie*.

mairiens accrédités, ou des corps littéraires qui ne sont pas infaillibles, mais qui sont au moins respectables. Il aurait tort en ce point, fût-il infaillible lui-même, ce que sans doute il est loin de croire. Qu'il laisse à l'ignorance les formes grossières et tranchantes. Ce n'est point à lui d'admettre ce que rejettent la décence et le goût : car il fait preuve d'un mérite réel, et joint une saine littérature à l'étude approfondie de notre langue.

Dans les Leçons d'un Père à ses Enfants, ouvrage posthume de Marmontel, la première partie porte la dénomination de grammaire : ce n'est pourtant pas une grammaire générale; les théories universelles du langage n'y sont point exposées. Ce n'est pas même une grammaire française proprement dite ; on n'y trouve pas l'analyse complète et méthodique des divers éléments de notre langue. C'est une suite d'observations fines ou profondes sur plusieurs de ces éléments. De nombreux exemples éclaircissent de nombreuses questions; ils forment en même temps un recueil de pensées judicieuses, et toujours exprimées avec le talent qui les grave dans la mémoire. Ces exemples, habilement choisis dans nos classiques, donnent le goût du beau, sous le point de vue moral, comme sous le point de vue littéraire; et l'on voit que l'auteur, selon son expression, veut enseigner à ses enfants autre chose que la grammaire. Son livre est d'ailleurs très-bien écrit, et peut-être n'avons-nous, dans le même genre, aucun ouvrage aussi heureusement exécuté.

Il y a neuf ans, et quand l'Académie française n'existait plus, on a vu paraître une édition nouvelle de son Dictionnaire. A la tête du livre est un discours préliminaire : l'auteur y expose, avec autant de brièveté que d'élégance, ce que doit être le dictionnaire d'une langue, ce que fut dans l'origine et ce que devint successivement le Dictionnaire de l'Académie. Beaucoup d'idées lumineuses sur la marche progressive de notre langue et même de notre littérature sont rassemblées dans cet excellent discours, où l'on reconnaît M. Garat. Deux années avant cette époque, Rivarol avait donné au public le Prospectus d'un nouveau Dictionnaire de la langue française. On y voit qu'en écartant les étymologies, les racines et les dérivés, l'auteur se débarrassait des recherches les plus difficiles. Du reste, le Dictionnaire n'a point paru, et, sans doute, n'a point été fait. Des trois parties qui devaient composer le discours préliminaire, la première, et la seule publiée, tient près d'un volume in-4°. En voulant traiter de la nature du langage en général, Rivarol parcourt, ou plutôt mêle ensemble, toutes les questions qu'embrasse l'analyse de l'entendement ; il s'en faut beaucoup qu'il y répande des lumières nouvelles. A propos du Traité des Sensations, il parle de l'abondance de Condillac. Est-ce une critique? elle est injuste. Est-ce un éloge? il n'est pas mérité. Condillac est précis, clair et profond ; Rivarol est verbeux, obscur et superficiel : du reste, il écrit avec agrément. Si l'on trouve souvent de la recherche dans son style, on y trouve aussi le mouvement, la couleur et le ton d'une conversation animée. Mais quand il développe, avec une longueur pénible, la série des sensations, des idées et du langage, on sent un homme de beaucoup d'esprit, qui, par malheur, veut enseigner ce qu'il aurait besoin d'apprendre.

Les grammairiens qui se sont occupés de la science étymologique, se bornant presque tous à déterminer la valeur des racines, ont négligé la valeur précise des prépositions et des désinences. Le président de Brosses lui-même, en expliquant le mécanisme du langage, avait seulement indiqué le travail important qui restait à faire sur ces deux éléments des mots composés. Ce travail a fait l'objet des recherches de M. Butet [1]. Après avoir développé, dans sa Lexicographie, les rapports matériels qui existent entre la langue latine et la langue française, il a cru pouvoir présenter, dans son cours de lexicologie, une méthode certaine pour décomposer et recomposer les mots de plusieurs syllabes, conformément à l'analyse des idées. Ainsi, selon M. Butet, on trouverait la raison suffisante de chaque élément des mots, et la langue philosophique existerait, au lieu d'être un simple vœu des grammairiens philosophes. Par malheur, cette opinion n'est pas démontrée. Ce qui semble évident à M. Butet, paraît offrir beaucoup d'incertitudes. On lui reproche d'attacher aux désinences des mots une importance qu'elles ont rarement. On craint qu'il ne se soit égaré, en voulant assujettir la grammaire à la marche rigoureuse des sciences physiques et mathématiques. D'ailleurs, la nomenclature qu'il invente est d'une étrange complication, et, pour la faire adopter, il faudrait prou-

[1] M. 1825.

ver qu'elle est nécessaire, ce qui serait un peu difficile. Cependant de pareils travaux ont l'avantage d'exercer l'esprit : du fond même des obscurités jaillissent souvent des lumières inattendues ; s'il n'est pas bien sûr que l'auteur ait réussi dans son entreprise, du moins les recherches pénibles qu'il fait encore peuvent le conduire à des résultats d'une utilité plus incontestable.

L'écrit de M. de Volney [1] sur la simplification des langues orientales, semble, au premier coup d'œil, devoir nous être complétement étranger ; mais le discours préliminaire suffirait pour le rattacher à notre plan, du moins par le mérite du style. On va voir que le fond des idées l'y rattache encore davantage. L'auteur, partant de cette vérité, que les différents signes du langage doivent représenter les différents sons, conçoit le projet d'un alphabet unique. Il s'agit d'ajouter un petit nombre de signes indispensables à l'alphabet romain, et, par ce moyen très-simple, de lui assujettir les langues de l'Asie, comme les langues de l'Europe et des deux Amériques lui sont déjà soumises. Ce projet peut déplaire à quelques hommes qui aiment les sciences occultes, et qui en veulent jusque dans les langues ; mais, d'abord, faciliter l'étude des idiomes asiatiques, c'est déjà faciliter nos rapports de commerce avec l'Asie. Voilà donc une vue politique ; voici maintenant une vue de grammaire générale et de la plus haute importance. A l'aide des mêmes si-

---

[1] M. 1820 ; a publié en 1819 *L'Alphabet européen, appliqué aux langues asiatiques*, et a institué par son testament un prix *pour le meilleur travail sur les langues orientales*.

gnes, on compare aisément les divers idiomes. On découvre, pour ainsi dire, leurs différences essentielles. La science étymologique s'éclaire : la science des idées s'étend elle-même. Si, comme l'a judicieusement observé Condillac, les langues sont des méthodes analytiques plus ou moins parfaites, un alphabet unique, gouvernant toutes les langues, pourrait acheminer l'esprit humain vers une méthode universelle. En simplifiant les signes, on rapproche les langues ; en rapprochant les langues, on rapproche les peuples : de la séparation des peuples est venue la barbarie ; par leur rapprochement, la civilisation s'accroît. On conçoit, d'après cet aperçu rapide, qu'il serait plus facile de pousser beaucoup plus loin, jusqu'où s'étendent les vues d'un philosophe accoutumé à diriger toutes ses pensées vers le perfectionnement de l'espèce humaine. Les cartes d'Égypte, dressées par ordre du gouvernement, doivent être exécutées conformément aux vues de M. de Volney. Une idée aussi féconde en résultats utiles devait fixer l'attention des hommes d'État et des hommes de lettres du dix-neuvième siècle.

En cherchant quels furent les progrès de l'art de penser et de l'analyse de l'entendement, on retrouve plusieurs des hommes qui ont perfectionné la grammaire philosophique ; et nous ne tenterons pas d'expliquer un fait qui tient à la nature même de ces sciences. C'est à Bacon qu'il faut remonter encore. Ce fut lui qui, dès le commencement du dix-septième siècle, rejeta, comme inutiles aux progrès de l'esprit humain, la logique et la métaphysique des écoles ; qui lui fraya des chemins nouveaux, qui montra le but véritable et signala tous les écueils. Hobbes, disciple de Bacon, fut substantiel, profond et concis dans son Traité de la nature humaine, et plus encore dans sa logique, appelée *Calcul*. Descartes, dans sa Méthode, en établissant le doute comme base nécessaire de l'examen, en exigeant l'évidence comme signe indispensable de la vérité, fonda parmi nous la saine logique. En métaphysique, il erra, faute de suivre lui-même les règles sûres qu'il avait déterminées. Arnauld et Nicole, vingt ans après, composèrent cet art de penser si célèbre sous le nom de *Logique de Port-Royal;* livre sage et bien écrit, où quelques erreurs du temps sont rachetées par des vérités de tous les siècles. Malebranche découvrit les piéges qui nous sont tendus par nos sens et les rêves de notre imagination ; mais cette imagination qu'il redoutait, l'égarant par une route contraire, l'entraîna dans un spiritualisme inaccessible à la raison humaine. L'universel Arnauld, durant ses longues discussions avec Malebranche, remua plutôt qu'il n'éclaira ces ténèbres métaphysiques. Buffier, quoique jésuite, se permit quelque philosophie dans sa Logique et dans sa Métaphysique. Dumarsais, quoique philosophe, mit peu d'idées dans sa Logique. Elle est courte, mais elle est vide et toute scolastique, indigne de lui. Il s'y occupe fort du syllogisme, et commence par bien établir la différence qui existe entre l'ange et l'âme humaine. Vers le même temps parut une traduction du grand ouvrage de Locke. On repoussa la nouvelle doctrine; et les idées innées, si bien réfutées par le sage Anglais, prévalurent encore en

France jusqu'au milieu du dernier siècle, époque mémorable pour la philosophie. Alors Condillac publia cette belle théorie où, supposant une statue animée, isolant chacun de nos sens, les combinant deux à deux, trois à trois, tous ensemble, découvrant les sensations que produit chaque sens isolé, celles qui résultent des sens diversement combinés, et enfin de tous les sens réunis, il décrit, avec une précision si méthodique et si lumineuse, l'histoire naturelle de nos idées. Ce fut vingt ans après que le même philosophe donna sa Logique, l'une des plus courtes, la plus substantielle que l'on ait jamais écrite, et peut-être son meilleur ouvrage, après la Théorie des Sensations. L'essai analytique et la Psychologie de Charles Bonnet sont remarquables par une sagacité profonde, mais qui souvent dégénère en subtilité. Helvétius ne fut pas inutile aux progrès de l'analyse et de l'entendement. Inférieur à Condillac pour la méthode et l'exactitude, il a plus de hardiesse dans les conceptions, et plus de mouvement dans le style. Son livre de l'Esprit et son livre de l'Homme renferment d'utiles vérités ; ils contiennent aussi des paradoxes. On y trouve, par exemple, que tous les hommes seraient égaux en facultés intellectuelles, s'ils étaient également secondés par l'éducation. Des raisons physiques, et par conséquent très-puissantes, semblent démentir cette idée qu'Helvétius reproduit sans cesse. Mais, si c'est une erreur, elle est encore philosophique. Il n'y a qu'un ami de l'humanité qui se trompe ainsi.

La classe qui, dans la première organisation de l'Institut, était spécialement consacrée aux sciences morales et politiques, leur a donné beaucoup d'essor. Nous aurons l'occasion de le remarquer ailleurs; et déjà nous trouvons ici plusieurs ouvrages qui furent composés sous ses auspices. Ce fut elle qui proposa pour sujet d'un prix cette double question belle à résoudre, et qui n'était pas d'une médiocre étendue : *Déterminer qu'elle fut l'influence des signes sur l'acquisition de nos idées et la formation de nos connaissances ; rechercher quelle influence le perfectionnement des signes pourrait exercer à l'avenir sur les progrès de l'esprit humain.* Le prix fut obtenu par M. de Gérando [1], dont le Mémoire, plein de mérite, est devenu bientôt un livre considérable, grâce aux nombreuses additions dont il a cru devoir l'enrichir. Il y traite amplement les questions accessoires qui viennent se rattacher en foule aux deux questions principales. Il expose, dans la première partie, comment les signes naturels réveillent en nous les idées sensibles, sans nous donner toutefois une seule idée abstraite, et comment les signes artificiels, c'est-à-dire les signes du langage, étendent les facultés de l'entendement, et complètent, par degrés, la pensée humaine. Dans la seconde partie, il part de ces observations positives pour arriver à des résultats encore inconnus. Il examine de quelles applications nouvelles les signes, en général, sont susceptibles; en quoi les signes du langage peuvent être perfection-

---

[1] M. 1842; a écrit en 1827 un livre *Sur l'éducation des sourds-muets* où il traite de la *théorie du langage*, et une *Histoire comparée des systèmes de philosophie*, en 8 vol. (1822-1847.)

nés ; par quelle route il est possible d'atteindre à une langue philosophique, dont tous les mots auraient une acception rigoureuse, dont tous les éléments seraient formés d'après des lois invariables, et mis en mouvement selon la marche des idées mêmes. Concevant néanmoins les difficultés sans nombre qu'éprouveraient, à cet égard, des réformes tentées à fond, il revient à penser, avec Leibnitz, qu'il ne faut pas chercher la perfection du langage dans l'invention de nouveaux idiomes, mais dans l'art de connaître et de conserver la valeur des mots, en se bornant aux langues admises. Il ne s'agit point d'écarter les nomenclatures spéciales dont les diverses sciences peuvent avoir besoin pour se faire entendre. Rien de tout cela n'altère les langues, et jamais il ne faut les altérer. Mais, dira-t-on, suffisent-elles ? Oui, sans doute, à ceux qui les savent. En philosophie, comme en tout le reste, la solution du problème ne consiste qu'à bien écrire.

Après ce livre estimable, où M. de Gérando a développé les rapports des signes et de l'art de penser, nous devons citer honorablement un autre ouvrage moins étendu, mais digne encore d'attention, et couronné, il y a sept ans, par la seconde classe de l'Institut ; il a pour sujet et pour titre : *L'influence de l'habitude sur la faculté de penser*. La matière est riche. L'homme tient de l'habitude ce qu'il sait et ce qu'il croit savoir : d'elle seule viennent toutes nos connaissances ; d'elle seule aussi tous nos préjugés. C'est avec beaucoup d'art, et même avec beaucoup de circonspection, que l'auteur, M. Maine de

Biran [1], rapprochant l'idéologie de la physique, a traité ce sujet, non moins fécond que difficile, et qui pouvait conduire à des questions d'une haute importance, mais dont les académies sont convenues de s'abstenir.

M. Laromiguière [2], à qui nous devons la seule édition complète qui existe de Condillac, a publié d'excellentes réflexions sur la Langue des Calculs, ouvrage posthume de ce philosophe célèbre. Deux mémoires imprimés dans le recueil de l'Institut, le premier sur les mots *analyse des sensations*, le second sur le mot *idées*, ne font pas moins d'honneur à M. Laromiguière. Il est du nombre des hommes les plus éclairés parmi ceux qui, aujourd'hui, cultivent en France l'analyse intellectuelle. Il est encore du très-petit nombre des écrivains qui éclaircissent les idées abstraites, et qui savent les rendre sensibles par la justesse des expressions, le mélange heureux des images, l'élégance et la couleur du style.

La Logique de Marmontel est loin de valoir sa Grammaire. Ce qu'il y a de mieux est tiré de la Logique de Port-Royal. Quoique Marmontel en critique avec raison quelques détails, c'est là qu'il paraît avoir borné ses études dans la science; et, pour cela même, son livre est aussi inférieur aux lumières actuelles, que le livre d'Arnauld et de Nicole était supérieur aux lumières du temps. Ce qu'il y a d'étrange, c'est que Marmontel se déclare formellement en faveur des idées innées. Il répri-

---

[1] M. 1824; M. Cousin a publié ses *OEuvres philosophiques* en 1841.
[2] M. 1837; Laromiguière devait s'écarter plus tard des doctrines de Condillac dans ses *Leçons de philosophie*, 1815-1817, comme nous le dirons plus loin.

mande, à cette occasion, ce qu'il appelle les nouveaux docteurs. Il oublie, sans doute, qu'il s'agit de tous les philosophes qui ont écrit avant Descartes, de tous ceux qui ont écrit depuis Locke ; de tous, car un homme dont la doctrine a beaucoup de vogue aujourd'hui, du moins en Allemagne, Kant, en altérant la pureté des principes de Locke, n'admet pourtant pas des idées indépendantes de nos sensations. Marmontel oublie surtout qu'il faut compter, parmi les nouveaux docteurs, son maître et son ami Voltaire, qui souvent a ri des idées innées, et qui, sans doute, aurait ri bien davantage, s'il avait pu voir un de ses disciples renouveler, à la fin du dix-huitième siècle, cette rêverie cartésienne. On a lieu de s'étonner qu'un homme de lettres qui a joui d'une renommée légitime à plus d'un égard, un secrétaire perpétuel de l'Académie française, fût si arriéré sur des matières de cette importance. Le volume intitulé *Métaphysique* porte le même caractère : c'est le vieux nom comme la vieille science, et, si vous en exceptez la dernière leçon, qui renferme une analyse incomplète et superficielle des facultés de l'entendement, l'ouvrage roule tout entier sur l'existence de Dieu et sur la nature de l'âme. L'auteur répond aux athées ce que les hommes les plus religieux ou les plus sages leur avaient répondu cent fois. Parmi les chrétiens, Pascal, dans ses Pensées ; parmi les déistes, Voltaire, dans le Dictionnaire philosophique, avaient agité ces questions délicates avec plus de précision, de profondeur et d'intérêt. Il faut bien mêler un éloge à ces critiques nombreuses, mais que la vérité nous arrache. Sous un seul aspect, ces deux volumes de Marmontel méritent quelque estime. Ils sont bien écrits ; et, si les idées n'y sont jamais celles d'un philosophe, le style en est toujours celui d'un très-bon académicien.

Des vues bien autrement profondes caractérisent les Éléments d'Idéologie que M. de Tracy [1] nous a donnés. L'homme commence par éprouver des sensations, de là ses idées naissent et se lient ensemble. C'est toutefois après avoir inventé les signes du langage, et même perfectionné la parole, qu'il fait un art de la pensée, qu'il remonte ensuite à l'origine de ses idées, et qu'il parvient à se rendre un compte méthodique des sensations qui les produisent. Telle est la marche de l'esprit humain ; mais, en traitant des sciences idéologiques, M. de Tracy a cru devoir suivre la marche que la nature suit dans l'homme, longtemps à l'insu de l'homme lui-même. Le premier volume de son ouvrage est donc consacré à l'idéologie proprement dite. Il y explique comment penser ou sentir étant pour nous la même chose qu'exister, la faculté générale de penser renferme diverses facultés élémentaires qui composent l'homme tout entier : la sensibilité ou la faculté d'éprouver des sensations ; la mémoire ou la faculté de se ressouvenir des sensations éprouvées ; le jugement ou la faculté de trouver des rapports entre nos perceptions ; la volonté ou la faculté de former des désirs. M. de Tracy, exposant sous de nouveaux points de vue cette théorie de l'existence, fait voir comment l'homme

[1] M. 1832 ; a publié un *Traité de la volonté* en 1815 ; un *Commentaire sur l'esprit des lois* en 1819, et *quelques Mémoires* dans les recueils de l'Institut.

se meut par sa volonté, comment agissent ses facultés intellectuelles, comment ses idées sont représentées par des signes vocaux ou écrits. Là naît la grammaire générale; elle est l'objet du second volume. L'auteur établit les principes communs à toutes les langues, décompose les éléments de la proposition, parcourt les divisions de la syntaxe, et finit par examiner ce que serait une langue parfaite dans le sens logique. Cette question curieuse, mais au fond moins importante par elle-même que par ses applications aux langues usuelles, est réduite à des termes précis, qui lui font acquérir une extrême clarté. M. de Tracy, dans son troisième volume, enseigne la logique; et, certes, ce n'est pas la logique de l'école. Il recherche quelle est pour nous la cause de toute certitude, et la trouve dans la certitude même de nos sensations actuelles; quelle est la cause de toute erreur, et il la découvre dans l'imperfection de nos souvenirs. Nos faux raisonnements viennent, selon lui, de ce que nous croyons voir dans nos idées ce qu'elles ne renferment pas; et la logique n'est autre chose que l'examen exact et complet des différents rapports qui existent entre nos différentes perceptions. De là s'ensuit l'inutilité absolue des formes syllogistiques et de ces règles étroites si longtemps prescrites à l'art de penser. Après avoir développé, dans les trois parties de son livre, la formation, l'expression, la déduction des idées humaines, M. de Tracy dessine le plan d'un livre plus vaste encore, qui serait le complément du sien, et dont il recommande l'exécution aux philosophes qui ont approfondi les sciences idéologiques;

mais qu'à ce titre, nul assurément n'est plus en état de faire que lui-même. Ses Éléments sont pleins d'idées saines; on peut ajouter, pleins d'idées neuves. Ce serait déjà beaucoup que d'avoir habilement rassemblé des vérités éparses, mais connues. L'auteur fait davantage : il combat les erreurs où elles sont, dans les auteurs, dans les écrits qu'il estime le plus; soit dans Beauzée imaginant sa théorie du verbe, soit dans Condillac traçant l'analyse de la pensée, soit dans la Logique de Hobbes, que M. de Tracy a néanmoins complétement traduite, soit dans les nombreux ouvrages qui forment la grande rénovation de Bacon. Tout en observant les égards que réclament le mérite et le respect que l'on doit au génie, il ne reconnaît d'autorité sans appel que l'autorité de la raison rendue évidente par l'examen : car il n'est point de ceux qui refusent d'examiner les idées vraies ou fausses que, suivant l'énergique expression de Hobbes, ils ont authentiquement enregistrées dans leur esprit. Il faut donc rendre justice au beau monument de philosophie rationnelle élevé par M. de Tracy : c'est un des grands ouvrages de l'époque, et c'est là qu'il faut recourir pour constater le point de hauteur où la science est parvenue.

M. Cabanis [1], à qui est dédiée la logique de son ami M. de Tracy, est lui-même un des philosophes dont les travaux ont le plus honoré les derniers temps. Des vérités lumineuses remplissent les douze Mémoires qui compo-

---

[1] M. 1808; ses œuvres ont été réunies et imprimées par Thurot, 1823-1825.

sent son livre, sur les rapports du physique et du moral de l'homme. L'auteur commence par observer que l'étude de l'homme moral n'offre que des hypothèses plus ou moins incertaines, quand elle cesse d'être liée à l'étude de l'homme physique. Locke et ses successeurs ont rapproché ces deux études ; mais elles doivent être encore plus intimement unies, et la seconde est la base invariable sur laquelle il faut replacer l'édifice entier des sciences morales. Tel est le but que M. Cabanis s'est proposé dans son ouvrage, et ce but est pleinement rempli. Le premier Mémoire détermine avec précision l'indissoluble alliance qui existe entre l'organisation physique de l'homme et ses facultés intellectuelles. Les nerfs sont les organes de la sensibilité ; le cerveau, ou centre cérébral, est l'organe spécial de la pensée. Les deux Mémoires suivants sont consacrés à l'histoire physiologique des sensations ; et là des faits, exposés avec méthode, démontrent les vérités qui déjà se trouvaient établies par des considérations générales. De nouveaux développements se présentent en foule : tout, dans la nature, est mis en mouvement, décomposé, recomposé, détruit et reproduit sans cesse. En suivant la marche que suit la nature, en examinant l'un après l'autre tous les genres d'influence qu'elle exerce sur l'espèce humaine, M. Cabanis expose, dans six autres Mémoires, comment nos idées et nos affections morales sont modifiées par la succession des âges, par la différence des sexes, par la variété des tempéraments, par les altérations passagères ou durables qui résultent des maladies, par les effets du régime, par l'action puissante du climat. Le dixième Mémoire traite de l'instinct, raison première, qui enseigne à chaque être vivant les moyens de se conserver; de la sympathie, nouvel instinct, qui attire l'un vers l'autre des individus différents; du sommeil, où les facultés de l'homme agissent encore, mais agissent en désordre; et du délire, qui, à cet égard, n'est qu'un sommeil prolongé. L'influence du moral sur le physique est l'objet du onzième Mémoire : il faut entendre, par cette influence, l'action de la pensée, dont le siége est dans le cerveau, sur l'ensemble des organes de l'homme. L'auteur, en terminant son ouvrage, examine les tempéraments acquis, c'est-à-dire ceux qui, par des causes accidentelles, ont perdu leur caractère primitif et sont entièrement changés. Ici, peut-être, l'ordre des idées est un peu interverti : nous croyons du moins que ce douzième Mémoire devrait être le dixième, et venir immédiatement après l'exposition des six causes naturelles qui modifient l'homme tout entier. En risquant cette observation critique, peu grave en elle-même et pourtant la seule que nous ayons à faire, nous la soumettons, comme un simple doute, aux lumières de l'auteur, trop habile à la fois et trop sage pour ne pas apprécier ce qu'elle peut avoir de justesse. Du reste, le plan de son livre est aussi bien exécuté qu'il est bien conçu : les questions y sont traitées avec profondeur, et l'élégance du style leur donne autant d'intérêt qu'elles ont d'importance. Aussi la renommée de ce bel ouvrage est faite en Europe; elle y doit encore augmenter. Plus il sera lu, plus on sentira combien de sortes de connaissances, combien de genres de mérite il fallait réunir pour appliquer, avec autant de succès, l'analyse de l'entendement à la physiologie transcendante, et l'art d'écrire à toutes les deux.

Ce fut une utile institution que celle de ces écoles normales, où les diverses connaissances étaient publiquement enseignées par des hommes éminents, dont les élèves, déjà éclairés, choisis dans toutes les parties de la France, devaient ou pouvaient être à leur tour des instituteurs publics. Là, point d'infaillibilité magistrale : l'examen n'était pas un privilége; la raison était sans cesse en exercice, et de libres discussions, ouvertes entre les professeurs et les disciples, perfectionnaient à la fois les disciples et les professeurs. On sait quel éclatant succès y obtinrent les leçons de M. Garat sur l'analyse de l'entendement : ce beau travail est imprimé. Après un aperçu général, unique objet de son programme, M. Garat décrit la marche historique et progressive de cette science moderne; il apprécie les différents travaux; il caractérise avec autant d'énergie et de justesse, et souvent par des traits de maître, les différents génies des analystes les plus habiles. Tel est le sujet de sa première leçon. La seconde est une exposition détaillée du plan qu'il doit suivre. Il divise son cours en cinq sections : les sens et les sensations, principes de tout ce qui tient à l'homme; les facultés de l'entendement, moyens de diriger les sens et de combiner les sensations; la

[1] M. 1833; a publié en 1820 ses Mémoires sur M. Suard et sur le dix-huitième siècle.

théorie des idées ou de toutes les notions que l'homme peut acquérir par les facultés de l'entendement ; la théorie des signes et des langues, c'est-à-dire de tous les signes naturels ou artificiels par lesquels l'homme exprime les sensations qu'il éprouve ou les idées qu'il conçoit ; enfin la méthode, complément nécessaire des quatre premières parties, puisqu'elle sert à bien diriger à la fois les sens et les sensations, les facultés de l'entendement, les idées et les formes du langage. Le cours de M. Garat fut interrompu par cet ascendant des circonstances, qui souvent empêche d'achever ou de publier d'excellents écrits. Puisse-t-il exécuter aujourd'hui son entreprise, et composer un traité complet digne de l'introduction qu'il nous a donnée ! La supériorité d'esprit y est renforcée par cette supériorité de talents qu'elle ne suppose pas toujours. Toutes deux éclatent, soit dans les brillants portraits de Bacon et de ses successeurs, soit dans l'exposition de cette vérité singulière, et pourtant démontrée avec rigueur, que les langues furent nécessaires non-seulement pour exprimer, mais encore pour acquérir des idées ; soit lorsque, arrivé à cette formation des langues que J.-J. Rousseau ne pouvait expliquer sans le secours du merveilleux, M. Garat, suivant la route qu'avait frayée Condillac, explique par la nature même comment les signes qui, sur le visage de l'homme, expriment les sensations, devenant les premiers types des signes artificiels, amenèrent graduellement la plus étonnante et la plus féconde des inventions humaines, l'écriture alphabétique. Enfin, cette centaine de pages renferme plus d'idées saines, plus de vues profondes, plus de substance, que tous les gros livres des métaphysiciens de la vieille école. Le style philosophique peut-il être à la fois très-éloquent et très-exact? C'est un des points que M. Garat se proposait d'examiner dans son cours. La question lui semble difficile à résoudre. Elle l'est sans doute ; mais en écrivant, il la résout ; et quand on lit de tels ouvrages, il faut bien se décider pour l'affirmative.

Une réflexion générale terminera ce chapitre. Quelques savants repoussent le nom d'idéologie, uniquement peut-être parce qu'il est moderne. Quelques philosophes n'aiment pas le nom de métaphysique, et parce qu'il est vague, et parce qu'il rappelle plutôt les antiques ténèbres que les lumières nouvelles. Le nom d'analyse de l'entendement n'a d'autre défaut que d'être un peu long ; analyse des sensations et des idées l'est bien davantage : cette dénomination, d'ailleurs, ou plutôt cette phrase, offre quelque chose d'inutile, puisque les idées, même les plus abstraites, selon l'heureuse définition de Condillac, ne sont que des sensations transformées. Quoi qu'il en soit, et sous quelque titre que se présente la science, elle est désormais mise à son rang par tous les hommes qui ont des lumières : son importance et son étendue ne sauraient être sérieusement contestées. Née en Angleterre il y a deux siècles, et là seulement perfectionnée durant un siècle et demi, depuis cinquante ans elle a fait de grands pas en France ; elle en fait encore aujourd'hui. Base des sciences morales et politiques, principe de l'art de penser, de l'art de parler, de l'art d'écrire, elle s'applique à toute littérature. Son union avec la physique est plus intime encore, et les calculs mathématiques ne lui sont pas étrangers. Comme elle procède par un examen rigoureux, comme son examen s'étend sur l'universalité des idées humaines, elle affermira les sciences véritables ; et, malgré plusieurs intérêts qui s'y opposent, elle anéantira les prétendues sciences qui sont au-dessous, ou, si l'on veut, au-dessus de la raison : car ici les termes semblent contraires, mais les choses sont identiques.

On ne s'est pas beaucoup occupé de *grammaire générale*, dans ces cinquante dernières années. C'est à peine si nous pouvons ajouter aux ouvrages déjà cités : *Les Principes de grammaire générale, mis à la portée des enfants*, par Silvestre de Sacy [1], plusieurs fois réimprimés depuis 1799 ; un essai de *Grammaire générale*, par M. Proudhon [2], alors peu connu, 1837 et 1840 ; une *Grammaire générale* ou *Philosophie des Langues*, 1845, par M. Albert Montemont [3], et les *Thèses de Grammaire* de M. Bernard Jullien [4], 1855. On s'est contenté de publier des dictionnaires (Boiste, 1800-1844 ; Laveaux, 1828 ; Raymond, 1832 ; Bescherelle, 1843-1846 ; Poitevin, 1861, etc. ; le dictionnaire de l'Académie française 1835, et le grand dictionnaire étymologique de M. Littré, actuellement sous presse), et chaque année a vu éclore de nouvelles grammaires, sans progrès notable à signaler. La *Grammaire des Grammaires* de Girault-Duvivier, 1811, revue par A. Lemaire, 1842, 1854, et le *Cours supérieur de Grammaire* de M. Bernard Jullien, 1849, jouissent à bon droit

[1] Né 1758, m. 1838. — [2] Né 1809. — [3] Né 1788. — [4] Né 1798.

d'une estime particulière. Quant à Charles Nodier [1], qui a surtout recherché les jeux d'esprit, nous rappellerons seulement son *Dictionnaire des Onomatopées françaises*, 1808; son *Examen critique des Dictionnaires*, 1828, et ses *Notions de Linguistique*, 1834.

La grammaire comparée a été l'objet de travaux considérables, mais ces travaux rentrent dans le domaine de l'érudition et nous en parlerons ailleurs.

En philosophie, une véritable révolution devait s'opérer; Laromiguière [2], dans son *Cours de Philosophie*, 1815-1817, s'éloigne de Condillac, son maître, par sa théorie *du sentiment*. Déjà, en 1811, Royer-Collard [3] avait enseigné, à la Sorbonne, les doctrines de l'école écossaise (Reid, 1710-1796, et Dugald Stewart, 1753-1828), ou de l'école spiritualiste. M. Cousin [4] devait, quelques années plus tard, fonder l'école éclectique. « La philosophie, disait-il,
» n'a aujourd'hui que l'une de ces trois choses à faire : ou abdi-
» quer, renoncer à l'indépendance, rentrer sous l'ancienne auto-
» rité, revenir au moyen âge, ou continuer à s'agiter dans le
» cercle de systèmes usés qui se détruisent réciproquement, ou
» enfin dégager ce qu'il y a de vrai dans chacun de ces systèmes
» et en composer une philosophie supérieure à tous les systèmes,
» qui les gouverne tous, en les dominant tous ; qui ne soit plus
» telle ou telle philosophie, mais la philosophie elle-même dans
» son essence et dans son unité [5]. »

C'était un magnifique programme, et s'il n'a pas été complétement rempli, on doit reconnaître que M. Cousin a donné aux études philosophiques une impulsion remarquable. Traducteur de Platon, interprète de Kant, Fichte, Schelling et Hegel, il a publié ses principaux travaux sous des titres divers : *Cours de Philosophie*, 1836 et 1853, *Cours d'histoire de la Philosophie*, 1827 et 1840,

---

[1] Né 1783, m. 1844. — [2] Voy. plus haut, p. 60. — [3] Né 1773, m. 1845. — [4] Né 1792. — [5] *Manuel de l'histoire de la philosophie*, traduit de l'allemand de Tennemann, par V. Cousin, *Préface*.

Fragments philosophiques, 1826-1838-1842, *Essai sur le vrai, le beau et le bien*, 1853, etc. Professeur éloquent, M. Cousin a eu l'honneur, avec MM. Guizot et Villemain, de faire briller la *Faculté des Lettres* d'un éclat inaccoutumé, 1827-1830 ; habile écrivain, plus littérateur que philosophe, nous le retrouverons bientôt, lorsque nous aurons à tracer le tableau de l'érudition française au XIXe siècle.

Le journal *Le Globe,* fondé en 1824 par MM. Dubois, Pierre Leroux, Ch. de Rémusat, Duvergier de Hauranne, Duchâtel, Vitet, Damiron, etc., contribua au mouvement philosophique des esprits ; Jouffroy [1] publia dans cette feuille son article devenu fameux : *Comment les dogmes finissent?* On lui doit un cours de *droit naturel*, 1834-1842, des *Mélanges philosophiques*, etc. Autour de MM. Cousin et Jouffroy, se groupent MM. Ch. de Rémusat [2], *Essais de Philosophie*, 1842, etc.; Adolphe Garnier [3], *Précis de Psychologie*, 1830, *Traité des Facultés de l'âme*, 1852 ; Charma [4], *Leçons de Philosophie sociale et de Logique*, 1838-1840 ; Franck [5], *Esquisse d'une histoire de la Logique*, 1838, *Dictionnaire des Sciences philosophiques*, 1844-1852 ; Jacques [6], *Manuel de Philosophie, Introduction à la Psychologie*; Jules Simon [7], *La Religion naturelle*, 1856, *La Liberté de conscience*, 1859, etc.; Emile Saisset [8], *Essai sur la Philosophie et la Religion au* XIXe *siècle*, 1845, *Essai de Philosophie religieuse*, 1860 ; Charles Lévêque [9], *La Science du beau*, 1860 ; n'oublions pas Lamennais [10], *Esquisse d'une Philosophie*, 1840 ; M. Barthélemy Saint-Hilaire [11], le traducteur d'Aristote, et le savant interprète de la philosophie hindoue ; M. Cournot [12], auteur d'un *Essai sur les Fondements de nos connaissances et sur les Caractères de la critique philosophique*, 1852 ; M. Bouillet [13], traducteur des *Ennéades* de Plotin, 1857 ; M. Damiron [14],

---

[1] Né 1796, m. 1842. — [2] Né 1797. — [3] Né 1801. — [4] Né 1801. — [5] Né 1809. — [6] Né 1813. — [7] Né 1814. — [8] Né 1814. — [9] Né 1818. — [10] Né 1782, m. 1854 ; avait publié en 1817 son *Essai sur l'indifférence en matière de religion*, et en 1838, *Paroles d'un Croyant*. — [11] Né 1805. — [12] Né 1801. — [13] Né 1798. — [14] Né 1794.

auteur d'une *Histoire de là Philosophie au* XVIIIe *siècle*, 1858 ; MM. Ravaisson [1], F.-H. Martin [2], Ch. Jourdain [3], Waddington [4], honorablement connus, le 1er, par un *Essai sur la Métaphysique d'Aristote*, 1837-1846; le 2e, par des *Études sur le Timée de Platon*, 1841 ; le 3e, par des *Notions de Logique*, 1858 ; le 4e, par des *Essais de Logique*, 1857 ; M. Bersot [5], *Du Spiritualisme et de la Nature*, 1846, *Essai sur la Providence*, 1853, etc.; M. Bouillier [6], *Théorie de la Raison impersonnelle*, 1815, *Histoire de la Philosophie cartésienne*, 1854 ; M. Vacherot [7], auteur d'une *Histoire critique de l'École d'Alexandrie*, 1851 ; M. J. Barni [8], *Philosophie de Kant*, 1851 ; M. Larroque, *Cours de Philosophie*, 1840 ; *Rénovation religieuse*, 1859, etc.; et M. Renan [9], *Études d'histoire religieuse*, 1857.

Nous ajouterons, pour compléter cette note, que M. Pierre Leroux [10], ennemi déclaré de l'éclectisme, après avoir adopté les idées de Saint-Simon [11], mises en pratique par MM. Enfantin, Barrault, Michel Chevalier, etc., 1831, forma bientôt une secte dissidente avec MM. Jean Reynaud [12] et Carnot [13] ; il publia, en 1839, son livre *De l'Humanité, de son principe et de son avenir*.

Nous devons aussi nommer M. Azaïs [14], auteur du *Système des Compensations : Cours de Philosophie générale*, 1823-1828.

Enfin M. Auguste Comte [15] a fondé l'École du *positivisme* (*Cours de philosophie positive*, 1830-1852, dont M. Littré [16] est devenu l'un des adeptes les plus fervents.

On trouvera le complément de ce chapitre dans le *Tableau de l'Érudition française*, etc., par Dacier. (Article : *Philosophie*.)

---

[1] Né 1813. — [2] Né 1813. — [3] Né 1817. — [4] Né 1819. — [5] Né 1816. — [6] Né 1813. — [7] Né 1819. — [8] Né 1818. — [9] Né 1823. — [10] Né 1798. — [11] Né 1760, m. 1823. — [12] Né 1806, auteur de *Terre et Ciel*, 1854. — [13] Né 1801; Exposé de la doctrine saint-simonienne, 1830. — [14] M. 1845. — [15] Né 1798, m. 1857. — [16] Né 1801.

CHAPITRE II.

MORALE, POLITIQUE ET LÉGISLATION.

La morale, si vous lui donnez le sens le plus étendu, se trouve dans tous les genres d'écrire. Homère et Virgile, Sophocle et Corneille, Tacite et Guichardin, Cervantes et Richardson abondent en peintures et en principes de mœurs. Voltaire, dans ses romans les plus frivoles en apparence, n'en présente guère moins que dans sa Henriade, dans ses tragédies et dans ses histoires ; et, sous ce point de vue général, Molière et La Fontaine sont les plus exquis moralistes. Mais la morale est ici considérée comme science, et nous parlons uniquement des écrits qui n'ont pas d'autre objet qu'elle-même. En Grèce, elle fut cultivée par toutes les écoles philosophiques : Pythagore, Socrate et Zénon l'enseignèrent à leurs disciples, et l'on sait aujourd'hui qu'à cet égard la secte épicurienne ne le cédait à aucune autre. Chez les Romains, l'école académique se glorifiait de Cicéron, qui perfectionna la morale en plusieurs ouvrages, et surtout dans l'admirable Traité des Devoirs. Après lui, Sénèque, Marc-Aurèle, Epictète, illustrèrent l'école du Portique ; la philosophie stoïcienne, qui niait la douleur, fleurit en des temps où le genre humain dut se résigner à souffrir. Parmi nous, le beau livre des *Essais* se présente le premier. Sceptique par indépendance, et non par système, Montaigne y resta libre dans ses opinions comme dans les formes de son style, et repoussa le joug d'une doctrine invariable autant que celui d'une langue fixée. Charron, dans le traité *De la Sagesse* eut plus de méthode que Montaigne son maître ; mais il n'eut pas, comme lui, ce talent original qui renouvelle tout par l'expression et qui paraît tout inventer. En écrivant sur la vertu des païens, le conseiller d'État La Mothe le Vayer fit éclater une philosophie peu commune à la cour de Louis XIV. De pieux écrits furent composés et rassemblés par Nicolle, sous le nom d'*Essais de morale :* on les estime encore, mais on les lit peu. Les *Maximes* du misanthrope La Rochefoucauld se soutiennent par leur brièveté pleine de sens. Quant aux Caractères de La Bruyère, on les relit sans cesse, et de tous les ouvrages en prose du dix-septième siècle, aucun ne réunit au même degré la finesse des pensées, l'originalité des expressions, la variété des tournures, la vérité satirique des tableaux, et la connaissance approfondie de la société. Peintre ingénieux des mœurs, écrivain piquant, quoique inférieur à La Bruyère, Duclos s'est fait lire après lui. Mais, en un genre d'écrire bien plus élevé, deux siècles rivaux de gloire ont produit, l'un le *Télémaque* de Fénelon, l'autre l'*Émile* de J.-J. Rousseau, chefs-d'œuvre différents, mais égaux entre eux, à qui nul ouvrage de morale ne peut être comparé chez les nations modernes, ni même dans les littératures de l'antiquité.

Le *Bélisaire* de Marmontel, sans les égaler à beaucoup près, les suit du moins avec honneur. Ici nous retrouvons Marmontel composant sur la morale un traité méthodique, et dont les formes sont austères ; c'est le dernier volume des *Leçons d'un père à ses enfants*, et le meilleur, après celui qui porte le nom de *Grammaire*. La leçon sur la morale évangélique rappelle, quant au fond des idées, la fameuse profession de foi du Vicaire savoyard. Les avantages sont compensés : Marmontel est plus orthodoxe, et J.-J. Rousseau plus éloquent. Le traité dont nous parlons est encore enrichi de très-beaux passages, tirés des ouvrages philosophiques de Cicéron : ils sont fidèlement rendus, et toujours on y trouve cette correction, cette élégance, cette harmonie qui n'abandonnaient guère Marmontel, quand il écrivait en prose.

L'influence des passions sur le bonheur des individus et des sociétés civiles offrait aux moralistes un beau sujet que Mᵐᵉ de Staël [1] a traité d'une manière brillante. Quoique divisé en trois sections, son ouvrage est peu suscep-

---

[1] Née 1766, m. 1817; *Considérations sur la Révolution française*, 1818; *de l'Allemagne*, 1810. — Lerminier (Voy. plus loin) a publié en 1835 un livre intitulé : *Au delà du Rhin, tableau de l'Allemagne depuis Mᵐᵉ de Staël*. Voy. aussi Saint-René Taillandier, *à la table des noms d'auteurs*.

tible d'analyse ; mais il n'est pas difficile d'en faire sentir les qualités, et même les défauts. Il y a beaucoup d'imagination dans le chapitre de l'amour, et plus encore dans celui de l'amitié. En voulant préserver des passions, Mme de Staël est passionnée dans son style, qu'il nous soit permis d'ajouter, dans ses jugements. L'esprit de parti se laisse apercevoir en quelques passages, et surtout dans le chapitre où il s'agit de l'esprit de parti : on est fâché d'y trouver des lignes étranges sur un *homme diversement célèbre*. C'est Condorcet dont il est question, et cette phrase équivoque n'est interprétée par aucun éloge. *Ses amis assurent*, si l'on en croit Mme de Staël, *qu'il aurait écrit contre son opinion*. Voilà des amis bien perfides, ou ce qui est plus exact, des ennemis bien injustes. Condorcet fut sans doute et restera diversement célèbre, puisqu'il était à la fois habile dans les sciences mathématiques, profond dans les sciences morales et politiques, éclairé en littérature, écrivain distingué, philosophe illustre et grand citoyen ; mais nul dans ses écrits ne se montra plus d'accord avec sa conscience, et plus ouvertement fidèle aux immuables principes dont il a péri martyr. Il est bien vrai qu'il aimait les vertus, le génie, les opinions de Turgot ; qu'il admirait son administration, et qu'il n'avait pas, à beaucoup près, les mêmes sentiments pour un ministre dont le nom n'est pas sans célébrité. A cet égard, les panégyriques exagérés peuvent convenir à l'amour filial ; mais entre-t-il aussi dans ses droits d'inculper gravement et sans motif admissible un des premiers hommes du dix-huitième siècle ? C'est ce que nous avons peine à croire. Après cette observation, que nous faisons à regret, mais qu'il fallait faire, nous n'examinerons point avec l'auteur si Newton a plus de juges que le véritable amour, ou s'il vaut mieux être Aménaïde que Voltaire. Nous aimons mieux passer aux éloges que mérite l'exécution de l'ouvrage : il n'y faut pas chercher des théories analytiques, un enchaînement rigoureux de principes et de conséquences ; mais il présente, comme tous les écrits de Mme de Staël, des tableaux riches et variés, le besoin et le talent d'émouvoir, des traits ingénieux, de la nouveauté dans les expressions, et surtout une extrême indépendance, soit dans la composition générale, soit dans le choix et la succession des idées, soit dans les formes du langage.

Nous devons à Mme de Condorcet [1], veuve de l'homme respectable dont nous venons de parler, une élégante traduction de la *Théorie des sentiments moraux*, premier et célèbre ouvrage de cet Adam Smith qui depuis a répandu tant de lumières sur les principales questions de l'économie politique. A la suite de cette traduction, Mme de Condorcet a publié des *Lettres sur la sympathie*. L'ouvrage est court, mais plein de mérite : elle y part du même principe qu'Adam Smith, c'est-à-dire de cette sympathie, soit générale, soit particulière, qui nous fait partager avec plus ou moins d'énergie les sensations de plaisir ou de douleur éprouvées par nos semblables. Mme de Condorcet n'adopte pourtant pas toujours les opi-

[1] Née de Grouchy 1765, m. 1822.

nions du philosophe écossais, quelquefois même elle le combat avec avantage. Lorsqu'elle recherche, par exemple, l'origine des idées morales, au lieu de recourir, comme lui, à un sens intime que l'on ne définit jamais bien, parce qu'il est impossible de le bien comprendre, elle trouve dans notre sensibilité réelle et physique les impressions qui font la moralité entière, et que bientôt la raison généralise, en établissant les principes invariables du juste et de l'injuste sur la base éternelle des sensations humaines. Ces lettres, adressées à M. Cabanis, et dignes de paraître sous les auspices de deux noms célèbres, sont écrites, non-seulement avec netteté, avec finesse, avec précision, mais encore avec une méthode bien rare dans les ouvrages des dames qui ont le plus d'esprit, presque aussi rare dans les livres des moralistes les plus estimés : de ceux du moins qui, satisfaits de briller par l'éloquence, ou d'exceller dans l'art de peindre la société, n'ont point appliqué à la science des mœurs l'instrument universel de l'esprit humain, l'analyse de l'entendement.

L'émulation est-elle un bon moyen d'éducation ? Il y a huit ans que la seconde classe de l'Institut proposa cette question pour sujet du prix de morale. Ici la forme problématique étonne un peu ; elle était pourtant convenable. Un grand prosateur, dont les écrits sont pleins de principes lumineux et de brillants paradoxes, avait attaqué l'émulation avec tant d'éloquence, qu'il y avait du courage à la défendre et presque à la réhabiliter : c'est ce qu'a tenté M. Feuillet[1]. Il profite de ses avantages en opposant à l'autorité de Rousseau, dans *Émile*, l'autorité formellement contraire de Rousseau, dans l'article *Économie* du Dictionnaire encyclopédique. Du reste, prenant la question dans ses racines, il se demande quel est le but de l'éducation. Il s'agit de développer toutes les facultés des individus et d'assurer leur bonheur en les faisant contribuer au bonheur général; mais les facultés individuelles se développent par les comparaisons qui s'établissent entre les différents individus : de là naît l'émulation; et, si on veut l'écarter de l'éducation de l'enfance, elle se retrouvera dans l'éducation de la vie entière. Cette émulation n'est autre chose que l'amour de la gloire, sentiment naturel à tous les hommes, mais plus ou moins étendu et diversement dirigé. Il est dangereux dans son excès; il peut suivre de fausses directions : mais, sans lui, rien de grand, rien même d'utile ; son influence est nécessaire, et, comme dit Tacite, celui qui méprise la gloire méprisera bientôt la vertu. Or, si les hommes faits ont besoin de ce puissant mobile, les enfants seront des hommes faits ; et c'est aller contre le but de la société, que de vouloir éteindre en eux un sentiment qui doit les guider durant toute leur vie. Il reste donc démontré que l'éducation vraiment sociale est fondée sur l'émulation. M. Feuillet développe habilement ces vérités fécondes, et son Mémoire est digne, à tous égards, du prix qu'il a remporté. C'est l'ouvrage d'un

[1] Né 1768, m. 1843.

homme instruit, d'un esprit exercé, d'un écrivain sage, et qui, sur les matières importantes, est complétement au niveau des lumières contemporaines.

Deux ouvrages de morale ont été successivement publiés, l'un par M. de Volney, l'autre par Saint-Lambert, sous le modeste nom de *Catéchismes*. Quoique rédigés par demandes et par réponses, il ne faudrait pas les confondre avec les catéchismes ordinaires. Pleins tous les deux d'une raison profonde, ils n'ont entre eux aucune autre ressemblance ; ce n'est ni la même composition, ni le même genre de talent.

Nous parlerons d'abord de l'ouvrage de M. de Volney[1], puisqu'il a paru le premier : il a pour titre : *La Loi naturelle*, ou *Catéchisme du Citoyen français*. La morale est en effet cette loi, qui n'a d'autre but que la conservation et le perfectionnement de l'espèce humaine. L'auteur détermine les nombreux caractères qui appartiennent exclusivement à la loi naturelle : il est aisé de les reconnaître, elle est primitive, c'est-à-dire antérieure à toute autre loi ; elle émane de Dieu sans aucune intervention particulière, puisqu'elle se fait entendre à chaque individu ; elle est universelle, puisqu'elle embrasse tous les temps et tous les lieux ; elle est invariable, puisqu'elle ne modifie jamais ses préceptes, elle est évidente, raisonnable, juste, puisqu'elle est démontrée à tous, accessible à la raison de tous, conforme à l'intérêt de tous ; elle est pacifique : en effet, si elle était observée,

---

[1] Voy. plus haut, p. 54.

toutes les dissensions seraient bannies de la terre ; elle est bienfaisante ; car c'est uniquement par elle que chaque homme, chaque société, l'humanité entière, pourraient atteindre au plus haut degré de bonheur dont notre nature soit susceptible : enfin, elle est suffisante, puisqu'elle renferme tous les emplois avantageux des facultés de l'homme, et, par conséquent, tous ses devoirs. M. de Volney passe ensuite aux bases de la morale, aux notions du bien et du mal, du vice et de la vertu. Il distingue les vertus en trois classes : les vertus individuelles, ou qui servent à la conservation de l'individu ; domestiques, ou qui sont utiles à la famille ; sociales, ou dont les avantages embrassent toute la société. C'est à ces dernières qu'il donne le plus d'éloges et le plus de développements. Telle est l'idée générale de cet ouvrage important, quoiqu'il ait peu d'étendue. Les idées en sont serrées, le style en est ferme : on y remarque ce choix sévère et cette propriété d'expressions dont les philosophes de l'école française ont donné tant de beaux exemples.

Le *Catéchisme universel* de Saint-Lambert [1], n'est qu'une section de son grand ouvrage, intitulé : *Principes des Mœurs chez toutes les nations*, et divisé en six parties. La première, qui a pour titre *Analyse de l'Homme*, est plutôt de l'idéologie que de la morale proprement dite. L'auteur y explique la nature des sens, celle des sensations les plus habituelles, et l'origine des passions con-

---

[1] M. 1803.

sidérées en général. L'analyse de la femme est l'objet de la seconde partie, qui présente une composition moins sévère ; c'est une suite d'entretiens de mademoiselle de l'Enclos avec Bernier, élève du philosophe Gassendi, et voyageur assez renommé. Ces entretiens ont de l'intérêt, et les deux interlocuteurs exposent habilement : soit la manière de sentir particulière aux femmes, soit les nuances qui distinguent les mêmes passions en des sexes dont l'organisation n'est point la même. Dans la partie suivante, intitulée la *Raison*, ou *Ponthiamas*, trois mandarins chinois, supposés fondateurs de la colonie de Ponthiamas, enseignent aux citoyens de leur république les éléments de la philosophie rationnelle et font l'éducation d'un peuple de sages. La quatrième partie est consacrée au catéchisme universel : c'est de beaucoup la meilleure de l'ouvrage ; peut-être même est-elle sans défaut. Une idée saine et lumineuse y éclate : les vices sont des passions nuisibles à nous et aux autres ; les vertus sont encore des passions, mais des passions utiles à l'homme et à ses semblables. L'auteur définit, dénombre, caractérise avec sagacité les passions vicieuses et les passions vertueuses. L'introduction, les six dialogues, les préceptes, le chapitre sur l'examen de soi-même, tout est sagement pensé, noblement écrit. On a donc bien fait d'imprimer à part le Catéchisme universel : il est à lui seul un livre classique ; mais peut-être eût-on mieux fait encore d'y joindre le commentaire qui forme la cinquième section de l'ouvrage entier. Là sont développés les principes du catéchisme ; et d'ingénieuses fictions, des récits piquants, des contes agréables, rendent sensible et facile l'application de ces principes. L'analyse historique de la société compose la sixième partie : c'est encore de la morale, mais de la morale publique dans ses rapports avec la politique générale, et avec l'histoire des plus célèbres sociétés civiles. L'auteur semble attacher beaucoup de prix à cette analyse, et ce serait en effet la partie la plus importante de son travail, si elle atteignait le degré de perfection dont elle est susceptible; mais, il faut l'avouer, on y sent plus qu'ailleurs la main de la vieillesse, peut-être aussi l'insuffisance des études. Il n'y a point assez de profondeur dans les théories, ni même assez d'exactitude dans l'exposition des faits, quoique l'auteur évite les détails : on y trouve néanmoins d'excellents morceaux. Si nous considérons maintenant le livre de Saint-Lambert dans l'ensemble de son exécution, nous y louerons d'abord, non la chaleur des mouvements, l'énergie des expressions, mais la pureté continue, la politesse exquise et l'élégante souplesse du style. Les diverses parties pourraient être plus intimement liées entre elles; mais elles sont homogènes quant au fond de la doctrine; et cette doctrine, qui n'est ni trop relâchée, ni trop sévère, n'a d'autre base que la nature de l'homme, et d'autre objet que son bonheur. Une chose est surtout digne de remarque : la raison ne plie devant aucun préjugé dans cette belle production, qui fait honneur à la fin du dix-huitième siècle. Au moment où elle parut, les palinodies étaient à la mode, au moins chez certains littérateurs, accusés bien injustement, il est vrai, du crime de philosophie. Autrefois, sans doute, ils avaient fait semblant d'être philosophes, mais uniquement pour leur intérêt : c'était encore pour lui qu'ils changeaient de langage. Ils croyaient venger par l'apostasie leur vanité mécontente; ils se flattaient même d'acquérir de l'importance, d'arriver à la fortune, d'atteindre aux places; et, dans cet espoir, ils multipliaient chaque jour des abjurations hypocrites qui les couvraient de ridicule et ne trompaient que leur ambition. Saint-Lambert, en publiant son livre, n'examina point les temps, mais les choses; il ne s'occupa ni d'être hardi, ni d'être timide; il fut vrai. Dans un excellent discours préliminaire, il rendit hommage à la mémoire de Voltaire et de Montesquieu, d'Helvétius et de Condillac. Il convenait à ce vieillard honorable de proclamer, en expirant, la vérité qu'avait chérie sa jeunesse; de rester fidèle aux hommes illustres dont il avait été l'élève et l'ami; de respecter enfin, dans les souvenirs du dix-huitième siècle, une gloire qu'il avait vu croître et qu'il avait lui-même augmentée.

C'est à l'immortel chancelier de l'Hospital que remontent parmi nous les sciences politiques. Les lois, les édits, les ordonnances qui émanent de lui, méritaient de paraître sous les auspices d'un autre prince que Charles IX. Le règne où les lois furent le plus violées, n'en est pas moins l'époque d'un grand perfectionnement dans notre législation. Dumoulin surtout y contribua par ses travaux, et le plus éclairé des jurisconsultes français seconda le plus illustre chef qu'ait jamais eu la magistrature. Dans les premières années du règne suivant,

Hubert Languet, prenant le nom de *Junius Brutus*, écrivit en langue latine un traité célèbre, qu'il traduisit lui-même en français sous ce titre, qui en fait assez connaître l'importance : *De la puissance légitime du prince sur le peuple, et du peuple sur le prince.* Ce fut dans le même esprit que La Boëtie, immortalisé par son ami Montaigne, composa son Discours de la Servitude volontaire. Un peu plus tard parut Bodin, qui, dans son Traité de la République, adopta souvent les idées d'Aristote, et fournit lui-même quelques idées au plus beau génie dont puissent se glorifier les sciences politiques, à Montesquieu. Au commencement du dix-septième siècle, les *Économies royales* de Sully; vers la fin du règne de Louis XIV, les Mémoires des intendants de province, et ensuite la *Dîme royale* écrite par Boisguilbert, sous la dictée du maréchal de Vauban, jetèrent progressivement quelques lumières sur l'économie publique. Lamoignon, dans ses Arrêtés, D'Aguesseau dans beaucoup d'ouvrages, éclairèrent la législation civile. Sous la régence, de nombreuses questions politiques furent discutées par l'abbé de Saint-Pierre, homme vertueux, que l'on crut devoir punir de n'avoir point flatté l'ombre de Louis XIV.

Les combinaisons du système de Law, et les malheurs qu'il entraîna, fixèrent l'attention sur tout ce qui intéressait le crédit public, le commerce et l'agriculture : de là les écrits de Melon, secrétaire du régent, et les ouvrages de nos premiers économistes. Bientôt Montesquieu déploya dans toute son étendue ce génie politique qui lui avait dévoilé les causes de la grandeur et de la décadence des Romains. Les diverses parties de la science législative furent embrassées, liées, coordonnées dans le vaste plan de l'Esprit des Lois, livre semé de quelques erreurs, afin, sans doute, que l'on pût y reconnaître la main d'un homme; mais précis, profond, éloquent, et, parmi les productions philosophiques, celle qui doit le plus longtemps influer sur les destinées de l'espèce humaine. Un esprit du même ordre, J.-J. Rousseau, développa dans le Contrat Social quelques hautes vérités qui, avant lui, n'étaient qu'entrevues. En écrivant sur le gouvernement de Pologne, il exposa des principes moins élevés, mais d'une application plus facile. Mably, que nous retrouverons parmi les historiens, analysa les traités qui formaient alors le droit public de l'Europe : du reste, admirateur passionné des institutions de Sparte et de Rome, attaché avec scrupule aux doctrines de l'antiquité, il ajouta peu d'idées à la science; mais il la servit par une foule d'écrits estimables, et surtout par ses *Entretiens de Phocion*, où, bien différent de Machiavel, il rattacha la politique entière à l'inaltérable morale.

Le traité des Délits et des Peines, publié en Italie, avait fait examiner en France notre législation pénale : elle était alors bien vicieuse. Les procès de Calas, de Sirven, de Montbailly, de Labarre, excitèrent l'intérêt et l'effroi. Un grand homme, qui les rendit encore plus célèbres, Voltaire, que l'on retrouve sur toutes les routes de la gloire, et qui ne dédaigna rien d'utile aux hommes, devint le commentateur de Beccaria. Quelques magistrats éclairés répondirent à ce signal, et surtout le célèbre avocat général Servan. Après lui, Dupaty[1] s'honora dans la même carrière par ses talents et par son ouvrage. Nous parlons des écrivains, des philosophes, et non pas des criminalistes. Les considérations sur les finances, par Forbonnais; d'excellents écrits de Turgot, le livre important de Necker et ses dicussions avec Calonne, répandirent des clartés nouvelles sur le revenu public et sur l'administration. Mirabeau, depuis si renommé à l'Assemblée constituante, donna, durant les dix années qui la précédèrent, un grand nombre d'écrits politiques, parmi lesquels on distingue le livre sur les lettres de cachet, d'austères conseils aux républicains des Etats-Unis sur l'ordre de Cincinnatus, la lettre aux Bataves sur le stathoudérat, la lettre à Frédéric-Guillaume, qui occupait le trône qu'avait rempli Frédéric le Grand; enfin, l'Essai sur le despotisme : ouvrages qui fondèrent et qui garantissent la réputation de cet énergique écrivain. On ne doit pas citer avec moins d'éloges l'*Essai sur les priviléges*, première production de M. Sieyes[2], où s'annonçaient avec éclat les talents qu'il a depuis développés.

La première année de la révolution française vit éclore une multitude de brochures éphémères sur tous les objets dont les représentants de la nation pouvaient s'occuper; elle produisit en même temps un petit nombre de morceaux précieux, et que l'oubli ne menace point. Entre ces écrivains, alors empressés à former un esprit public,

---

[1] Mort 1788. — [2] Né 1748; m. 1836.

M. Sieyes est, sans aucun doute, celui qui s'est fait le plus remarquer par la hauteur et l'étendue des conceptions. Nous n'avons point à parler en ce moment de ses travaux dans les assemblées nationales ; mais, depuis l'Essai sur les priviléges, et quelques mois avant la réunion des états généraux, trois de ses écrits, paraissant presque à la fois, obtinrent un succès mémorable. Ici, recherchant dans la nature des choses ce qu'était ce tiers-état si longtemps avili par son nom même, et jouet de l'orgueil féodal, il y trouva tous les éléments dont une nation se compose, et démontra cette vérité avec une dialectique désespérante pour les préjugés oppresseurs. Là, examinant comment une sage exécution peut réaliser de sages théories, il indiqua les moyens de garantir la dette publique, ceux d'assurer la permanence et la liberté des législateurs, ceux encore d'asseoir l'impôt sur des bases constitutionnelles. Le plan de délibérations pour les assemblées de bailliages présente, sous un titre modeste, un véritable plan de travail pour l'assemblée célèbre qui devait régénérer le peuple français en lui donnant une constitution. Sans être exempts d'opinions hasardées, ces trois ouvrages ont fait avancer la science de l'organisation sociale, et l'on y voit exposé tout le système représentatif, jusqu'alors incomplétement connu par ceux mêmes des philosophes qui en avaient le mieux senti l'excellence. On sent qu'il nous est impossible d'entrer ici dans les détails qu'exigeraient de tels écrits ; il y a plus : nous ne tenterons pas d'en suivre exactement la marche. Ce n'est pas qu'ils manquent de méthode ; ils en ont beaucoup, au contraire, et le premier surtout doit être compté parmi les chefs-d'œuvre d'analyse. Ce n'est pas qu'ils soient peu importants, c'est bien plutôt parce que les questions que l'auteur y traite n'ont pas cessé d'être importantes, et sont devenues très-délicates. Au moins est-ce un devoir en toute circonstance de rendre justice au mérite éminent et varié qu'il y fait briller sans cesse. Il pense avec énergie, avec profondeur, avec originalité ; dans chaque phrase il dit quelque chose, presque toujours quelque chose de neuf ; et, sans paraître songer au style, il est écrivain supérieur, car son expression franche et rapide a toutes les qualités de sa pensée.

Les diverses parties de l'économie publique ont été depuis vingt ans et sont encore aujourd'hui cultivées par des hommes habiles. C'est ici que nous croyons devoir indiquer les travaux de M. Lebrun [1] : ils ont honoré l'assemblée constituante et le conseil des anciens ; mais ils tiennent à la haute administration ; et d'ailleurs ils offrent plutôt les formes générales de l'art d'écrire que les formes spéciales de l'art oratoire. Au reste, on y trouve l'empreinte d'un talent exercé de bonne heure, et nourri de connaissances profondes sur tout ce qui tient aux finances. Quelques rapports de M. Barbé-Marbois [2] au conseil des anciens sont du même genre et du même ordre. M. Rœderer [3] et M. Dupont [4] de Nemours, que nous retrouverons tous deux comme orateurs, doivent déjà trouver place en ce chapitre : l'un, pour quelques bonnes dis-

---

[1] Né en 1739; m. 1824.— [2] Né 1745; m. 1837. — [3] Né 1754; m 1835. — Né 1739; m. 1817.

sertations insérées dans son Journal d'Economie; l'autre, pour un écrit sur la banque, ouvrage assez récent encore, et dont il nous conviendrait peu de discuter le fond, mais dans lequel il serait injuste de ne pas reconnaître et les lumières utiles d'un ami de Turgot, et ces tournures ingénieuses qui partout, et spécialement dans les matières graves, n'appartiennent qu'aux écrivains distingués.

Les *Éléments d'Économie politique* publiés par M. Garnier [1] sont dignes d'estime à beaucoup d'égards; et si l'on peut reprocher quelque chose à l'auteur, c'est d'avoir renouvelé un peu tard plusieurs opinions des économistes, opinions longtemps dignes d'être examinées, maintenant décréditées par les résultats mêmes de l'examen, surtout depuis l'ouvage d'Adam Smith sur les sources de la richesse des nations. M. J.-B. Say [2], dans son *Traité d'Économie politique*, a suivi des routes plus sûres et fourni une carrière plus étendue. Il écarte, à l'exemple de Smith, ces théories systématiques dont l'effet infaillible est de tout confondre en voulant tout assujettir à une seule idée générale. En observant la marche naturelle des richesses, il expose clairement de quelle manière elles se produisent, se distribuent et se consomment. Son ouvrage est divisé en cinq livres : le premier concerne tous les produits que peut créer l'industrie humaine; le second, la monnaie métallique où l'auteur voit, non pas un signe représentatif, non pas une mesure commune, mais une marchandise véritable, et qui, par des conventions universelles, peut

[1] Né 1754; m. 1821. — [2] Né 1767; m. 1832; *Cours complet d'Économie politique pratique*, 1829.

s'échanger à volonté contre toutes les autres marchandises ; le troisième livre est relatif à la propriété, de quelque nature qu'elle soit. M. Say, dans le quatrième, examine comment se détermine la valeur des choses, c'est-à-dire le prix qu'elles atteignent quand on les échange avec la monnaie. Le cinquième livre, enfin, traite de tous les genres de consommations ; et, dans cette partie importante de son travail, l'auteur, en approuvant les consommations indispensables, en louant les consommations utiles à la reproduction (car il en est de cette espèce), blâme et regarde comme onéreuses pour la société entière les consommations stériles de l'*orgueil, ce mendiant qui crie aussi haut que le besoin*, selon l'énergique et singulière expression de Franklin. Ce n'est pas que M. Say soit partisan des lois somptuaires et des diverses prohibitions : un ouvrage où l'indépendance des facultés industrielles est regardée comme nécessaire pour entretenir et augmenter la richesse publique, ne saurait même être favorable au système réglementaire qui enchaîne et ne règle pas l'industrie. En nous résumant, M. Say, moins profond que Smith, moins habile à saisir des rapports éloignés et nombreux, est aussi plus méthodique, plus facile à suivre, et ne se permet pas, comme lui, de fréquentes digressions. Soigneux d'éviter les questions de politique, celles même de commerce ou de finances, il se borne aux principes de l'économie proprement dite. Son traité lui fait beaucoup d'honneur : orné avec sagesse, le style en est sain comme la doctrine, et de tous les livres composés en français sur la science économique, c'est le plus complet sans contredit ; nous croyons pouvoir ajouter, le plus instructif.

L'*Essai sur le revenu public* est essentiellement un livre de finance, sans être toutefois étranger à l'économie politique. M. Ganilh[1], auteur de cet ouvrage, y recherche comment s'est composé le revenu public chez les peuples anciens et chez les peuples modernes. C'est avec une attention spéciale qu'il en suit les progrès en France et en Angleterre, contrées où, depuis deux siècles, les charges des contribuables n'ont cessé d'augmenter avec les besoins du gouvernement. Après avoir traité de la législation et de l'administration du revenu public, deux choses qu'il regarde comme devant être séparées pour l'intérêt des sociétés, il considère successivement les dépenses et les contributions qui les couvrent. Il ne donne pas une histoire complète des finances, il donne encore moins un plan général : plus circonspect, sans être cependant timide, il expose des faits nombreux, et de ces faits rassemblés naissent les réflexions qu'il y mêle. Peu favorable aux taxes sur la rente des terres, sur les capitaux, sur les personnes, il leur préfère les contributions indirectes, au moins quand elles vont frapper les consommations de luxe. En général, il se rapproche beaucoup, dans les principes, des philosophes de l'école écossaise, notamment de Hume et de Smith. Ce n'est donc pas seulement l'importance des matières qui nous fait remarquer l'Essai sur le revenu public : une diction claire et rapide

---

[1] N é 1758 ; m. 1836 ; *Théorie de l'Économie politique*, 1830.

le rend intéressant à lire; des connaissances bien étendues et bien distribuées le recommandent comme un livre utile.

En législation civile, il a paru un ouvrage important, et qui tous les jours se continue; c'est un recueil où sont traitées, selon l'ordre alphabétique, les questions le plus fréquemment agitées dans les tribunaux. On doit ce recueil à M. Merlin [1], si connu dès sa jeunesse par les excellents articles dont il a enrichi le Répertoire de jurisprudence, plus célèbre encore par ses travaux législatifs, et qui, dans l'opinion publique, occupe une place éminente entre les jurisconsultes vivants. Les *Éléments de législation*, par M. Perreau [2], sont d'un écrivain sage et d'un bon citoyen. Il est juste de distinguer aussi l'écrit de M. Bourguignon [3] sur *la Magistrature considérée dans ce qu'elle fût et dans ce qu'elle doit être*. L'auteur entend par magistrats les fonctionnaires publics attachés à l'ordre judiciaire. Cette dénomination, jadis usitée parmi nous, manque peut-être de justesse. Quoi qu'il en soit, l'ouvrage a du mérite; mais on en trouve bien davantage dans les trois discours du même auteur sur les *Moyens de perfectionner en France l'institution du jury*. Le premier fut couronné, il y a sept ans, par la seconde classe de l'Institut; les deux autres furent composés depuis, soit pour éclaircir des points obscurs, soit pour répondre à des objections récentes. Nous ne pouvons passer sous

---

[1] Né 1754; m. 1838. — [2] Né 1749; m. 1813. — [3] Né 1760; m. 1829.

silence le livre de M. Bexon [1] sur *la Sûreté publique et particulière*. Après avoir été publié sous les auspices de S. M. le roi de Bavière, il a joui d'un brillant succès dans plusieurs contrées de l'Europe. Le *Code* lui-même dépasse notre compétence; mais le discours étendu qui le précède, appartient à la littérature des sciences politiques. Il contient des idées profondes et bien exprimées sur l'esprit de toute législation, spécialement de la législation pénale : les principes de Montesquieu, de Beccaria, y sont présentés sous des points de vue qui les étendent, et les lumières de l'auteur ne sauraient être contestées avec justice.

Toutefois, longtemps avant, et dès la seconde année de notre époque, M. Pastoret [2] avait publié sa *Théorie des lois pénales*, production plus intéressante encore sous l'aspect littéraire et philosophique. Dans les quatre parties de son ouvrage, l'auteur examine successivement les principes généraux de la législation pénale, les diverses natures de peines, les rapports nombreux qu'elles embrassent, enfin la proportion qui doit exister entre les châtiments et les délits. On a lieu de s'étonner qu'en admettant le droit de punir, il n'admette pas le droit de faire grâce. Montesquieu le regardait comme inhérent aux monarchies tempérées; mais si M. Pastoret combat sur ce point l'autorité de Montesquieu, au moins veut-il des lois douces. Attentif à la garantie des accusés, il rejette les témoins nécessaires, et ce

---

[1] Né 1753; m. 1825. — [2] Né 1756; m. 1840; *Histoire générale de la législation des peuples*, 1817-1827.

que les criminalistes appellent si improprement la preuve conjecturale ; il croit que l'évidence absolue peut seule prouver le délit et motiver la condamnation. Par une conséquence rigoureuse du principe qu'il pose, l'unanimité des juges lui paraît indispensable pour prononcer la peine capitale : il désire même cette unanimité quand il s'agit de prononcer une peine quelconque. Après avoir analysé les opinions des plus célèbres philosophes, relativement à la peine de mort, il observe que Léopold l'avait abolie en Toscane, sans qu'il en résultât d'inconvénients. Il pense qu'elle excède les droits de la société, qu'elle est même contraire à ses intérêts ; et, se rangeant à l'avis de Beccaria, il appuie de considérations nouvelles cette opinion, combattue fortement par J.-J. Rousseau, et plus fortement par Mably. En supposant néanmoins que la peine de mort doive être encore regardée comme la seule suffisante pour les grands crimes, toute recherche dans les supplices est, aux yeux de l'auteur, indigne des nations civilisées ; il développe des idées non moins judicieuses sur quelques peines infamantes, et trouve, par exemple, une contradiction inexcusable entre une peine temporaire et une marque éternelle d'infamie. La vraie justice, et par conséquent l'humanité, tel est partout l'esprit de cet ouvrage, riche de connaissances, fort de dialectique, embelli par une diction noble et ferme. L'Académie française lui décerna le prix d'utilité ; c'était déclarer l'opinion publique. Le choix de l'Académie honorait l'auteur ; le choix du livre honorait l'Académie.

Il y a six ans que M. de Lacretelle [1] a donné au public le recueil de ses œuvres : on y trouve en plus d'un genre des productions intéressantes. Laissant pour d'autres chapitres ce qui n'est pas encore de notre sujet, nous citerons ici les ouvrages où l'auteur applique la philosophie à la législation. Ses principes des conventions civiles annoncent un jurisconsulte éclairé ; il développe des vues fécondes dans son écrit sur les diverses fonctions déléguées au ministère public pour la garantie de la société. Il est un de ceux qui ont signalé avec courage et talent les détentions arbitraires, cet horrible abus qui menaçait jadis les citoyens de toutes les classes, et dans les rapports les moins graves, puisqu'on lançait des lettres de cachet sur la demande des agens du fisc; fait étrange, mais attesté, dénoncé par le vertueux Malesherbes, rédigeant, au nom de la Cour des Aides, des remontrances au roi Louis XV. La législation pénale a particulièrement occupé M. de Lacretelle : ici il examine quelle réparation est due par la société aux accusés reconnus innocents ; là, dans un aperçu net et rapide, il trace un plan général pour la réforme des lois criminelles. Ami des dispositions tutélaires, il est loin d'approuver en tout la fameuse ordonnance de 1670, résultat de ces conférences où Pussort obtint une victoire funeste sur l'équitable et judicieux Lamoignon. Mais de tous les ouvrages de l'auteur, le mieux conçu, le mieux écrit, comme aussi

[1] Né 1751, m. 1824.

le plus important, nous paraît être son Discours sur les peines infamantes. Il s'agissait de cette odieuse opinion qui faisait autrefois rejaillir sur des enfants et sur une famille entière l'ignominie d'un coupable condamné. Il fallait remonter à l'origine du préjugé, peser ensuite ce qu'il pouvait avoir d'utile et ce qu'il avait de désastreux, indiquer enfin les moyens à mettre en usage pour en triompher. Les trois parties sont ce qu'elles doivent être ; la seconde est d'un grand effet. Quoi de plus touchant que l'histoire de cette famille, honneur du séjour qu'elle habite, et tout à coup plongée dans l'opprobre par le supplice d'un brigand qu'elle a produit ! Elle est encore estimée, et cependant sa considération est perdue ; elle se voit abandonnée par l'amitié même, servie avec dédain par ses propres domestiques ! Le frère du coupable était honoré dans un régiment comme un officier plein de mérite ; il est contraint de sortir du corps ; un suicide le débarrasse de la vie. Sa mère, désespérée, ne lui survit que trois jours. Un vieillard reste avec ses deux filles, vertueuses et belles ; deux amants passionnés allaient devenir leurs époux. L'un se rétracte : l'amour, qui fait taire l'intérêt et l'ambition, se tait lui-même devant le despotisme du préjugé. L'autre est fidèle ; l'hymen est rompu par ses parents ; et c'est au nom de l'honneur que sont violées de saintes promesses que l'honneur avait garanties. La famille infortunée ramasse ses débris ; elle fuit, elle s'exile : mais c'est trop peu de quitter son pays ; à peine, en abjurant son nom, peut-elle échapper à l'infamie qui l'environne, au sein même de la vertu. — Quoi de plus terrible que l'hypothèse de ce jeune homme, n'ayant d'autre héritage que l'opprobre d'un père coupable, conduit par le désespoir à mériter au moins la honte qu'il subit injustement, ne se voyant plus d'asile que parmi les brigands ; et, quand il va subir un juste supplice, reprochant les crimes qu'il a commis à la société qui le rejeta loin d'elle, lorsqu'il était encore innocent ! Dans une lettre adressée à l'auteur, un immortel écrivain, Thomas, digne appréciateur de l'honnête et du beau, rendit une justice éclatante à ce notable discours. L'ouvrage fut couronné comme utile par l'Académie française, après l'avoir été comme excellent par l'Académie de Metz, qui avait proposé la question, et qui, les deux années suivantes, intéressa l'attention publique en faveur des enfants illégitimes et des Juifs, si longtemps opprimés par des lois avilissantes et vexatoires. Tel était l'esprit des sociétés littéraires, telle était l'impulsion donnée à toute la France depuis le milieu du dernier siècle, temps mémorables, où les talents appelés à des études importantes pour le genre humain, obtenaient, en servant la raison, des succès garantis par elle.

Jusqu'ici nous avons parlé d'ouvrages plus ou moins dignes d'estime, et nous les avons loués avec plaisir. C'est à regret que nous allons paraître sévères ; mais la justice et la vérité nous y contraignent. Un livre en trois volumes fut imprimé, il y a douze ans, sous ce titre emphatique : *Théorie du pouvoir politique et religieux dans la société civile*, par M. de B , gentilhomme français. L'auteur promet de démontrer sa théorie par le raisonnement et par l'histoire. Pour l'histoire, il ne paraît pas l'avoir étudiée, pas même l'histoire de France, dont il parle à tort et à travers, sur la foi du père Daniel et du président Hénault, les seuls de nos historiens qu'il vante, les seuls qu'il cite, les seuls peut-être qu'il ait lus. Quant au raisonnement, voici ce qu'il appelle raisonner : il pose comme un principe incontestable ce qui est le plus contesté, souvent ce qui est inadmissible, et marche d'assertion en assertion, prouvant chaque proposition qu'il affirme par celle qu'il vient d'affirmer. Veut-il rendre sa démonstration complète? cinq ou six répétitions sont pour lui cinq ou six preuves. Veut-il donner de la puissance aux mots? il les imprime en lettres italiques. C'est avec cette logique victorieuse et ces grands moyens d'éloquence, qu'il croit réfuter l'Esprit des lois et le Contrat social; qu'il dénigre l'Essai sur les mœurs des nations; qu'il prend avec Voltaire, Montesquieu, J.-J. Rousseau, un ton de supériorité, plaisant par lui-même, et qu'un extrême sérieux rend plus comique. A propos d'une définition qu'il hasarde comme tout le reste, il enjoint par note à ses lecteurs de ne point *épiloguer*, c'est le terme qu'il emploie; et certes, les rôles sont confondus : car c'est précisément ce que ses lecteurs auraient le droit de lui recommander sans cesse. Les mêmes principes, les mêmes idées, souvent les mêmes expressions, se retrouvent dans *la Législation primitive*, autre livre publié plus récemment par M. de Bonald[1]. L'auteur, cette fois, car

[1] Né 1753, m. 1840.

c'est bien le même, donne ses décisions par articles et dans la forme des lois. De telles productions semblent exiger un procédé fort simple : celui d'examiner ce qui fut écrit de sage en matière politique, et d'écrire précisément le contraire. Tous les abus dénoncés depuis cent cinquante ans par des philosophes illustres, par d'habiles magistrats, par des cours souveraines, par des ministres, sont aux yeux de l'auteur des inventions admirables. Toutes les gothiques institutions, fruits de l'ignorance du moyen âge, lui paraissent les chefs-d'œuvre du génie. C'est là ce qu'il appelle nécessaire, ce qu'il trouve approchant de la perfection, mais ce qu'il veut perfectionner encore ; au point que, s'il en fallait croire et ses conseils, et ses vœux, et ses prophéties, car il est prophète, l'Europe atteindrait bientôt le plus haut degré d'intolérance politique et religieuse. Sa diction d'ailleurs est aussi sèche que ses décisions sont tranchantes. Avec un pareil style, de pareils principes n'ont aucun danger ; et certes il n'y a pas lieu de craindre que M. de Bonald parvienne à dégoûter l'Europe des écrits de Voltaire et de Montesquieu.

Après avoir parlé des ouvrages composés en notre langue, il nous reste à dire un mot des traductions de quelques auteurs célèbres qui, dans les sciences politiques, ont honoré par leurs travaux ou l'Italie ou l'Angleterre. Deux fois, parmi nous, on avait traduit Machiavel, fameux par tous ses écrits, trop fameux par son livre du *Prince*. Si l'on en croit J.-J. Rousseau, en feignant de donner des leçons aux princes, Machiavel en a donné de grandes aux peuples. Cela est possible ; mais les peuples, il faut l'avouer, n'ont pas été ses meilleurs élèves. Un homme de mérite, Giraudet, mort préfet de la Côte-d'Or, a publié, il y a dix ans, une traduction complète des œuvres du politique de Florence : elle est fort bien écrite et fort supérieure aux deux traductions anciennes. C'est avec plus de succès encore que M. Gallois a traduit la Science de la législation, fruit des études de Filangieri, surnommé par quelques personnes *le Montesquieu de l'Italie*. Cet éloge est exagéré : Filangieri ne ressemble point à Montesquieu ; car il est verbeux, et n'est pas profond, mais il est clair, il a des idées saines, des intentions dignes du temps où il écrivait, et l'on ne saurait trop vivement regretter ce jeune et laborieux philosophe, mort avant l'âge de trente ans.

Nous devons quelques louanges à la traduction anonyme de l'*Oceana* d'Harrington. Exacte et rédigée avec soin, elle fait bien connaître l'esprit de cet illustre Anglais, qui, par un contraste singulier, mais pour lui doublement honorable, fut à la fois le plus fidèle ami du roi Charles Ier et le plus zélé partisan des opinions républicaines. Son livre, où, désignant l'Angleterre sous le nom d'une île fabuleuse, il trace pour elle un plan d'organisation sociale, efface sans contredit l'Utopie de Thomas Morus, et, pour le fond des idées, l'emporte même sur la République de Platon. C'est aussi par une traduction anonyme que le public français a pu connaître le livre estimable où Stewart développe les principes de l'économie politique. Smith, Écossais comme Stewart, en écrivant après lui, enseigne une doctrine toute différente. Son Traité sur la nature et les causes de la richesse des nations pourrait être plus méthodique : nous l'avons déjà remarqué ; mais nul ouvrage du même genre ne renferme autant d'instruction solide, et c'est le livre essentiellement classique pour ceux qui veulent étudier la science. L'époque a produit deux traductions de cet excellent traité : l'une de Roucher, l'autre de M. Garnier. La seconde vaut beaucoup mieux que la première : elle n'en offre pas les incorrections fréquentes ; elle en offre encore moins les obscurités, car le nouveau traducteur entend les théories économiques. Son travail est complété par des notes instructives ; souvent il y explique, souvent même il tâche d'y réfuter l'auteur qu'il traduit. On avait promis un volume de notes pour la traduction de Roucher : ce volume n'a point paru ; il devait être de Condorcet.

Nous ne faisons pas entrer dans le tableau de notre littérature les actes écrits de l'autorité ; le respect nous le défend. Les lois réclament l'obéissance des citoyens, et toutes les convenances, même celles du goût, interdisent la louange littéraire partout où la critique est interdite. Ce dont il est juste de louer le gouvernement, dans quelque ouvrage que ce soit, c'est de la garantie qu'il donne à l'indépendance des opinions. Rien de plus légitime, de plus utile, de plus nécessaire que cette indépendance. Le philosophe doit indiquer le but : le législateur, calculant les résistances, s'arrête à la limite qu'il ne saurait encore franchir. Observons que cette limite est toujours au choix de la puissance; et, pour cela même, la puissance a besoin de recueillir de nombreux avis, qu'elle examine et pèse à loisir. Où il s'agit de l'intérêt de tous, tous ont droit d'exprimer un vœu. Les seules discussions libres peuvent donner de véritables lumières, et les gouvernements déjà éclairés n'ont jamais craint les lumières publiques.

Un des ouvrages les plus remarquables qui ont été publiés sur la morale, depuis 1810, est sans contredit celui du chevalier Bozzelli, intitulé : *De l'Union de la philosophie et de la morale*. (Paris, 1824 et 1830). Nous citerons encore De Gérando [1], *Du Perfectionnement moral*, 1824; Droz [2], *De la Philosophie morale*, 1823; comte Duchâtel [3], *De la Charité*, 1829 et 1836; M. Ad. Garnier [4], *Morale sociale*, 1850; M. J. Simon [5], *Le Devoir*, 1854; M. de Latena [6], *Étude sur l'homme*, 1854; M. Janet [7], *Histoire de la Philosophie morale et politique dans l'antiquité et dans les temps modernes*, 1859; Ed. Alletz [8], *Essai sur l'homme, ou Accord de la religion et de la philosophie*, 1826; *Esquisses de la souffrance morale*, 1836; *La Démocratie nouvelle, ou des Mœurs et de la puissance des classes moyennes en France*, 1837; M. Matter [9], *Histoire des Doctrines morales et politiques des trois derniers siècles*, 1826; *La Morale, philosophie des mœurs*, 1860, etc.

Nous passons rapidement sur les écrivains politiques; l'établis-

---

[1] Voy. plus haut, p. 58. — [2] Né 1773, m. 1850, a publié l'*Art d'être heureux, Application de la morale à la politique*, etc. — [3] Né 1803. Voy. p. 72. — [4] Id., p. 72. — [5] V. p. 72. — [6] Né 1790. — [7] Né 1823. — [8] Né 1798, m. 1850. — [9] Né 1791; a donné en 1832 : *De l'influence des mœurs sur les lois et des lois sur les mœurs*.

sement du régime constitutionel en France, la liberté de la presse, la création d'un nombre infini de journaux ont contribué à mettre en évidence des hommes d'un mérite incontestable, dont la nomenclature seule dépasserait les limites qui nous sont imposées. Nous ne pouvons avoir la prétention de tracer, dans de simples notes, l'histoire de nos assemblées délibérantes et des feuilles périodiques. Nous parlerons, d'ailleurs, des gloires de la tribune française au chapitre : *De l'Art oratoire*. Nous nous bornerons à mentionner, parmi les publicistes les plus distingués de notre époque, MM. Paul-Louis Courier [1], Dunoyer [2], Ch. Comte [3], Bigot de Morogues [4], Armand Carrel [5], Anselme Pétetin [6], Guéroult [7], etc.

Les œuvres politiques de Chateaubriand [8], celles de M. Cormenin [9] occupent une place considérable dans nos luttes intérieures. D'autres écrivains qui ont eu quelque renom, tels que De Pradt [10], Cauchois Lemaire [11], Émile de Girardin [12], Eugène Pelletan [13], etc., traitaient les questions du jour dans des opuscules qui ne pouvaient avoir de lendemain.

Rappelons encore *les Soirées de Saint-Pétersbourg*, 1821, de Joseph de Maistre [14], et *l'Essai de Palingénésie sociale*, 1827, par Ballanche [15].

La science économique a fait de grands progrès pendant cette même période. A la suite de J.-B. Say [16], nous citerons son fils, Horace (né 1794, m. 1860) *Études sur la richesse des Nations*, 1837;

[1] Né 1772, m. 1825. *OEuvres complètes*, 1830. — [2] Né 1791. — [3] Né 1782, m. 1837. — [4] Né 1776, m. 1840. *De l'influence de la forme du gouvernement*, 1815; *Politique basée sur la morale*, 1834. — [5] Né 1800, m. 1836. — [6] Né 1808. — [7] Né 1810. — [8] Né 1768, m. 1848. — [9] Né 1788. — [10] Né 1759, m.1837. — [11] Né 1789. — [12] Né 1802 : *De la presse périodique au XIXᵉ siècle*, 1837. On peut aussi consulter Jules Janin, *Cours sur l'histoire du journal en France*, 1834. — [13] Né 1813. — [14] Né 1753, m. 1821; semble justifier les plus affreux excès en développant la monstrueuse doctrine de la régénération de l'humanité par le sang. — Son frère Xavier de Maistre (né 1764, m. 1852) est auteur du *Voyage autour de ma chambre*, 1794. — [15] Né 1776, m. 1847. — [16] V. p. 91.

(Sismondi, né 1773, m. 1841), *Nouveaux principes d'Économie politique*, 1819; Blanqui (né 1798, m. 1854) l'un des fondateurs du *Journal des Économistes; Précis élémentaire d'économie politique*, 1826; *Histoire de l'Économie politique*, 1838-1845; Léon Faucher (né 1803, m. 1854), *Mélanges d'Économie politique et de finances*, 1855-1856; Rossi (né 1787, m. 1848) *Cours d'Économie politique*, 1840-1854; M. Michel Chevalier (né 1806), *Cours d'Économie politique*, 1842-1850, etc.); M. Baudrillart (né 1821), *Manuel d'Économie politique*, 1858; *Des Rapports de la Morale et de l'Économie politique*, 1860; Wolowski (né 1810), *Études d'Économie politique et de statistique*, 1848, *etc.*; Benoiston de Chateauneuf (né 1776, m. 1856, *Traités de statistique*; De Villeneuve-Bargemont (m. 1850) *Sur le paupérisme*, 1834; *Histoire de l'Économie politique;* Ch. Fourier (né 1768, m. 1837), devenu chef d'École : *Traité de l'Association domestique agricole ;* M. Ch. Considérant (né 1808) a fait connaître les idées de l'école dite *Sociétaire* dans plusieurs écrits : *Destinée sociale*, 1834-1844; *Manifeste*, etc., 1841; *Principes du Socialisme*, 1847, etc.

En législation, nous mentionnerons après Martens [1] : *Précis du Droit des gens*, 1789 et 1831, et Charles Comte [2] : *Traité de législation criminelle* : Legraverend (né 1776, m. 1827), *Traité de la législation criminelle en France*, 1816; Locré (né 1758, m. 1840, *Législation de la France*, 1826-1832); Henrion de Pansey (né 1742, m. 1829), *Des Assemblées nationales en France*, 1826; Carré (né 1777, m. 1832), *Des Lois de Procédure civile;* Berriat-Saint-Prix (né 1769, m. 1845), *Cours de Droit criminel*, 1817; M. Pellat (né 1793) et Blondeau (né 1784, m. 1854), qui ont éclairci le droit romain; Laferrière (né 1798, m. 1861), *Essai sur l'Histoire du Droit français;* M. Ch. Giraud (né 1802), *Essai sur l'étude du Droit français au moyen âge*, 1845; Pardessus (né 1772, m. 1853), *Cours de Droit commercial*, 1814 ; Lerminier (né 1803,

---

[1] Né 1756; M. 1821. — [2] Voy. plus haut, p. 105, note 2.

m. 1857), *Cours d'histoire des Législations comparées*, etc.; M. Laboulaye (né 1810), *Histoire du Droit de propriété foncière en Europe*, 1839 ; M. Faustin-Hélie (né 1799), *Théorie du Code pénal*, 1834-1843 ; M. Troplong (né 1795), *le Droit civil expliqué* 1853-1858, etc.; M. Duvergier de Hauranne (né 1798), *Des principes du Gouvernement représentatif et de leur application*, 1838 ; *Histoire du Gouvernement parlementaire en France*, 1857-1859. M. Hautefeuille (né 1805), *Législation criminelle maritime* 1830; *Des droits et des devoirs des nations neutres en temps de guerre maritime*, 1838 et 1858. — N'oublions pas Jérémie Bentham (né 1748, m. 1832); *Théorie des peines et des récompenses*, 1812 et 1826, et son collaborateur Étienne Dumont, m. 1829.

CHAPITRE III.

RHÉTORIQUE. — CRITIQUE LITTÉRAIRE.

Les ouvrages sur la rhétorique, sur la poétique, sur la critique littéraire, sont nombreux dans notre langue ; mais il en est peu qui aient conservé leur réputation. Personne aujourd'hui ne consulte le P. Le Bossu, pour apprendre les règles de l'épopée, ni l'abbé d'Aubignac, pour étudier la pratique du théâtre; on lit même assez rarement les écrits du P. Bouhours, rhéteur, dont les hommes les plus éclairés du dix-septième siècle estimaient le goût et la correction. Le Traité des Études de Rollin demeure encore placé parmi nos meilleurs livres élémentaires : car, si l'auteur a peu d'idés neuves, au moins sait-il exposer, dans un style élégant et clair, les excellents préceptes de Cicéron et de Quintilien. Le Cours de belles-lettres de Batteux, avec plus de développements, offre moins d'instruction réelle et beaucoup moins d'intérêt. Le petit ouvrage de l'abbé Fleury sur le Choix des études est digne de cet écrivain si recommandable par un esprit sage et par des connaissances étendues. Des aperçus ingénieux et féconds distinguent le livre de l'abbé Dubos sur la Poésie et la Peinture. Les Réflexions sur la Poésie, par Racine le fils, respirent l'école de son illustre père et le sentiment approfondi des beautés antiques. Les Considérations de Diderot sur le Drame, la Poétique de Marmontel, et ses Éléments de Littérature, où sa Poétique est refondue, méritent une lecture attentive, quoique l'on puisse avec raison reprocher à ces deux auteurs des paradoxes que repousse un goût sévère. Mais, parmi nous, les écrivains restés modèles furent aussi des critiques du premier ordre. Quoi de plus solide que les Dialogues sur l'éloquence, composés par Fénelon ? Quoi de plus exquis en littérature que sa lettre à l'Académie française ? Quoi de plus lumineux, depuis la Poétique d'Aristote, que les trois Discours de Corneille sur la Tragédie, et même que les Examens de ses pièces ? Quelques préfaces de Racine, une seule préface de Molière, celle de Tartufe, et plusieurs scènes de l'Impromptu de Versailles, suffisent pour démontrer combien ces deux hommes admirables excellaient dans la théorie des arts qu'ils ont portés à la perfection. Quant à Voltaire, en lisant ses Commentaires sur Corneille, ses Mélanges, cent articles de son Dictionnaire philosophique, les préfaces de ses tragédies, et jusqu'à sa correspondance, il est impossible de ne pas reconnaître un véritable arbitre du goût et le plus grand littérateur de l'Europe moderne. Enfin, le meilleur écrit français sur l'art oratoire nous vient d'un orateur célèbre. On sent bien que nous voulons désigner l'Essai sur les Éloges, livre si supérieur à son titre, et, de tous les ouvrages de Thomas, celui qui porte la plus belle empreinte de son caractère et de son talent.

Le Traité où M. le cardinal Maury[1] développe les principes de l'éloquence de la chaire et du barreau vient de reparaître l'année dernière avec des changements et des additions. Il fournit une preuve nouvelle de l'observation générale que nous avons faite. Oui, pour bien enseigner un art, il faut soi-même y réussir. Dans l'ouvrage dont nous parlons, tout fait sentir à quel haut degré l'écrivain possède la matière qu'il traite et les orateurs célèbres qui furent ses modèles. Lui-même est toujours orateur, soit lorsqu'il analyse les différentes parties qui constituent le plan du discours, soit lorsqu'il considère en ce genre d'écrire les beautés et les défauts du style, soit lorsqu'il caractérise tour à tour la rapidité, la véhémence, la force irrésistible de Démosthène, l'abondance heureuse et l'inépuisable richesse de Cicéron, l'onction pathétique de Fénelon, la hauteur ou plutôt la majesté sublime de Bossuet, l'austérité religieuse de Bourdaloue, l'élégance exquise et variée de Massillon; soit, enfin, lorsque, exerçant une justice plus rare, puisqu'elle regarde un contemporain, il apprécie la révolution que le panégyriste de Descartes et de Marc-Aurèle a opérée dans l'art oratoire. On aime à trouver un exorde élo-

[1] Né 1746; m. 1817.

quent du missionnaire Bridaine, prédicateur accoutumé aux villages, et tout à coup transporté dans une église de Paris, environné, pour la première fois, d'un auditoire qui pouvait et qui voulait lui paraître imposant; mais tirant de sa position même une force inattendue, et se reprochant devant Dieu d'avoir tourmenté la conscience du pauvre et porté l'épouvante au sein des chaumières, au lieu de réserver les foudres évangéliques pour tonner contre les vices de l'opulence et contre l'orgueilleuse corruption des habitants des palais. Impartial dans ses jugements, l'auteur loue le mérite du protestant Saurin; mais il blâme en lui l'intolérance, si blâmable en effet dans toutes les sectes et dans l'universalité des choses humaines. Les Anglais le trouveront sobre d'éloges pour leur archevêque Tillotson; mais aucun ami de la véritable éloquence n'osera lui contester ce qu'il établit, l'extrême supériorité des grands prédicateurs français sur ceux de l'Angleterre et du reste de l'Europe. Entre nos orateurs sacrés, Bossuet, leur maître, est toujours présent à son admiration respectueuse. Il nous semble un peu sévère pour Fléchier; peut-être même n'est-il pas complétement juste à l'égard de Massillon : car, s'il le place au-dessus de Bourdaloue comme écrivain, en qualité d'orateur il le croit inférieur à Bourdaloue. Cette opinion, longtemps convenue, nous paraît difficile à démontrer. Plein du barreau de l'antiquité, à peine M. le cardinal Maury s'occupe-t-il un moment du barreau moderne. On désirerait qu'il eût voulu creuser davantage cette mine souvent stérile, mais où quelques filons pouvaient être mis en lumière et fécondés par son talent. Du reste, son livre est, d'un bout à l'autre, aussi intéressant que solide. La correction, la noblesse et l'harmonie du style y répondent constamment à la pureté des principes. Après l'Essai sur les éloges, aucun des traités français composés sur l'éloquence ne peut instruire autant les élèves : ils apprendront, en l'étudiant, quelles règles ils doivent observer, ce qu'il faut éviter, et, ce qu'il faut suivre, et comment il faut écrire.

Sans être aussi importants, deux ouvrages de M. de Lacretelle, l'un sur l'éloquence de la chaire, l'autre sur l'éloquence judiciaire, nous semblent dignes d'être cités avec distinction. Dans le premier, l'auteur ne parle ni des oraisons funèbres, ni des panégyriques; c'est à la prédication qu'il s'attache exclusivement ; et même, sur les sermons de Bossuet, il croit ne pouvoir rien ajouter aux excellentes observations de M. le cardinal Maury. Empressé de rendre à Massillon la justice éclatante qui lui est due, il se permet de prouver assez bien que la réputation de Bourdaloue est exagérée à tous égards; et nous penchons pour son avis. Peut-être lui-même exagère-t-il un peu le mérite des sermons de l'abbé Poule, habile orateur sans doute, à qui l'on ne saurait contester de la verve et de la pompe dans le style, mais à qui l'on peut reprocher souvent une diction retentissante et prodigue de mots. L'ouvrage est terminé par des vues générales sur les moyens de ranimer l'éloquence de la chaire. L'auteur, considérant que l'incrédulité fait tous les jours des progrès rapides, pense que, pour la convertir, s'il est possible, il faudrait borner les sermons aux vérités de l'invariable morale, renoncer aux faibles ressources d'une aride et froide discussion, recourir à la puissance de l'art d'émouvoir, et surtout ne jamais offrir un affligeant contraste entre les vertus prêchées dans la chaire évangélique et les vices du prédicateur. L'écrit sur l'éloquence judiciaire présente une suite de conseils donnés à un jeune avocat par un ancien jurisconsulte. L'auteur y traite, en un court espace, de l'utilité de l'éloquence opposée à la chicane, des inconvénients et de quelques avantages de l'improvisation oratoire, du choix et de la direction des études en jurisprudence. Les réflexions que lui inspirent ces différents objets peuvent être méditées avec fruit, dans un temps où des lois civiles simplifiées, et rendues communes à toutes les parties du territoire, des lois pénales plus humaines, des formes plus tutélaires et plus imposantes, permettent aux orateurs de franchir les bornes qui, si longtemps, ont rétréci le barreau français.

Ici, l'ordre des matières nous présente un célèbre ouvrage anglais, le Cours de rhétorique de Blair. Nous en avons deux traductions : la première est de M. Cantwel ; la seconde, qui vient de paraître, est de M. Prévost, professeur de philosophie à Genève [1]. Celle-ci paraît être la meilleure, et pour l'exactitude, et pour le style. Il est vrai que le nouveau traducteur a de grandes

---

[1] Une troisième traduction a été publiée par M. Quenot en 1830.

obligations à l'ancien, dont il adopte souvent des phrases entières, et quelquefois d'assez longs morceaux; mais il en convient lui-même, attention que les traducteurs ont rarement pour ceux de leurs devanciers auxquels ils sont le plus redevables : quant à l'ouvrage, il est digne d'une haute estime. Blair faisait partie de cette école d'Édimbourg qui a produit tant d'hommes remarquables. Ami de Robertson et d'Adam Smith, il doit même à ce dernier plusieurs idées qu'il développe d'une manière nouvelle : il traite successivement du goût et de la source de ses plaisirs, de l'origine et de la structure du langage, de la théorie générale du style, de l'éloquence considérée dans tous les genres de discours publics; enfin, des meilleures compositions en vers et en prose, qu'il soumet à un examen rapide et superficiel. Des principes judicieux présentés avec méthode, éclaircis par des applications heureuses, étendus par l'analyse philosophique, recommandent les cinq divisions de l'ouvrage. On doit rendre grâce aux hommes de lettres qui l'ont traduit en français, et jusqu'ici nous n'avons pas dans notre littérature un cours de rhétorique aussi bien conçu. Il convient d'autant mieux d'être juste à l'égard de Blair, qu'il l'est toujours envers les écrivains français. Appréciateur bienveillant de Tillotson, de Barrow, et lui-même prédicateur célèbre, il regarde Bossuet et Massillon comme les deux plus grands orateurs des temps modernes. Il proclame Voltaire le chef des historiens du dernier siècle. Malgré les ouvrages de Fielding et de Richardson, il croit que, dans le genre des romans, les

Français l'emportent sur les Anglais, ce qui peut sembler douteux, même en France. Il décerne la palme comique à Molière. En exaltant le génie de Shakespeare, il sait admirer Corneille, Racine et Voltaire, Voltaire *le plus moral et le plus religieux de tous les poëtes tragiques.* Tels sont les propres termes de Blair ; tel est l'hommage qu'un étranger, un ecclésiastique des mœurs les plus pures, un docteur en théologie, rend à l'auteur de Zaïre, de Mahomet, d'Alzire et de Mérope ; et cet hommage n'étonnera parmi nous que des pédants hypocrites, aussi étrangers aux mœurs et aux véritables idées religieuses, qu'à la justice et à la saine critique.

Au défaut des grands traités, l'époque a produit en France plusieurs recueils dignes d'une attention particulière. Nous devons à M. Suard[1] cinq volumes de *Mélanges de littérature*, où diverses productions de ses amis sont rassemblées avec les siennes. Quand il ne désignerait pas celles qui viennent de lui, un genre de mérite particulier les ferait aisément reconnaître. Son ouvrage le plus considérable est une histoire du théâtre français, plus détaillée que celle de Fontenelle, et beaucoup moins longue que celle des frères Parfait. Son meilleur ouvrage nous paraît être un morceau de quelque étendue sur la vie et le caractère du Tasse. On doit aussi remarquer une notice sur La Bruyère, où cet écrivain si original est analysé avec autant de justesse que de précision, un écrit intitulé *Fragment sur le style*, un excellent morceau sur

[1] Né 1734, m. 1817.

le genre épistolaire et sur madame de Sévigné ; un autre morceau plein d'intérêt sur le pape Clément XIV, et quelques pages très-philosophiques sur la certitude de l'histoire. Il ne faut pas oublier une lettre sur Gluck, adressée à lui-même durant les querelles musicales, ni un article sur Mozart, plein d'anecdotes piquantes et bien racontées. Ces productions, et plusieurs autres que nous pourrions citer encore, réunissent la politesse du style, la finesse des observations et le sentiment éclairé des arts.

Entre les ouvrages qui ne sont point de M. Suard, ceux de l'abbé Arnaud tiennent sans contredit la première place en cette collection. Son portrait de Jules-César, son discours sur Homère, ses articles sur Pindare, sur Catulle, et sur quelques points de musique, attirent et captivent l'attention la plus difficile. Plusieurs dames figurent dans ce recueil : l'une d'entre elles se distingue par des observations relatives aux écrits de Sénèque, et plus encore par des lettres intéressantes sur un voyage à Ferney, trois ans avant la mort de Voltaire. On remarque aussi la Prise de Jéricho, petit poëme où madame Cottin chante en prose la jeune Rahab, qui fut très-utile à Josué quand il assiégeait cette ville. Une foule d'articles de littérature et de morale ont été composés par une autre dame que l'éditeur ne croit pas devoir nommer. Tant d'opuscules brillent-ils d'un mérite égal ? Nous n'osons pas l'affirmer : il en est, sans doute, auxquels M. Suard fait honneur en les adoptant ; nous nous bornons à dire que leur ensemble présente une lecture agréable. Il n'y faut pas chercher l'originalité, la profondeur, ni même une instruction étendue ; mais on y trouve au moins la diversité : c'était la devise de La Fontaine.

On a publié, il y a dix ans, trois volumes de *Mélanges tirés des manuscrits de Madame Necker* [1]. Ces mélanges sont composés de lettres, de jugements littéraires, d'anecdotes et de pensées détachées. On y trouve de nombreux détails, non-seulement sur le célèbre administrateur qu'elle s'honorait d'avoir pour époux, mais sur plusieurs écrivains illustres, tels que Voltaire, J.-J. Rousseau, Diderot, D'Alembert, et surtout Buffon et Thomas, qu'elle voyait tous deux habituellement. Les lettres sont d'un style pur, mais étudié ; certains jugements sont hasardés, d'autres prouvent un goût aussi délicat qu'exercé. Beaucoup d'anecdotes étaient connues depuis longtemps, ou ne méritaient guère de l'être ; il en est aussi de très-piquantes et qui ont le charme de la nouveauté. Les pensées sont quelquefois recherchées, quelquefois communes ; mais souvent elles sont ingénieuses, sans s'écarter du naturel. Ce n'est point une collection d'ouvrages, encore moins un ouvrage suivi ; mais c'est le fruit des loisirs d'une femme de sens et d'esprit, accoutumée à la lecture des bons livres, et plus encore à la conversation des hommes supérieurs.

En donnant au public un volume d'*Études sur Molière*, Cailhava [2] n'a pas cru devoir aspirer au titre

---

[1] M. 1794. — [2] Né 1731 ; m. 1813.

de commentateur. Son livre est cependant un commentaire complet sur la vie et les ouvrages de cet incomparable auteur comique. Toute l'instruction que l'on peut retirer de l'ample travail de Bret se trouve ici rassemblée en moins d'espace, et revêtue d'une pareille forme. Les faits authentiques y sont consignés, les anecdotes incertaines n'y sont point admises, les observations littéraires y abondent, et quelques-unes des plus importantes étaient restées neuves encore. Les sources nombreuses où puisait Molière y sont exactement indiquées; mais on y fait admirer, en ses imitations même, les créations de ce génie qui change en or le plomb qu'il emprunte, et devant qui ses propres modèles paraissent de faibles copistes. Les principes qu'avait exposés M. Cailhava dans son estimable Traité sur l'art de la comédie, sont developpés de nouveau dans ses Études sur Molière; la lecture attentive de ces deux ouvrages est propre à former le goût des jeunes écrivains qui veulent tenter la difficile entreprise de corriger les mœurs et de punir les vices par le ridicule. Le livre consacré spécialement à Molière présente une autre espèce d'utilité. L'auteur, après avoir apprécié le genre, l'exposition, la marche, le dénoûment, les principales beautés de chaque pièce, s'occupe de la tradition théâtrale. Selon lui, c'est dans les ouvrages mêmes que les acteurs doivent chercher la vraie tradition, celle de l'auteur. Ainsi, le comique forcé, la profusion des jeux de théâtre, la manière d'ajouter au texte, les faux ornements, le bégaiement étudié, le ton maniéré, la minauderie si contraire à la grâce, lui semblent également répréhensibles. Trop souvent des comédiens, d'ailleurs habiles, ont fait applaudir ces défauts qu'ils rendaient brillants : leur exemple est devenu règle. On a bientôt composé pour eux des pièces qu'ils jouaient d'autant mieux, qu'elles étaient plus loin de la nature, et leur art, en s'égarant, égarait aussi l'art dramatique. M. Cailhava rend donc un double service, lorsqu'il recommande aux acteurs la correction sévère qui seule convient à la scène française ; et les judicieux conseils qu'il donne à cet égard sont dignes d'être médités, soit par les élèves, soit même par les professeurs de l'école de déclamation.

S'il existe un commentaire au-dessus de toute comparaison, c'est assurément celui que Voltaire nous a donné sur Corneille. Là, presque toujours, les critiques sont des traits de lumière ; là, souvent une phrase renferme une théorie complète et quelquefois une théorie nouvelle. Mais, si le père de notre théâtre ne fut jamais loué plus dignement et de plus haut, il faut néanmoins le dire, on aperçoit de temps en temps une extrême rigueur dans la censure, de la dureté dans les formes ; on entrevoit même dans le fond de la doctrine quelques erreurs mêlées aux leçons d'un maître : c'est ce qui a frappé M. Palissot[1], juge éclairé en matière de littérature. Il a publié une édition de Corneille, enrichie de notes judicieuses qui modifient les décisions ou les expressions trop sévères du commentateur. Plus d'une fois Voltaire y répond à Vol-

---

[1] Né 1730, m. 1814.

taire, et l'on y oppose à son autorité les principes qu'il a professés lui-même, ou qu'il a suivis dans ses chefs-d'œuvre. On voit que l'éditeur n'a rien de commun avec les ennemis de ce grand homme : personne, au contraire, n'a couvert de plus de mépris les Fréron, les Sabatier, et tous les nains ridicules déchaînés encore aujourd'hui contre le géant du dernier siècle. Nous devons même à M. Palissot une édition de Voltaire. Il est vrai qu'elle est moins complète et moins somptueuse que l'édition de Kehl; mais on doit convenir qu'elle lui est supérieure, soit pour la correction du texte, soit pour la distribution des travaux : elle est surtout remarquable par d'excellents discours placés à la tête des principaux ouvrages. On a vu reparaître encore, avec beaucoup d'additions et de changements, une des plus importantes productions de M. Palissot, ses *Mémoires* pour servir à l'histoire de notre littérature. Dans ces Mémoires, très-bien écrits, les talents qui ont illustré le règne de Louis XIV sont appréciés avec autant d'impartialité que de justesse : l'éloge toutefois n'est pas le partage exclusif des morts. Bien différents en ce point d'un autre critique non moins célèbre, et dont nous parlerons bientôt, l'auteur exerce une équitable bienveillance envers plusieurs de ses contemporains; mais, entraîné dès sa jeunesse dans une de ces guerres de plume qui ont trop souvent affligé la littérature, il y déploya beaucoup de talent, trop peut-être, car il en perpétua le souvenir, et l'ascendant d'une première démarche a quelquefois déterminé ses jugements, comme il a influé sur sa destinée. Il n'est pas de ceux qui repoussent indistinctement tous les propagateurs de la philosophie moderne : on a vu quel respect il a pour Voltaire. Nul n'a rendu plus d'hommages au laborieux, modeste et vertueux Bayle; nul n'a plus vanté Montesquieu et J.-J. Rousseau lui-même, ce qui paraîtra singulier, mais ce qui est toutefois rigoureusement vrai ; nul n'a loué de meilleure foi Fréret, Duclos, Dumarsais, Condillac. Nous voudrions pouvoir ajouter quelques autres talents de la même trempe, et que l'on distinguera d'autant mieux, que nous évitons de les nommer. On peut donc reprocher à M. Palissot de la partialité, tranchons le mot, de l'injustice à l'égard de trois ou quatre écrivains illustres, et dont il eût mérité d'être l'ami ; mais aucun homme sincère et judicieux ne lui contestera la pureté du goût, l'élégance continue du style, le don très-rare de bien écrire en prose et en vers, d'exceller surtout dans le vers de la comédie, et l'honneur d'avoir dès longtemps marqué sa place entre nos premiers littérateurs.

Le droit de commenter les fables de La Fontaine appartenait sans doute au plus ingénieux de ses panégyristes; mais les notes trouvées dans les papiers de Chamfort[1], et publiées sans qu'il ait eu le temps de les revoir, ne présente que la première esquisse d'un commentaire tel qu'on pouvait l'attendre de lui : on y reconnaît cependant la piquante finesse qui caractérisait ses écrits et ses entretiens. Chamfort n'eut pas l'imagination féconde, mais il fut doué d'un esprit très-flexible. Une tragédie,

[1] Né 1741 ; m. 1794.

où souvent le style de Racine est heureusement rappelé, quelques scènes charmantes de la Jeune Indienne, plusieurs contes agréables et narrés avec précision : voilà ses titres comme poëte. Il s'est encore plus distingué comme prosateur, soit par ses Éloges, soit par son Marchand de Smyrne, petite comédie étincelante de bons mots, de traits plaisants et philosophiques. Sa manière est la même en quelques ouvrages qu'il a composés durant les dernières années de sa vie : ils font partie de notre époque, et tiennent au sujet que nous traitons dans ce chapitre. Vers le commencement de la révolution, il rédigea la partie littéraire du Mercure de France, conjointement avec la Harpe et Marmontel ; mais il refusa de rendre compte des spectacles, ne voulant pas comme on le voit par une de ses lettres, avoir à traiter trois fois par mois avec une foule d'amours-propres aussi vigilants qu'ombrageux. Les principaux articles qu'on lui doit concernent les Mémoires de Duclos sur la fin du règne de Louis XIV ; et sur la régence, les Mémoires écrits par le duc de Richelieu, ou plutôt sous sa dictée, et la Vie privée de ce courtisan, qui traversa presque en entier le dix-huitième siècle : ces articles étendus ne sont pas des extraits vulgaires, où de longs passages transcrits amènent quelques réflexions banales. Le critique se rend maître du terrain, rassemble et rapproche les événements remarquables, choisit les anecdotes, et, sans les altérer, les raconte dans le style qui lui est propre, mêle aux faits des considérations morales ou politiques, et, par un tour nerveux et rapide, par un trait saillant, souvent par un mot, fait ressortir le scandale et le ridicule où il les trouve. C'est un art qu'il possédait ; et, durant la période historique qu'il avait eu à parcourir, la matière ne manquait pas à son talent. Ce genre d'esprit ne brille pas d'un moindre éclat dans les nombreux matériaux d'un livre où il voulait peindre les mœurs de son temps, livre qui, s'il était achevé, lui assurerait une place intermédiaire entre La Bruyère et Duclos. C'est ailleurs que nous parlerons de son écrit sur les académies, puisque les formes en sont oratoires, et qu'il fut composé pour l'Assemblée constituante. Les compilateurs de calomnies ont honoré de leurs injures la mémoire de cet écrivain : c'est un hommage qu'il mérite. Nourri dans les principes d'une raison affermie par l'étude, Chamfort ne les abjura jamais. Il avait trop de justesse dans l'esprit, trop d'élévation dans le caractère, pour s'abaisser à des palinodies honteuses. Voyant s'évanouir l'aisance dont il avait joui, les espérances qu'il avait pu concevoir, persécuté même au nom de la liberté par des hommes qui la détruisaient en l'invoquant, il détesta les persécuteurs, mais il méprisa les hypocrites : il changea de fortune, et ne changea point de conscience.

M. Guinguené[1] nous a donné une notice très-bien faite sur Chamfort, dont il était l'ami, et dont il a publié les œuvres : il doit lui-même être compté parmi nos critiques les plus instruits et les plus sages. Long-temps l'un des principaux rédacteurs du journal connu sous le nom de

[1] Né 1748, m. 1815.

la Décade, il l'a enrichi de morceaux pleins de mérite, entre lesquels on a distingué les articles sur le livre de Necker touchant la révolution française, sur le roman de Delphine, sur le Génie du christianisme et sur la Correspondance russe, recueil de lettres qui semblaient confidentielles, dont la publication a dû paraître singulière, et dont nous aurons bientôt le regret de parler nous-mêmes. Deux fois la classe de littérature ancienne, à laquelle appartient M. Ginguené, l'a choisi pour rendre compte des travaux achevés ou entrepris par les membres qui la composent; deux fois il a justifié ce choix honorable, en déployant des connaissances variées, et, ce qui est beaucoup plus rare, ce talent de la véritable analyse, qui sait tout distribuer et tout éclaircir. Depuis plusieurs années, le même écrivain s'occupe d'un ouvrage qui nous manquait, et qui, malgré son étendue, est déjà fort avancé. Ce n'est pas seulement l'histoire, c'est encore l'examen critique et complet de la littérature italienne. Des fragments qu'il en a publiés, plusieurs parties qu'il en a fait connaître au sein d'une assemblée nombreuse, ont inspiré beaucoup d'estime et une vive impatience de voir paraître l'ouvrage entier. Personne n'est plus en état que M. Guinguené de terminer avec succès son utile et vaste entreprise : car il a profondément étudié cette riche littérature, qui donna si longtemps à l'Europe les seuls modèles jusqu'alors comparables aux modèles anciens, et dont le premier classique remonte à la fin du xiiie siècle, c'est-à-dire plus de deux siècles avant l'époque où les historiens routiniers ont cru devoir placer la renaissance des lettres.

Formé dès sa jeunesse à la critique littéraire, La Harpe [1] en ce genre obtint et mérita beaucoup de renommée. La première moitié de son *Cours de littérature* est estimée à juste titre, surtout dans ce qui concerne la tragédie en France, et spécialement les tragédies de Racine et de Voltaire. Son *Commentaire sur Racine* fut rédigé dans le même temps, quoiqu'il ait été publié beaucoup plus tard. Il n'y faut pas chercher ces théories lumineuses qui enrichissent le commentaire sur Corneille; mais on y trouve les principes d'un goût pur, et le sentiment réfléchi des beautés sans nombre du plus exquis de nos poëtes. Tout ce qu'on peut reprocher au commentateur, c'est d'avoir donné trop d'importance à Luneau de Boisgermain, qu'il réprimande sans cesse, presque toujours avec justice, souvent avec une âpreté peu convenable. La dernière moitié du Cours de littérature a été composée durant notre époque : le style en est négligé, diffus; et comme il s'agissait d'auteurs contemporains, les jugements y sont en général plus que sévères. La partie relative à la philosophie du dix-huitième siècle abonde même en déclamations virulentes. La Harpe, autrefois partisan de cette philosophie, en devint l'ennemi acharné quand son cœur fut touché par la grâce; mais la grâce, en lui prodiguant la foi, ne lui avait donné ni l'équité ni la dialectique. Aussi les sentences qu'il a portées contre les philosophes célèbres sont-elles cassées par le tribunal

---

[1] Né 1739; m. 1803.

de l'opinion publique ; et quand, par exemple, il combat les deux idées fondamentales des livres d'Helvétius, on voit, par ses propres arguments, qu'il s'est épargné le temps et la peine de bien comprendre les opinions qu'il croit réfuter.

La Correspondance russe exige plus de développements. Thiriot jadis était à Paris, le gazetier littéraire du roi de Prusse, Frédéric-le-Grand : chargé du même emploi pour l'héritier du trône de Russie, depuis l'empereur Paul Ier, La Harpe, dans sa gazette payée, qu'il appelle *Correspondance*, sacrifie tous les écrivains de son siècle à une seule idole, et cette idole, c'est lui-même. J.-J. Rousseau est le plus ingénieux des sophistes et le plus éloquent des rhéteurs ; Buffon prononce à l'Académie française deux discours du plus mauvais goût ; les éloges que lit D'Alembert ne sont que des *ana* rédigés par un homme d'esprit ; Thomas est monotone ; trois prix remportés par M. Garat ne l'empêchent pas d'être plus fait pour la philosophie que pour l'éloquence, encore s'agit-il uniquement de la philosophie moderne, comme on le voit dans une note amère, écrite après la conversion de La Harpe ; Condorcet ne peut s'élever à l'éloge oratoire, et l'on a tort de l'appeler un beau génie : mais il existe un homme, un seul homme qui mérite d'être ainsi nommé ; qui n'est ni philosophe comme M. Garat, ni monotone à la manière de Thomas ; qui ne fait point des *ana* d'homme d'esprit comme d'Alembert ; qui n'est point de mauvais goût comme Buffon, encore moins rhéteur éloquent et sophiste ingénieux comme J.-J. Rousseau.

Dans la carrière dramatique, Du Belloy, Lemière, Colardeau, Chamfort, Saurin, font très-mal de réussir, et leurs succès sont arrangés ; M. Ducis abuse du pathétique : un seul homme, qui n'arrange point de succès, et qui n'abuse de rien, soutient l'honneur de la scène tragique ; les Barmécides, Jeanne de Naples, les Brames, tempèrent les émotions trop fortes qu'avaient causées Gabrielle de Vergy, OEdipe chez Admète, Macbeth et le Roi Lear. Les poésies légères n'offrent plus cette politesse aimable qui les ornait dans le bon temps : heureusement la France possède encore un seul homme aimable et poli, qui fait des couplets sur l'air de la Baronne, sur l'air de Joconde, sur l'air des Folies d'Espagne, sur l'air Réveillez-vous, belle endormie ; des vers galants pour madame de Genlis, et beaucoup de gentillesses du même genre, qui n'est assurément pas celui de Voltaire. Le croirait-on ? ce Voltaire, à qui La Harpe devait tant de respect et de tendresse, est pourtant loin d'être épargné dans l'impitoyable gazette. Ses dernières tragédies, si l'on en croit le censeur, n'offrent pas une scène remarquable. *On devrait lui dire, comme à l'archevêque de Grenade : Monseigneur, plus d'homélies. Il pourrait finir comme Jean Leclerc, qui, ne cessant d'écrire malgré sa vieillesse, corrigeait tous les jours une épreuve qu'on jetait au feu dans son antichambre.* En vérité, on a peine à contenir une indignation légitime, en lisant sur un homme tel que Voltaire, des plaisanteries si lourdes et si indécentes. Comment La Harpe a-t-il publié son étrange correspondance? Comment, nouveau converti, a-t-il pu y conserver des anecdotes licencieuses, et, ce qui est pire pour un dévot, des sarcasmes irréligieux? Qu'il ait violé, à l'égard de Voltaire, la reconnaissance et la pudeur, il aura pu les prendre pour deux vertus philosophiques : mais comment pêche-t-il sans cesse contre deux vertus chrétiennes, la charité et l'humilité? Comment n'a-t-il pas senti qu'il se rendait odieux en dénigrant sans relâche et sans mesure ses rivaux, ses maîtres même, et qu'il se rendait non moins ridicule, en prolongeant durant quatre volumes l'interminable cantique de ses louanges éternellement exclusives? Après avoir osé rapprocher le nom de Jean Leclerc du nom le plus imposant des littérateurs modernes, comment lui-même a-t-il surpassé Bohola, jésuite lithuanien, qui s'avisa de léguer en mourant de l'argent et des mémoires pour servir à sa canonisation, dès qu'il aurait fait des miracles, mais qui ne songea du moins à rien léguer pour damner ses contemporains? On voit, par l'exemple de La Harpe, en quels égarements le délire de l'amour-propre peut entraîner un homme de mérite, et d'un mérite très-distingué : car on doit la justice à ceux même qui furent constamment injustes. Si La Harpe se rendit malheureux en éprouvant le besoin de haïr, comme Fénelon sentait le besoin d'aimer, il faut le plaindre, sans contester le talent dont il a fait preuve. Ses dédains affectés, ses jalousies réelles, s'oublieront bientôt avec les productions médiocres où il lui a plu d'en consigner le témoignage ; mais une foule de morceaux judicieux, semés dans les premiers volumes de son Cours de littérature, quelques éloges d'hommes illustres morts depuis longtemps, d'estimables discours en vers, sa traduction du Philoctète de Sophocle, Warwick, et surtout le drame éloquent de Mélanie : tels sont les ouvrages qui soutiendront sa réputation, malgré les nombreux efforts qu'il semble avoir faits pour la compromettre, et même pour la détruire.

Si nous avons été forcé de remarquer les fâcheux écarts d'un littérateur qui n'était pas d'un ordre vulgaire, ce n'est pas un motif suffisant pour accorder quelque mention à des censeurs subalternes, condamnés par l'instinct d'une basse envie, et par la conscience de leur nullité, à déprimer tous les talents, à vouloir étouffer toutes les lumières. Dans leurs pamphlets périodiques, remplis de personnalités et de délations, ils dépassent les bornes de la satire, et même les bornes connues du libelle, sans pouvoir jamais atteindre à la critique littéraire. Ce serait un genre aussi facile qu'odieux, s'il consistait seulement à trouver ou à supposer les défauts. L'ignorant ne voit pas les beautés; le détracteur ne veut point les voir; le critique les voit et les met en évidence. Parle-t-il des grands écrivains qui ne sont plus; c'est avec respect, ce n'est point avec idolâtrie. Il les admire, et cependant il les juge, mais en observant cette circonspection modeste que recommande Quintilien. Il sait découvrir leurs fautes : il fait plus, ce sont les fautes des modèles : par là même elles sont dangereuses ; il les signale, non pas à la manière de Zoïle, qui, par des injures répétées chaque jour, croit ternir la gloire d'Homère, mais comme Horace, qui, malgré le sommeil d'Homère, reconnaît en lui le chef des poëtes et des philosophes; comme Longin, qui reprend quelquefois Sophocle, Démosthène et Platon, et qui pourtant les place au premier rang des classiques; comme Voltaire, qui relève les incorrections de Corneille, et qui le déclare supérieur en ses endroits sublimes à tous les poëtes tragiques de toutes les nations. Le critique a-t-il à parler de ses contemporains, il célèbre ceux qui méritent la renommée, comme Cicéron, dans son Traité des Orateurs illustres, vante Brutus, Antoine, Hortensius; comme Horace chante Virgile et Varius; comme Boileau rend hommage à Racine, à Molière, aux écrivains de Port-Royal. C'est pour acquérir le droit d'outrager les vivants, que le détracteur exagère le culte des morts. Juste envers les morts, le critique est juste avec bienveillance envers les vivants. Ce n'est pas qu'il trahisse ou qu'il néglige la vérité : des hommes éclairés s'oublient-ils jusqu'à donner l'exemple du dénigrement, c'est à regret, mais avec force, qu'il les condamne sans les imiter. Des charlatans foulent-ils aux pieds les droits de l'espèce humaine et les noms consacrés par la reconnaissance publique, il déploie une énergie sévère. Là, toute indulgence serait complicité : hors de là, il ne loue encore que ce qui est louable, mais il le cherche dans les ouvrages, ne se bornant pas à l'admiration des chefs-d'œuvre, mais payant un tribut d'estime aux travaux utiles, n'oubliant ni les hommages dus à la vieillesse entourée des monuments littéraires qu'elle va léguer à la postérité, ni les encouragements affectueux qu'a droit d'attendre la jeunesse, espoir et garant d'une gloire future. Est-il contraint de prononcer sur ses rivaux en quelque genre d'écrire, c'est alors qu'il redouble d'égards, rejetant loin de lui l'aperçu d'un sentiment jaloux, appréhendant jusqu'aux traces d'une partialité même involontaire. S'élève-t-il aux généralités, il pose des principes et non des limites. D'autres que lui, resserrant l'espace en un point, prescriront de suivre un modèle unique; d'autres contesteront au génie l'indépendance qu'il tient de la nature et qu'il ne se laisse point ravir. C'est donc bien à tort que l'on voudrait confondre ensemble deux choses directement opposées. La fausse critique nuit et veut nuire; elle est ennemie des talents dont la vraie critique est auxiliaire. L'une est le métier de l'envie, l'autre est la science du goût dirigé par la justice.

———

Le titre même de ce chapitre semblerait exclure toute digression sur des écrivains qui, s'écartant des règles établies, ont paru fonder une école nouvelle, l'*école romantique*.

On ne peut cependant parler des œuvres littéraires du xix⁰ siècle sans nommer Chateaubriand, qui donna le signal des innovations. On verra plus loin avec quelle sévérité Chénier traite son *Atala* et son *Génie du Christianisme;* souvent ses critiques sont justes, mais Chateaubriand n'en est pas moins resté un de nos écrivains les plus remarquables, et la postérité, tout en tenant compte de ses défauts, ne le jugera pas autrement.

Quelques auteurs, découvrant dans ces défauts mêmes des beautés inconnues, et, les exagérant à plaisir, formèrent peu à peu un parti, et trouvèrent un chef, vers 1827, dans M. Victor Hugo. La querelle des classiques et des romantiques est maintenant tombée dans l'oubli, mais on raconte encore les passes d'armes de MM. Baour-Lormian, Vanderbourg, Auger, Jouy, Arnault, Étienne, Hoffmann, etc.

Aujourd'hui, les mots *classique* et *romantique* ont disparu, et, comme le dit très-bien M. Demogeot : *L'art seul est resté.*

Celui qui a le plus excellé dans *la Rhétorique* est sans contredit M. Villemain (né 1790) ; professeur habile, critique exercé, s'il ne brille pas toujours par l'idée, il a du moins le mérite incontesté d'un style irréprochable. Aux nombreux articles qu'il a publiés depuis plus de trente ans dans le *Journal des savants*, il faut joindre : *Cours de littérature française*, 1827-1848 ; *Choix d'études sur la littérature contemporaine*, 1858 ; *Essai sur le génie de Pindare et sur la poésie lyrique*, 1859, etc., etc.

Après lui viennent :

M. Saint-Marc Girardin (né 1801 : *Cours de littérature dramatique*, 1843 ; *Essais de littérature et de morale*, 1844 ; *Éloge de Bossuet*, 1827 ; *Tableau de la littérature française au* XVIe *siècle*, 1828, etc.).

M. Géruzez (né 1799 : *Histoire de la littérature française jusqu'en 1789*, 1852 ; — *pendant la Révolution*, 1859 ; *Essais d'histoire littéraire*, 1839 et 1845).

M. Sayous ; *Histoire de la littérature française à l'étranger, pendant le* XVIIIe *siècle*, 1860.

M. D. Nisard (né 1806 : *Précis de l'histoire de la littérature française*, 1840 ; *Histoire de la littérature française*, 1844-1849 ; *Études de critique littéraire*, 1858, où se trouve son manifeste *contre la littérature facile*, etc.).

M. Demogeot (né 1808 : *Histoire de la littérature française*,

1857, où il se montre parfois un peu trop poëte ; *De la critique des critiques de la France*, 1857, etc.).

M. Fr. Godefroy ; *Histoire de la littérature française depuis le XVIe siècle jusqu'à nos jours*, 1860.

M. de Lamartine (né 1790 : prend place à côté de Chateaubriand, et sait revêtir d'une forme admirable des idées ou des jugements qui ne sont pas toujours acceptables; *Cours familier de littérature*, 1856).

Daunou (né 1761, m. 1840 : nous a laissé un admirable modèle dans son *Discours sur l'état des lettres au XIIIe siècle*, etc.).
— On attend celui que prépare en ce moment, pour le XIVe siècle, M. J.-V. Leclerc (né 1789, auteur d'*une nouvelle rhétorique française*, 1822).

M. Ampère (né 1800, a tracé un tableau très-rapide de l'*Histoire littéraire de la France avant le XIIe siècle*, 1839-1840 ; *Histoire de la littérature française au moyen âge*, 1841 ; *Littérature et voyages*, 1833, 1850).

M. Sainte-Beuve (né 1804 : *Critiques et portraits littéraires*, 1832-1839 ; *Portraits littéraires*, 1844 ; *Causeries du lundi*, 1851-1857, etc.).

M. de Loménie (né 1818 : *Galerie des contemporains illustres*, 1840-1847 ; *Beaumarchais et son temps*, 1855, etc.).

Ch. Labitte (né 1816, m. 1845 : *Études littéraires*, 1847 : *De la démocratie chez les prédicateurs de la Ligue*).

M. Patin (né 1793 : *Mélanges de littérature ancienne et moderne*, 1840 ; *Études sur les tragiques grecs*, 1841-1843).

M. Guizot fils (né 1833 : *Menandre ; Étude sur la comédie et la société grecque*, 1855).

M. J.-P. Charpentier (né 1797 : *Histoire de la renaissance des lettres en Europe au XVe siècle*, 1843).

Léon Feugère (né 1810, m. 1858 : *Caractères et portraits littéraires du XVIe siècle*, 1859).

M. Faugère (né 1810 : *Éloge de Gerson*, 1838; *Éloge de Blaise*

Pascal, 1842; éditeur des *Pensées, fragments et lettres* de Pascal, 1844).

M. E. Havet (né 1813, éditeur des *Pensées de Pascal*, en 1852).

M. Cousin [1] : *Études sur les femmes et la société du* XVIIe *siècle* 1853 à 1858, etc.

Am. Renée (né 1808, m. 1859 : *Les Nièces de Mazarin*, 1856; *Madame de Montmorency*, 1858).

M. le duc de Noailles (né 1802 : *Histoire de madame de Maintenon*, 1848 et 1858).

M. A. Geffroi (né 1820 : *Lettres inédites de la princesse des Ursins*, 1859).

Walckenaer (né 1771, m. 1852 : *Histoire de la vie et des ouvrages de La Fontaine*, 1820; *Mémoires sur madame de Sévigné*, 1842-1852, etc).

M. Vitet (né 1802 : *Fragments et Mélanges*, 1846, etc.).

M. Mérimée (né 1803 : *Mélanges historiques et littéraires*, 1855, etc.).

M. Ch. de Rémusat [2] : *Critiques littéraires*, 1856.

M. Albert de Broglie (né 1821 : *Études morales et littéraires*, 1853).

M. Magnin (né 1793 : *Les Origines du Théâtre en Europe*, 1838; *Causeries et Méditations*, 1842).

M. Edgar Quinet (né 1803 : auteur d'*Ahasvérus*, 1833 : *Allemagne et Italie*, 1839; *Merlin l'Enchanteur*, 1860, etc.; œuvres complètes, 1856-1859).

M. Saint-René Taillandier (né 1817 : *Des Écrivains sacrés au* XIXe *siècle; Histoire de la jeune Allemagne; Allemagne et Russie, Études littéraires*, 1849 et 1856).

Nos meilleurs critiques ont appartenu pour la plupart au *Journal des Débats :*

---

[1] Voyez plus haut. p. 71. — [2] *Id.* p. 72.

Ce sont :

Duffault (né 1769, m. 1824 : *Annales littéraires*, 1818-1824).

Hoffmann (né 1760, m. 1828 : *OEuvres complètes*, 1826-1829).

De Feletz (né 1767, m. 1850 : *Mélanges de philosophie, d'histoire et de littérature*, 1828 ; *Jugements historiques et littéraires* ; 1840).

M. Sylvestre de Sacy (né 1801 : *Variétés littéraires, morales et historiques*, 1858).

M. Ph. Chasles, écrivain plein de verve et d'originalité (né 1798 : *Études de littérature comparée*, 1847-1854).

M. Cuvillier Fleury (né 1802 : *Études historiques et littéraires*, 1854 ; *Nouvelles études*, 1855 et 1859 ; *Portraits politiques*, 1851, 1852, etc.).

M. John Lemoine (né 1815) ; a toujours fait preuve d'une haute raison et d'un merveilleux talent de style.

A.-H. Rigault (né 1821, m. 1858 : *Conversations littéraires et morales*, 1859 ; *OEuvres complètes*, 1859.)

M. Taine (né 1828 : *Les Philosophes français du* xixe *siècle*, 1856, 1860 ; *Essais de critique et d'histoire*, 1857).

M. Prévost-Paradol (né 1829 : *Éloge de Bernardin de Saint-Pierre*, 1851 ; *Essais de politique et de littérature*, 1859, etc.).

M. Jules Janin (né 1804 : *Histoire de la littérature dramatique*, etc.).

Nommons encore Gustave Planche (né 1808, m. 1857 : *Portraits littéraires*, 1836-1849 ; *Portraits d'artistes* ; *Nouveaux portraits littéraires*, 1854, etc.).

M. Th. Gautier (né 1808) ; M. Rolle (né 1804) ; M. Avenel (né 1789, etc.).

Pour compléter ce tableau de la *Critique littéraire,* il faut recourir aux diverses *Revues* ou *Recueils périodiques* qui ont pris en France un développement extraordinaire. Au commencement de ce siècle on ne connaissait que *le Journal des Savants; le Mercure de France; le Magasin encyclopédique,* 1792-1816, de Millin [1] ;

---

[1] M. 1818.

puis sont venus : *le Mercure du* XIX*e siècle,* 1812, ou *l'Ermite de la Chaussée d'Antin,* M. de Jouy [1] traçait ses spirituelles esquisses de mœurs; *la Minerve,* 1818, où M. Jay [2], auteur du *Tableau de la littérature française au* XVIII*e siècle,* 1806, faisait surtout de l'opposition politique; *la Revue encyclopédique,* 1819-1833, de Jullien [3], que MM. Didot ont vainement cherché à ressusciter en 1846; *la Revue de Paris,* 1829, de M. Véron [4]; *la Revue française,* 1828; *le Magazine français,* 1833; *la Revue des Deux-Mondes,* 1831, de M. Buloz [5]; *la Revue britannique,* 1825, de Saulnier [6], qui s'attachait avec ses collaborateurs, MM. Philarète Chasles, Sédillot et autres, à nous faire connaître les meilleurs articles des Revues anglaises [7], et, enfin, dans ces derniers temps : *l'Athenæum français, la Revue contemporaine, la Revue européenne, la Revue nationale et étrangère, la Revue germanique,* etc., etc.

[1] M. 1846. — [2] M. 1854. — [3] M. 1848. — [4] Né 1798. — [5] Né 1803. — [6] M. 1835. — [7] La *Revue britannique* se continue sous la direction de M. Amédée Pichot (né 1796.)

CHAPITRE IV.

ART ORATOIRE.

L'éloquence, chez les Français, précéda l'art oratoire; car ces deux termes ne sont pas synonymes, comme ont paru le croire quelques rhéteurs. Tous les tons de la haute éloquence se trouvaient dans les tragédies de Corneille, avant même que Balzac, dans ses discours, eût donné à la prose française du nombre et de la gravité. Pascal fut aussi très-éloquent, et de plus d'une manière, dans un immortel écrit polémique, où les formes oratoires ne sont point admises. Lingendes, prélat du temps de Louis XIII, et célèbre alors par ses sermons et ses oraisons funèbres, aurait encore de la réputation, s'il eût employé à les perfectionner en français le temps qu'il perdit à les traduire en latin. Il avait entrevu l'éloquence de la chaire; Mascaron s'en rapprocha; Bossuet l'atteignit, et la porta, dans ses oraisons funèbres, à une hauteur inconnue avant et après lui. Fléchier, sans être son rival, montra quelquefois du génie, et déploya toujours une rare habileté dans la distribution des parties oratoires, dans la construction des périodes, dans le choix et l'arrangement des mots. Bossuet a des émules comme sermonaire, et l'on place à côté de lui Bourdaloue, plus vanté que lui; Massillon, relu souvent, toujours goûté davantage, et l'un des plus beaux modèles que nous présente l'éloquence de l'art d'écrire. Entre les successeurs des classiques se font remarquer le protestant Saurin, grave, mais négligé; Cheminais, touchant, mais faible; l'abbé Poule, abondant, pompeux, mais prolixe et sans variété; l'abbé de Boismont, élégant écrivain, mais orateur maniéré, froid par conséquent; enfin l'évêque de Senez, Beauvais[1] qui n'a point les défauts de l'abbé de Boismont, et dont nous allons parler avec plus de détail.

Les ouvrages de l'évêque de Senez, publiés il y a dix-huit ans, ont été réimprimés l'année dernière. Cette fois on a rétabli quelques morceaux que les circonstances avaient, dit-on, fait supprimer dans la première édition. Des sermons, des panégyriques, des oraisons funèbres, tels sont les différents discours qui composent les quatre volumes de ce recueil intéressant. Nous ne savons pourquoi l'on n'y a point inséré le fameux sermon de la Cène, prêché le jeudi-saint devant le roi Louis XV, quarante jours avant la mort de ce prince. C'est là que l'orateur, s'élevant avec énergie contre les scandales de la cour, renouvela, sans croire et sans vouloir être prophète lui-

---

[1] Né 1731; m. 1790.

même, l'effrayante prophétie de Jonas : « Encore quarante jours, et Ninive sera détruite. » Au reste, c'était une figure, ou, si l'on veut, une formule oratoire qui lui était familière, car il l'avait déjà employée à la fin de son sermon sur la conversion, également prêché devant le monarque, à l'ouverture du carême de 1774. C'est vers ce temps que l'abbé de Beauvais fut pourvu de l'évêché de Senez, non par un mouvement spontané de Louis XV, comme on l'a souvent écrit, mais sur la demande formelle des trois filles du roi. Cela prouve que l'on peut réussir à la cour, même en faisant son devoir; car il s'en faut bien qu'il y ait prêché en courtisan. Sous différents titres, presque tous ses discours ont pour objet la misère du peuple, le luxe et la corruption des classes supérieures; le dogme y est rarement traité. C'est un reproche que lui font quelques théologiens rigides ; mais doit-on le blâmer d'avoir su se borner à la partie morale de la religion? Il n'est point de sectes chrétiennes à qui de tels sermons soient convenables. Prêchés à Versailles, ils pourraient l'être à Naples, à Pétersbourg, à Berlin, à Londres, et nous ne croyons pas leur donner un médiocre éloge. L'orateur a moins réussi dans le genre des panégyriques, quoique son talent se retrouve en quelques morceaux du panégyrique de saint Augustin, qu'il prononça devant l'assemblée du clergé de France. Ses ouvrages les plus travaillés, les mieux écrits, les meilleurs à tous égards, sont les quatre oraisons funèbres par lesquelles il termina sa carrière apostolique. Dans l'oraison funèbre de Louis XV, on admire l'éloquent exorde où le prélat rappelle à ses auditeurs les paroles littéralement prophétiques qu'il adressait au monarque dont il vient déplorer la mort. Entre plusieurs endroits remarquables du même discours, on a retenu cette phrase imposante, qui restera célèbre : « Le peuple n'a pas sans doute le droit de murmurer ; mais sans doute aussi il a le droit de se taire, » et son silence est la leçon des rois. » Il y a beaucoup de sagesse et de gravité dans l'oraison funèbre du maréchal du Muy, personnage de mœurs irréprochables et le plus religieux des maréchaux de France, mais qui n'était connu, comme général, que par sa défaite à Varbourg, et qui ne s'était illustré, comme ministre de la guerre, par aucune institution de quelque importance. On est bien plus ému en lisant l'oraison funèbre de Charles de Broglie, évêque de Noyon. L'orateur y paraphrase d'une manière touchante deux beaux discours de saint Ambroise. On entend se mêler ensemble les accents de la douleur et de l'espérance ; c'est un ami désolé qui pleure sur les cendres d'un ami, c'est un évêque résigné qui prie sur le mausolée d'un évêque. L'oraison funèbre du curé de Saint-André-des-Arts est d'un ton plus austère. L'évêque de Senez et beaucoup d'autres prélats de l'Église de France avaient été formés par ce vieillard vénérable, qui fut, dit-on, le modèle du sage curé de Mélanie. Le pontife s'incline avec respect vers la tombe de l'humble pasteur, pour y recueillir les dernières leçons d'un maître chéri dont il veut rester le disciple. Tout est simple, mais tout est solennel dans ce discours : ce n'est pas l'éloge d'un grand de la terre, ni même, ce qui est bien différent, l'éloge d'un grand homme; c'est le panégyrique d'un saint, présenté comme exemple aux pasteurs, et plutôt invoqué que loué. Si l'on vit un prélat rendre à d'obscures vertus des honneurs publics, longtemps réservés à la puissance, il faut bien en faire hommage à l'esprit du dernier siècle. Ce n'est pas que nous prétendions placer l'évêque de Senez au rang des philosophes modernes : il les attaque souvent, au contraire ; mais il les attaque avec décence. Loin de se dissimuler leurs talents, leurs succès, leur force toujours croissante, il en paraît épouvanté : comme eux d'ailleurs il prévoit, il annonce une révolution prochaine, dont les symptômes ne pouvaient échapper qu'aux vues faibles, et que Louis XV entrevoyait lui-même, malgré les prestiges du trône; une révolution que tout rendait inévitable, le désordre des finances, le discrédit d'une cour sans gloire et même sans gloire militaire, les progrès de la nation, la décadence du gouvernement, et l'écroulement des préjugés que la raison renversait par l'examen. Celui qui s'était montré hardi dans la chaire de Versailles, parut timide dans l'Assemblée constituante. Il en était membre durant la dernière année de sa vie, et ce fait, récent encore, est aujourd'hui presque ignoré. Sa voix n'y fut jamais entendue, soit qu'il faille plus d'audace pour haranguer des égaux qui vont vous répondre, qu'un roi qui vient vous écouter; soit qu'il n'ait pas voulu soumettre à l'épreuve des opinions populaires une réputation de trente ans. Cette réputation se maintiendra : l'évêque de Senez est sage dans ses compositions, correct et simple dans son style, trop simple même en quelques endroits ; mais ce défaut est bien préférable à la fausse élégance, à la finesse énigmatique des prédicateurs de son temps. Il approche quelquefois de l'élévation de Bossuet, dont il n'a jamais l'énergie et la profondeur ; il atteint presque à la douceur de Massillon, sans connaître et distribuer, comme lui, toutes les richesses de l'art d'écrire ; il tombe dans des redites fréquentes. On lui souhaiterait plus de couleur et plus de forme ; mais il touche, il communique les émotions qu'il éprouve, et, depuis ces deux grands modèles, aucun orateur n'a mieux saisi le ton noble et persuasif qui convient à l'éloquence de la chaire.

Les sermons de M. le cardinal Maury [1] ne sont point imprimés, et nous ne connaissons pas d'oraisons funèbres de cet orateur. Il n'a pas jugé à propos de donner encore au public son panégyrique de saint Vincent de Paul, discours qui jouit d'une haute réputation, et que l'on se souvient de lui avoir entendu prononcer plusieurs fois dans les églises de Paris. Mais deux morceaux d'un rare mérite, le panégyrique de saint Louis et celui de saint Augustin, sont publiés à la suite du livre sur l'Éloquence de la chaire. Ces deux sujets, traités par une foule d'orateurs, l'avaient été récemment par l'évêque de Senez ; mais nous avons déjà remarqué qu'il réussissait peu dans ce genre ; et pour le mouvement, la couleur, la force, l'harmonie du style, l'écrivain dont nous parlons lui est de beaucoup supérieur. Dans le panégyrique de saint

[1] Voyez plus haut. p. 110.

Louis, les croisades de ce prince sont justifiées par un noble motif, la délivrance des Français, des chrétiens en captivité. Ces émigrations armées causèrent de grands maux, mais elles eurent aussi quelque influence sur la civilisation européenne. C'est en historien que Robertson avait exposé ces avantages; le panégyriste les fait valoir en orateur. Il peint surtout de couleurs touchantes l'héroïsme du pieux monarque; cette probité magnanime qui le rendit l'arbitre de ses voisins et même de ses ennemis, ses soins pour rendre la justice, ses travaux, ses établissements, les pleurs versées sur sa tombe, des regrets prolongés un siècle, et le cri des Français, durant les six règnes suivants, redemandant, à chaque vexation, les établissements de saint Louis. Ce discours, prononcé devant l'Académie française, fixa sur l'orateur, jeune alors, les regards bienveillants de cette compagnie célèbre; elle lui donna des marques d'un intérêt spécial : il s'en montra digne, et l'on sentit combien son talent se perfectionnait, lorsqu'il prononça devant le clergé de France le panégyrique de saint Augustin. Comme on y voit ce Bossuet du quatrième siècle illustrer, défendre et dominer l'Église chrétienne! Malgré son zèle ardent contre l'hérésie, comme on aime à le trouver tolérant! Avant d'entrer en lice avec les évêques donatistes, l'évêque d'Hippone exigea que les soldats d'Honorius sortissent de Carthage : ainsi Fénelon *ne voulut commencer ses missions en Saintonge, qu'après avoir fait éloigner de la province les légions de Louis le Grand.* Ce rapprochement heureux honore doublement l'orateur, homme trop éclairé pour faire cas des conversions opérées par les baïonnettes. Son discours est plein de traits de cette force; il est nerveux, rapide, éloquent; et puisque Marc-Aurèle n'est point un saint, puisque son éloge est un discours profane, ce panégyrique de saint Augustin nous paraît mériter la première place dans un genre où Massillon s'est exercé.

Nous chercherions en vain des orateurs du premier ordre, soit au barreau, soit au ministère public, et l'éloquence judiciaire n'a jamais été parmi nous ce qu'elle fut chez les deux peuples classiques de l'antiquité : elle nous présente toutefois des noms honorables. Dans les premières années du règne de Louis XIV, Patru bannit du barreau français le mauvais goût et la barbarie : il avait fait de notre langue une étude profonde; c'est là son principal mérite, et son style n'a pour l'ordinaire d'autre qualité que la correction. Pélisson, dans ses plaidoyers pour le surintendant Fouquet, s'éleva jusqu'à l'éloquence. La noblesse, l'harmonie, une élégance continue, mais peu animée, caractérisent les nombreux discours du célèbre d'Aguesseau. Cochin, d'ailleurs si estimable pour la sagesse et la clarté, lui est inférieur comme écrivain, sans le surpasser comme orateur. La génération suivante eut plus d'énergie : c'est là ce qui domine dans les Mémoires rédigés à la hâte que La Chalotais, captif, écrivit pour sa défense et contre ses persécuteurs. Le même magistrat et Monclar, avocat général du parlement d'Aix, déployèrent une raison courageuse en dénonçant les constitutions des Jésuites. L'avocat général Servan [1] posséda

[1] Né 1737; m. 1807.

mieux encore les secrets de l'art, et son Plaidoyer pour une femme protestante est parmi nous le plus beau modèle de l'éloquence judiciaire. Moins oratoires, les écrits de Voltaire en faveur des Calas et des Sirven sont admirables par ce naturel toujours élégant et cette philosophie toujours utile que l'on admire en ses ouvrages. L'avocat Gerbier [1] a laissé d'imposants souvenirs; ses Mémoires imprimés ne donneraient de lui qu'une idée incomplète : l'attitude, le maintien, le geste, un œil éloquent, une voix sonore et flexible, tout le servait au barreau. Rien de tout cela ne fait l'écrivain : *C'est le corps qui parle au corps*, dit Buffon; mais tout cela fait l'orateur, s'il faut en croire Cicéron, dont l'autorité semble irrécusable. A ces parties essentielles, Gerbier joignait le don d'émouvoir, et l'on ne peut révoquer en doute sa supériorité garantie par trente ans de succès, attestée même par ses émules, entre lesquelles on doit remarquer Target [2] et M. Treilhard [3]. Le premier Mémoire publié dans l'affaire du comte de Morangiez fit honneur aux talents de Linguet [4], qui n'eut point cette fois la recherche et le faux esprit dont il fournirait tant d'exemples. Les Mémoires de Beaumarchais dans l'affaire Goëzman ont un mérite éminent et varié : quelques traits de mauvais goût les déparent; mais les traits heureux y abondent : l'intérêt, la gaîté maligne, un style original et rapide, les soutiennent et les font relire encore. En adoptant une manière plus grave, d'autres écrivains fixèrent également l'attention. L'élo-

---

[1] Né 1725, m. 1788. — [2] Né 1733, m. 1807. — [3] Né 1742, m. 1810. — [4] Né 1736, m. 1794.

quent Plaidoyer de Dupaty [1] pour trois innocents condamnés fit reconnaître les violents abus de la procédure criminelle. M. de Lacretelle [2], en d'excellents Mémoires pour le comte de Sanois, redoubla l'horreur générale contre les détentions arbitraires. Dans une cause d'adultère, un habile écrivain, M. Bergasse [3], approfondit une question de morale publique; et, sortant même des bornes de sa cause, osa, durant le cours du procès, dénoncer ouvertement le ministère qui gouvernait la France il y a vingt années.

On aperçoit ici, comme en tout autre genre, les progrès de l'esprit du siècle. Un esclave ne peut être éloquent : cet axiome est de Longin, et rien n'est mieux senti ni mieux prouvé. Quand la Grèce cessa d'être libre, ses orateurs disparurent : elle eut des rhéteurs et des sophistes. Le plus éloquent des Romains mérita le surnom de père de la patrie. Après Cicéron, plus de patrie, comme aussi plus de tribune. Grâce à Tite-Live, à Tacite, l'éloquence romaine se réfugia dans l'histoire, avec le génie de la république. Chez les Français, la chaire fut éloquente, parce qu'elle fut libre; l'orateur républicain, l'orateur sacré, jouissent de la même indépendance : protégés, l'un par la loi commune, l'autre par le privilége de la religion, tous deux s'élèvent à un point d'où ils peuvent tout dire. Si, du haut de la tribune populaire, Démosthène réveille la Grèce assoupie et tonne contre l'ambition d'un roi conquérant, du haut de la chaire évangé-

---

[1] Voyez plus haut, p. 88. — [2] Id., p. 97. — [3] Né 1750, m. 1832.

lique, et par moments du haut du ciel, Bossuet proclame le néant du trône et foudroie les grandeurs humaines. En acquérant une liberté tardive, le barreau s'approcha de la haute éloquence. Enfin, la révolution française éclata, de nouvelles institutions renouvelèrent l'art de parler, et durant l'espace de quinze ans, toutes nos assemblées politiques ont pu citer des orateurs plus ou moins célèbres : le premier en date, comme en renommée, fut Mirabeau [1].

Doué d'un esprit vigoureux et d'une âme ferme, instruit par les malheurs, par les fautes même d'une jeunesse orageuse, ayant vu cinquante-quatre lettres de cachet dans sa famille, et dix-sept pour lui seul, selon la déclaration qu'il ne manqua pas d'en faire à la tribune, Mirabeau, soit à la Bastille, soit à Vincennes, soit dans les autres prisons d'État où, comme il le dit encore, *il n'avait pas élu domicile*, mais où, pourtant, s'était consumé le tiers de sa vie, avait eu le temps de mûrir sa haine contre le despotisme, et d'étudier à loisir les principes de la liberté, toujours plus chérie quand elle est absente. Les états-généraux furent convoqués ; la Provence, sa patrie, le revit paraître au moment des élections, et là, rejeté par la noblesse, il fut adopté par le peuple, alors nommé le *tiers-état*. Les discours qu'il prononça dans cette occasion doivent être cités parmi ses meilleurs ouvrages, et sont de beaux monuments de l'éloquence tribunitienne. Il fallait un grand théâtre à l'étendue de ses talents; il les déploya dans l'Assemblée

[1] Né 1749, m. 1791.

constituante, où ses travaux furent immenses. Des tours habiles, des expressions pesées, la force et la mesure, caractérisent son adresse au roi sur le renvoi des troupes. On se rappelle encore la séance où, peignant à grands traits le tableau hideux d'une banqueroute générale, il fit adopter sans examen le plan de finances proposé par un ministre alors favori du peuple, et sur qui, par cette confiance même, il faisait tomber tout le poids d'une responsabilité sans partage. L'orateur improvisa sa courte harangue, et jamais improvisation plus énergique ne produisit de plus grands effets. Entre une foule de morceaux, dont l'exacte énumération serait déplacée, on a remarqué sa réponse à M. l'abbé Maury sur les biens ecclésiastiques, un brillant discours sur la constitution civile du clergé, un discours très-sage sur le pacte de famille, base d'une longue alliance entre la France et l'Espagne, deux discours sur la sanction royale, deux autres sur le droit important de faire la paix et la guerre, et le second surtout où, combattant Barnave et le prenant pour ainsi dire corps à corps, Mirabeau, sans changer d'opinion, parvint à ressaisir une popularité qui lui échappait. Il excellait spécialement dans la partie polémique de l'art oratoire : il en donna des preuves signalées, soit en réclamant l'abolition de l'ancienne caisse d'escompte, qui prétendait soutenir son crédit par des arrêts de surséance; soit en dénonçant la chambre des vacations du parlement de Rennes, qui croyait ne pouvoir obtempérer aux décrets de l'Assemblée nationale; soit lorsque, à l'occasion de la procédure du Châtelet sur une émeute passagère, d'accusé qu'il était il se rendit accusateur; soit enfin lorsque, devenant à la tribune le patron de sa ville natale, il invoqua pour elle le secours des lois contre les vexations arbitraires du prévôt de Marseille. C'est là que Mirabeau quelquefois atteignit les fameux orateurs de l'antiquité; c'est, dans notre langue, ce qui approche le plus de ces beaux discours où Cicéron mêle aux débats judiciaires les discussions politiques. Laissons à l'histoire un droit qui n'appartient plus qu'à elle : il ne nous convient pas de juger ici l'homme tout entier; nous apprécions seulement les ouvrages et le génie de l'homme public. En considérant Mirabeau comme écrivain, on lui a reproché du néologisme : ce reproche, qui n'est pas tout à fait injuste, a été du moins fort exagéré. Qu'on relise avec attention ses discours, et ils composent cinq volumes : qu'y pourra-t-on reprendre à cet égard? douze ou quinze termes nouveaux, dont quelques-uns étaient nécessaires pour exprimer des idées nouvelles. Comme orateur, il possédait la plupart des qualités essentielles : élocution noble et grave, débit imposant, dialectique pressante, élévation, force, entraînement; ajoutez-y de vastes connaissances, et une portée plus grande, qui lui faisait presque deviner les connaissances qu'il n'avait pas encore acquises. Il ne faut pas oublier un amour-propre habile et caressant pour celui des autres, l'art de profiter de toutes les lumières, de rallier à lui tous les talents distingués, d'en faire les artisans de sa gloire, les collaborateurs de ses travaux, et de conserver sur eux l'ascendant, non de l'orgueil, mais d'une vraie supériorité. Nul ne sut mieux à la fois convaincre la raison et remuer les passions d'une assemblée. Tout ce qui le distinguait au milieu des hommes réunis, il le conservait dans l'intimité : séduisant par les charmes d'une conversation riche, animée, originale; réunissant, ce qui semble contraire aux esprits étroits, le goût des études abstraites, le goût des beaux-arts, celui même des plaisirs, et faisant tout servir à son ambition, qu'il ne cachait pas, mais qu'il gouvernait comme son éloquence, et qu'il justifiait par l'éclat de ses différents mérites. Homme du premier ordre à la tribune, il l'eût encore été dans le ministère, surtout à la suite d'une révolution qui avait désabusé des vieilles routines. Les intérêts, les événements, à mesure qu'ils acquéraient de l'importance, s'élevaient au niveau et de son caractère et de son talent. Gêné dans les objets vulgaires, il était à son aise dans les grandes choses...

Ce chapitre est resté inachevé; mais M. Géruzez a pris à tâche de le compléter dans son *Histoire de la Littérature française pendant la Révolution*, 1859. Il apprécie après Mirabeau, l'abbé Maury [1], M. de Talleyrand [2], Ch. de Lameth [3], Barnave [4], Cazalès [5], Camille Desmoulins [6], Saint-Just [7], Danton [8], Robespierre [9], Bailly [10], Vergniaux [11], Buzot [12], Gensonné [13], Guadet [14], Louvet [15], Barbaroux [16], Mounier [17], Claude Fauchet, etc.

[1] Voy. p. 110. — [2] Né 1754, m. 1838. — [3] Né 1757, m. 1832. — [4] Né 1761, m. 1793. — [5] Né 1757, m. 1805. — [6] Né 1762, m. 1794. — [7] Né 1768, m. 1794. — [8] Né 1759, m. 1794. — [9] Né 1759, m. 1794. — [10] Né 1736, m. 1793. — [11] Né 1759, m. 1793. — [12] Né 1760, m. 1793 — [13] Né 1758, m. 1793. — [14] Né 1758, m. 1794. — [15] Né 1760, m. 1797. — [16] Né 1767, m. 1794. — [17] Né 1758, m. 1806.

L'éloquence de la chaire compte peu de représentants au xixe siècle. M. Fraissinous, évêque d'Hermopolis (né 1765, m. 1841), brilla un instant sous la Restauration.

M. Bautain (né 1796), s'est distingué de bonne heure par ses prédications et par ses écrits : *Morale de l'Évangile comparée à la Morale des Philosophes*, 1827 et 1855; *Philosophie du Christianisme*, 1835; *Philosophie morale*, 1842; *Conseils spirituels*, 1858, etc.

M. de Ravignan (né 1793, m. 1858), se montra véritablement orateur dans ses *Conférences de Notre-Dame*, 1837-1849; M. Dupanloup, évêque d'Orléans (né 1802), qui a prononcé son Oraison funèbre, a pris une part active aux polémiques religieuses de notre temps.

L'abbé Lacordaire (né 1802, m. 1861), a tenu le premier rang. Fondateur du journal *l'Avenir*, en 1830, avec M. de Montalembert[1] et Lamennais[2], il se sépara de ce dernier en 1838, et deux ans après, se fit dominicain : *Conférences de Notre-Dame de Paris*, 1835-1850; *Conférences prêchées à Lyon et à Grenoble*, 1845; *Sermons et Oraisons funèbres*, 1844, 1847, 1853, etc. Nommons aussi le père Ventura (m. 1861), auteur d'un *Essai sur l'Origine des Idées*, 1852.

Le barreau a eu, depuis cinquante ans, de nouvelles illustrations; après Tripier (né 1765, m. 1840), sont venus Berryer (né 1790); Mauguin (né 1785, m. 1854); Hennequin (né 1786, m. 1840); Berville (né 1788); Mérilhou (né 1788, m. 1856); Barthe (né 1795); Vivien (né 1799, m. 1854), Odilon Barrot (né 1791); Billault (né 1805); Dupin aîné (né 1783); Philippe Dupin (né

---

[1] M. de Montalembert (né 1810), ardent défenseur des intérêts catholiques (*Manifeste*, 1843; *Discours sur la liberté de l'Eglise, sur la liberté d'enseignement, sur la liberté des ordres monastiques*, 1844); n'a pas cessé d'écrire pour le triomphe de ses idées de concert avec MM. de Falloux (né 1811), H. de Riancey (né 1816); Ch. de Riancey (né 1819), etc. — M. Louis Veuillot (né 1813), directeur de l'*Univers religieux* (1843-1848), d'abord partisan des mêmes doctrines, est devenu, à dater de 1852, un des plus violents adversaires de M. de Montalembert. (*Mélanges religieux, historiques et littéraires*, 1857-1860, etc.) —
[2] Voyez plus haut, p. 72.

1795, m. 1846); Crémieux (né 1796); Senard (né 1800); Jules Favre (né 1809); Dufaure (né 1798); etc., etc.

Nous retrouvons à la tribune française, les Berryer, les Mauguin, les Odilon Barrot, les Dufaure, etc. Il faut ajouter à ces noms célèbres, ceux du général Foy (né 1775, m. 1825 : *Discours*, 1826); de Casimir Perrier (né 1777, m. 1832 : *Opinions et Discours*, 1838); de Benjamin Constant (né 1767, m. 1830 : *Cours de Politique constitutionnelle*, 1807-1820; *Discours*, etc.); de Camille Jordan (né 1771, m. 1821 : *Session de* 1817; *Discours*, 1818 et 1826).

Nous citerons encore Manuel (né 1775, m. 1827); de Villèle (né 1763, m. 1854); de Martignac (né 1776, m. 1832); Jacques Laffitte (né 1767, m. 1844); Garnier-Pagès (né 1801, m. 1841); Royer-Collard [1]; M. le duc de Broglie (né 1785); M. Guizot (né 1787); M. Thiers (né 1797); le comte Molé (né 1780, m. 1855); de Salvandy (né 1795, m. 1856); M. de Royer (né 1808), etc., etc.

[1] Voyez plus haut, p. 71.

CHAPITRE V.

L'HISTOIRE.

Si, pour écrire l'histoire, il suffisait de rassembler des faits et de les classer selon leur date, la littérature française pourrait se glorifier d'un plus grand nombre d'historiens que toute autre littérature : mais il n'en est pas tout à fait ainsi. Pour être dignement traité, ce genre, aussi important que difficile, exige à la fois de grands talents, l'amour de la vérité, la liberté nécessaire pour être véridique, trois choses qui manquèrent souvent aux écrivains placés sur l'immense catalogue des historiens français. Longtemps nous n'avons eu que des chroniques, la plupart rédigées en latin, et presque toutes par des moines. Entre les vieux auteurs qui ont adopté notre langue, et qui n'appartenaient point au cloître, Joinville, et Froissart après lui, nous plaisent encore par des narrations naïves. Plus tard, Philippe de Comines, nourri dans les intrigues des cours, peignit avec quelque profondeur le sombre et dissimulé Louis XI. Seyssel, historien de Louis XII, est peu digne de son héros. Brantôme n'a droit d'obtenir place que parmi les compilateurs d'anecdotes. Sully, Péréfixe, graves et dignes de confiance, se soutiennent par leur sagesse et par l'intérêt qu'inspire Henri IV. Il est fâcheux que l'habile et judicieux De Thou n'ait pas écrit en français. Mézeray, qui vint ensuite, publia l'Histoire complète de la monarchie française. Contemporain de Richelieu, il manifesta des opinions indépendantes : il y a du nerf et de l'originalité dans sa diction, souvent trop familière ; quelque fois même il atteint à l'éloquence ; et, malgré tout ce qui lui manque, il l'emporte sur Daniel, et à beaucoup d'égards sur Velly et ses deux continuateurs. En racontant la conquête de la Franche-Comté, Pélisson, d'ailleurs si correct, fut moins historien que panégyriste. Bossuet, dans son Discours sur l'histoire universelle, allia les vues religieuses d'un pontife aux formes d'un grand orateur. Saint-Réal, qui plus d'une fois porta le roman dans l'histoire, acquit une renommée durable par son élégant récit de la conjuration de Venise, où pourtant il n'est point l'égal de Salluste, quoiqu'on l'ait souvent affirmé. Si quelque Français rappelle la manière brillante et ferme du peintre de Catilina, c'est assurément le cardinal de Retz, mais seulement lorsque son style s'élève ; car cet historien, digne de la Fronde, unit comme elle le grave au comique, et, dans les récits d'anecdotes, madame de Sévigné n'est pas plus naturelle, Hamilton n'est pas plus plaisant. Après les Mémoires de

Retz, mais à une longue distance, ceux du duc de Saint-Simon [1] se font remarquer par la franchise du style et par de curieux détails. En écrivant l'histoire de quelques révolutions célèbres, Vertot, disciple de Saint-Réal, se fit une réputation plus solide et plus étendue que celle de son maître. Sur des sujets du même caractère, le jésuite d'Orléans ne déploya pas un talent du même ordre. Un autre jésuite, Bougeant, mérite plus d'éloges pour sa judicieuse histoire du traité de Westphalie; celle de la ligue de Cambray ne fait pas moins d'honneur à l'abbé Dubos. Élève des historiens de l'antiquité, Rollin, qui les traduit ou les commente, fut simple, élégant et facile, au moins dans son Histoire ancienne; mais, comme il écrivait pour l'enfance, les lecteurs d'un autre âge ont droit de lui reprocher des réflexions puériles, et même une crédulité trop complaisante. Au milieu du dernier siècle, le président Hénault rédigea, sur un plan neuf et bien conçu, son Abrégé chronologique de l'Histoire de France, livre qui sera longtemps utile, malgré des inexactitudes reconnues et des omissions que l'on peut croire involontaires. Deux hommes de génie dominaient alors : Montesquieu décrivait la grandeur et la décadence du plus imposant des peuples anciens, comme un Romain survivant à Rome, et regrettant la république sur les débris mêmes de l'empire. A la brillante Histoire de Charles XII, Voltaire faisait succéder l'Essai sur les Mœurs des Nations et le Siècle de Louis XIV, monu-

---

[1] Né 1675, m. 1755. Trois éditions de ses Mémoires ont été publiées en 1829, 1856, et 1856-1857.

ments immortels, qui ne lui laissent aucun rival entre les historiens modernes. Il est le chef d'une école qui s'étendit en Angleterre, où l'esprit public et la liberté favorisent les travaux historiques; en France, par des causes contraires, ils furent longtemps gênés ou mal dirigés. Condillac, en son Cours d'histoire ancienne et moderne, soutint faiblement sa renommée, si légitime à d'autres titres ; Mably, frère de Condillac, affermit la sienne par ses Observations sur l'histoire de France, ouvrage lumineux et nécessaire à tous ceux qui veulent étudier à fond la marche du gouvernement français. Nous avons perdu l'Histoire de Louis XI, qu'avait composée Montesquieu ; l'on ne sent que trop cette perte en lisant la même histoire écrite par Duclos : c'est le récit, ce n'est pas le tableau du règne. Duclos est plus à son aise dans ses Mémoires secrets sur la fin du règne de Louis XIV, et sur la régence du duc d'Orléans, sujet qui convenait mieux à son goût décidé pour les anecdotes, et à la trempe de son esprit, plus fin que profond. Millot [1], dans ses divers Éléments d'Histoire moderne, est correct, impartial et sage, mais décoloré, timide et médiocrement instructif. Le règne de Charlemagne, celui de François Ier, la rivalité de la France et de l'Angleterre, offraient des sujets heureux, et Gaillard [2] ne les a pas traités sans succès; mais un style diffus dépare les écrits de cet historien, très-éclairé d'ailleurs, et maintenant trop peu apprécié. L'histoire philosophique du

[1] M. 1785. — [2] M. 1806.

Commerce des Européens dans les deux Indes acquit à l'abbé Raynal [1] une réputation tardive, mais éclatante, et que ses premiers essais n'avaient pu lui faire espérer. Ce n'est pas que ce livre célèbre soit, à beaucoup près, exempt de défauts. On y trouve assez souvent l'enflure à côté même de la sécheresse. L'auteur s'y permet des déclamations fréquentes, et jusqu'à de longues apostrophes qui seraient déplacées partout, mais qui répugnent spécialement à la sévérité du genre. Toutefois ce grand ouvrage présente aussi des beautés nombreuses et un majestueux ensemble; il tient sa place entre les monuments de la philosophie moderne, et l'on ne saurait rabaisser sans ingratitude un talent qui a servi la cause des nations. Quoique très-courte, l'histoire de la révolution qui fit monter Catherine II sur le trône de Russie est digne de beaucoup de louanges. Le style en est orné, mais rapide et plein de mouvement : c'était, avant l'histoire de Pologne, la meilleure production de Rulhière [2]. Quoique très-longue, l'Histoire de la Monarchie prussienne sous Frédéric le Grand serait à peine citée si elle n'était pas de Mirabeau. Elle contient des matériaux immenses, mais plutôt accumulés que mis en ordre; elle suppose des recherches nombreuses, des études approfondies; mais elle est indigeste et pénible à lire, et tout le renom de l'auteur ne suffit point pour la placer au rang des ouvrages qui font honneur à notre langue.

Ayant à parler dans ce chapitre d'une foule de traduc-

[1] M. 1796. — [2] M. 1791; voyez plus loin.

tions importantes, nous ne croyons pas devoir en former une classe distincte à la suite des ouvrages originaux ; car il deviendrait impossible d'éviter la confusion des époques, et tout ce qui est relatif à l'histoire moderne se trouverait précéder la plupart des articles qui concernent l'histoire ancienne. Afin de suivre une méthode plus satisfaisante pour les lecteurs instruits, nous ferons intervenir chaque ouvrage, original ou traduit, selon l'ordre chronologique des événements que l'on y raconte. Le premier livre qui se présente est donc la traduction d'Hérodote, par M. Larcher [1]. Ce n'est ici qu'une seconde édition, mais qui suppose un nouveau travail, puisqu'on y remarque beaucoup de changements, soit dans l'interprétation du texte, soit dans le commentaire aussi docte qu'abondant dont le traducteur a cru devoir enrichir un historien déjà si riche par lui-même. On sait avec quel éclat et quelle heureuse variété de formes Hérodote expose les origines de l'Égypte et celles de la Grèce, les mœurs des anciens peuples de l'Asie, les événements principaux écoulés dans les grandes monarchies qui précédèrent les républiques du Péloponèse, enfin l'entreprise de Xerxès, des armées, des flottes énormes, toute la puissance du grand roi, venant échouer contre ces républiques, si faibles en apparence, mais devenues invincibles par leurs vertus et par leur union ; nous n'osons point affirmer que le style de M. Larcher égale en tout

---

[1] Né 1726, m. 1812. — M. Miot de Mélito (né 1762, m. 1841) a publié une nouvelle traduction d'Hérodote en 1822, et une traduction de Diodore de Sicile en 1838.

celui d'Hérodote ; nous ne trouvons même à cet égard aucun perfectionnement sensible dans la seconde édition, et l'on peut mettre en doute si les changements qu'a subies le commentaire ont contribué à l'embellir. Beaucoup de personnes préfèrent l'édition antérieure, et fondent leur préférence sur des opinions philosophiques qui s'y trouvaient manifestées, et qui ont été remplacées, dix ans après, par des opinions contraires. Mais dix ans de réflexion mûrissent le jugement d'un commentateur : d'ailleurs, l'ancien précepte, *conformez-vous aux temps*, ne peut qu'être utile à suivre. Qui sait même si ces variantes d'opinions ne sont pas le résultat d'une nouvelle méthode inventée pour rendre un même ouvrage agréable à deux classes différentes de lecteurs? Quoi qu'il en soit, le traducteur d'Hérodote occupe depuis longtemps une place éminente parmi nos érudits actuels. La prose française de ce savant helléniste sera-t-elle surpassée par quelque nouvel interprète, qui, non content de rendre avec fidélité le texte d'Hérodote, voudra donner au moins une idée de son harmonieuse élégance? C'est ce que nous penchons à croire possible, afin de ne décourager personne; mais M. Larcher n'en conservera pas moins l'honneur d'avoir aplani le premier des difficultés de plus d'un genre : car les gothiques versions qui existaient déjà n'ont pu lui être d'aucun secours : lui seul a frayé ces chemins pénibles, et, même en fait de traductions, ceux qui ouvrent la route méritent beaucoup de reconnaissance.

On nous reprocherait d'oublier un petit ouvrage qui a

pour titre : *Supplément à l'Hérodote de Larcher*. Ce Mémoire, où beaucoup de choses sont rassemblées en quatre-vingts pages, est important par son objet et par le mérite d'une excellente rédaction. La voix publique l'attribue à un voyageur qui s'est rendu célèbre en décrivant de nos jours cette antique Égypte qu'Hérodote avait décrite il y a deux mille ans, lorsqu'elle était florissante et qu'elle instruisait encore les hommes les plus instruits parmi les Grecs. A l'aide des tables astronomiques faites par Pingré, en faveur de l'Académie des Inscriptions, pour dix siècles de l'histoire ancienne, l'auteur fixe, avec une précision rigoureuse, à l'an 625 avant notre ère, l'éclipse centrale du soleil, qui, selon le récit d'Hérodote, fut prédite autrefois par Thalès, et conformément à cette prédiction fit cesser une bataille et termina la guerre entre Cyaxares, roi des Mèdes, et Alyathes, roi des Lydiens. L'analyse exacte et rapide de quelques passages d'Hérodote, habilement rapprochés entre eux, suffit au critique pour désigner avec une égale certitude l'an 557 avant notre ère, comme date précise de la prise de Sardes, époque où la monarchie lydienne devint une province du vaste empire de Cyrus. De ces deux dates bien constatées, découle aisément toute la chronologie des rois mèdes et des rois lydiens, par conséquent du premier livre d'Hérodote. La démonstration paraît sans réplique, à en juger par la réplique même qu'elle a occasionnée. Forcé de défendre un grand historien contre son commentateur, c'est en y regardant de près que l'auteur du Supplément nous fait voir une extrême clarté dans cette même série chronologique où M. Larcher n'avait aperçu, apporté et laissé que des ténèbres. On espère que ce travail sera continué sur l'ouvrage entier d'Hérodote. C'est ainsi qu'à l'exemple de Fréret, les savants de choses rendent utile cette érudition, qui, dans les gros livres des savants de mots, n'est qu'une lourde futilité.

Il y a quatorze ans que M. Lévesque [1] a publié sa traduction de Thucydide, la seule qui jusqu'à présent soit digne de quelque attention. Seyssel, historien de Louis XII, en fit une au commencement du seizième siècle, par l'ordre et pour l'instruction de cet excellent prince; elle est aujourd'hui complétement oubliée, sans l'être toutefois davantage que celle de Perrot-d'Ablancourt, plus moderne, mais plus exacte, moins complète, et d'ailleurs écrite dans un style tout à fait contraire au génie de l'original. Thucydide, au moins égal à Hérodote, offre avec lui, parmi les Grecs, le point le plus élevé des progrès de l'histoire. Elle ne commença point, comme l'épopée, par atteindre la perfection. Six siècles avant notre ère, Cadmus de Milet, laissant le rhythme à la poésie, employa le premier la prose dans le récit des événements; il écarta les fables mythologiques, pour s'en tenir uniquement aux véritables traditions des peuples. Entre les nombreux historiens qui lui succédèrent durant deux siècles, Hécatée, son compatriote, se distingua par la pureté de son langage et par la douceur du dialecte ionique.

---

[1] Né 1736; m. 1812. Deux nouvelles traductions de Thucydide ont été publiées : en 1833, par Ambroise Firmin Didot (né 1764; m. 1836), et en 1854, par M. Zévort (né 1816.)

Après lui, vint Hérodote, le plus ancien des historiens qui nous sont restés. Les critiques grecs et latins s'accordent à dire qu'il surpassa tous ses prédécesseurs ; les formes de sa composition, l'abondance et les grâces de son style, l'ont fait surnommer par eux le chantre et l'Homère de l'histoire. Il lut son brillant ouvrage devant la Grèce assemblée aux jeux Olympiques. Thucydide, âgé de quinze ans, assistait à cette lecture solennelle : il pleura d'admiration ; et, parmi les applaudissements d'un peuple entier, le vainqueur, sans rival encore, distingua ces jeunes et nobles larmes qui lui promettaient un émule. En vain Denys d'Halicarnasse, né dans la même ville, mais non avec le même génie qu'Hérodote, se fait-il un devoir de rabaisser Thucydide : le judicieux Quintilien ne partage pas cette injustice. Outre qu'il jugeait sans passion, Quintilien n'était pas de ces critiques à vue courte qui, dans chaque genre, n'aperçoivent qu'une manière et ne peuvent louer qu'un seul homme. A la vérité, ce n'est point l'éclat des événements qui soutiennent l'histoire de la guerre du Péloponèse : il n'y a plus là ni Marathon, ni Salamine ; échecs, succès, tout est désastreux ; qu'Athènes l'emporte ou que Sparte soit victorieuse, l'historien est Grec, et partout des Grecs gémissent. De là cette teinte mélancolique si remarquée dans ses récits ; mais toutes les passions politiques y parlent, y agissent : on y voit avec douleur une nation généreuse user son énergie contre elle-même ; et si l'ouvrage d'Hérodote consacre cette imposante vérité, que l'union des peuples libres leur donne une force qui triomphe du despotisme presque tout puissant, de l'ouvrage de Thucydide jaillit cette autre leçon terrible, mais utile à donner, que leur division brise cette force, et, par l'essai même de l'empire, les mûrit pour la servitude. Ajoutez que le talent de l'écrivain n'est jamais inférieur au sujet qu'il traite : il ne cherche point l'harmonie, quelquefois même il la brave ; mais chez lui tous les mots sont des pensées : dans son style concis et nerveux, il unit l'austérité d'un philosophe et l'audace élevée d'un grand citoyen. Narrateur moins fleuri qu'Hérodote, il n'est jamais comme lui conteur agréable ; il est peintre plus énergique : peintre des choses, lorsqu'il décrit l'expédition de Sicile, ou la contagion d'Athènes ; peintre des hommes partout, et spécialement dans les harangues où il excelle, et qu'il place avec plus d'art qu'Hérodote, peut-être même qu'aucun autre. Introduit-il Périclès déterminant les Athéniens à la guerre, ou prononçant l'éloge funèbre des citoyens morts au combat : les idées, les expressions, les tours, les images, étalent toute la magnificence oratoire ? Fait-il parler Archidamus, roi de Lacédémone, ou l'éphore Sténélaïdas : c'est avec une brièveté simple et grave. Brasidas a-t-il plus de pompe : il fut éloquent, quoique Spartiate observe aussitôt Thucydide, toujours fidèle au costume des mœurs, toujours scrupuleux gardien des convenances. Tel fut le maître de la tribune attique, le modèle adopté par Démosthène, qui le copia huit fois tout entier ; et, dans la carrière de l'histoire, nul doute que, chez les Latins, on n'ait le droit de compter parmi ses élèves Salluste, qui souvent l'égale, et Tacite, qui a tout surpassé. L'on doit donc rendre grâce à M. Lévesque de son heureuse et difficile tentative ; on doit le remercier encore d'avoir été sobre de notes, bien différent de ces traducteurs, qui ne voient dans le texte qu'un accessoire, et commentent les écrivains les plus illustres, ainsi que le docteur Mathanasius commentait le chef-d'œuvre d'un inconnu. Le mérite de M. Lévesque, le sentiment profond qu'il a des beautés de Thucydide, la sévérité modeste avec laquelle il juge sa propre traduction, nous garantissent qu'il fera de nouveaux efforts pour la perfectionner, et la rendre digne, autant qu'il est possible, de cet admirable historien.

Une dissertation sur les historiens d'Alexandre, composée par M. de Sainte-Croix[1], il y a plus de trente ans, et couronnée par l'Académie des Inscriptions, avait obtenu, en paraissant, tout le succès que ces sortes d'écrits doivent espérer. Mais les éloges donnés à l'auteur n'ont pu lui fermer les yeux sur les défauts de son travail : il n'y a vu qu'une ébauche imparfaite, au point que sa dissertation revue, corrigée et augmentée, est devenue un très-gros volume in-quarto, qu'il a publié il y a trois ans, sous le titre d'Examen critique des anciens historiens d'Alexandre. L'ouvrage est divisé en six sections. La première traite des anciens historiens, de ceux même qui sont antérieurs à l'époque d'Alexandre, ou qui n'ont jamais parlé de lui ; elle se termine par quelques détails sur les traditions orientales relatives à ce conquérant.

[1] Né 1746 ; m. 1809.

La seconde et la troisième embrassent son histoire entière, d'après les récits de Diodore, d'Arrien, de Plutarque, parmi les Grecs, de Quinte-Curce et de Justin, parmi les Latins. Il s'agit dans la quatrième du témoignage de l'Écriture et des écrivains juifs sur Alexandre. La cinquième et la sixième sont consacrées, l'une à la chronologie, l'autre à la géographie de ses historiens. Le livre est complété par un appendice sur les historiens du moyen âge. Les lecteurs qui aiment la précision seront peu satisfaits : car le style, d'ailleurs assez correct, est d'une abondance qu'un censeur sévère appellerait prolixité. Ceux à qui l'érudition suffit doivent être contents : outre les passages cités, qui forment plus d'un tiers du volume, il n'est guère de phrases qui n'aient deux ou trois autorités pour escorte et pour appui. Sans être trop rigoureux, on pourrait désirer une critique plus judicieuse. En effet, s'il était curieux de faire des recherches sur l'éducation d'un personnage tel qu'Alexandre, sur le procès de Parménion, sur l'accès de colère et d'ivresse où fut tué Clitus, sur la fantaisie qu'eut Alexandre de se déclarer fils de Jupiter et d'être lui-même un dieu, sur les fâcheux changements que les conquêtes opérèrent dans les mœurs du conquérant; il semblait moins nécessaire de s'enquérir avec grand soin si, devant son armée en révolte, Alexandre prononça le discours succinct que lui prête Polyen, ou le long discours que rapporte Arrien, ou le discours plus long, mais tout différent, qui se trouve dans Quinte-Curce, et qui est une assez belle amplification ; s'il y avait bien un milliard quatre-vingts millions dans la citadelle d'Ecbatane, et combien de millions vola le général Harpalus, à qui ce trésor était confié; si Ptolémée était ou n'était pas au siége de la ville des Malliens; si le gymnosophiste Calanus, qui se brûla lui-même, fut consumé dans une maison de bois faite exprès ou s'il expira sur un lit doré; si ce fut le satrape Orxine, ou Polimaque de Pella, qui fut condamné à mort pour avoir pillé le tombeau de Cyrus; si ce tombeau renfermait le corps du monarque persan ou n'était qu'un cénotaphe; enfin, si, après la mort d'Alexandre, on enduisit son corps de cire, ou bien si *on le mit dans l'huile,* ou bien encore si *ce prince fut mis en état de momie;* ce sont les termes de M. de Sainte-Croix. Quoique les pensées de l'écrivain se réduisent pour l'ordinaire à faire combattre les pensées des autres, il manifeste pourtant quelques opinions fort différentes. On remarque aussi qu'il lance à tout propos, souvent même hors de propos, des traits amers contre la philosophie et contre le gouvernement populaire. Toutefois, comme il n'aime pas mieux les conquérants que les républiques et les philosophes, il juge Alexandre avec une franchise qui, du temps de ce prince, coûta la vie au philosophe Callisthène, mais qui, à vingt-trois siècles de distance, n'a, par bonheur, aucun danger pour les savants. L'auteur eût fait un livre plus méthodique, plus agréable et plus utile, si, voulant bien économiser les longues citations qu'il est si facile d'accumuler, laissant de côté d'autres choses qui sont à la fois des lieux communs et des écarts, il se fût donné la peine d'écrire une histoire raisonnée d'Alexandre et de son siècle. Là venaient se fondre et se placer des notions chronologiques et géographiques, là devait se trouver ce qu'on cherche en vain dans l'ouvrage, un exposé de l'état des lettres, des sciences, des arts, à cette mémorable époque ; là même on pouvait admettre quelques discussions d'érudit, mais avec la discrétion que conseille une saine critique, et dont il ne faut pas se dispenser, quand on aspire à être lu.

En suivant, pour l'histoire romaine, l'ordre que nous avons suivi pour l'histoire grecque, le premier livre qui se présente est une traduction complète de Salluste, ouvrage posthume de l'estimable Dureau de la Malle. On ne saurait contester à Salluste une éminente place entre les historiens latins ; mais il fut apprécié très-diversement à Rome. On lui reprochait de son vivant l'affectation de rajeunir des mots vieillis. Tite-Live, qui peut-être le juge avec la sévérité d'un rival, prétend qu'il est fort inférieur à Thucydide et qu'il le gâte en l'imitant ; Tacite lui décerne la palme de l'histoire latine, palme aujourd'hui que nous décernons à Tacite. Quintilien, critique si judicieux et si mesuré, vante avec complaisance cette rapité admirable qui distingue Salluste, et que Tite-Live, ajoute-t-il, a su atteindre par des qualités différentes ; il s'en réfère au jugement de Servilius Nonanius, qui déclarait ces deux émules plutôt égaux que semblables. On a peine à concevoir que d'autres Romains, le rhéteur Cassius Severus, par exemple, et même Sénèque,

[1] Né 1742 ; m. 1807.

aient trouvé les harangues de Salluste plus faibles que ses narrations. Dans la Guerre de Catilina, les discours de ce chef de conjurés, ceux de Caton et de César, ne sont-ils pas des morceaux d'un rare mérite? Et quel historien, sans exception, nous a laissé une harangue plus éloquente que celle de Marius contre les patriciens, dans la Guerre de Jugurtha? Il y a de beaux discours de Salluste jusque dans les fragments qui nous sont restés de sa grande histoire, ouvrage dont nous devons vivement regretter la perte, puisqu'il renfermait la longue rivalité de Marius et de Sylla, la dictature entière du dernier, enfin tous les temps écoulés entre la guerre numidique et la conjuration de Catilina. Salluste a été souvent traduit en français. La version du président de Brosses n'est digne d'aucun éloge : on fait plus de cas de sa vie de Salluste, production déparée toutefois par un mauvais style et par une critique vulgaire, mais curieuse par des recherches d'érudition, matériaux qui peuvent être utiles pour composer un meilleur ouvrage. Il y a quarante ans, Dotteville obtint un succès mérité en traduisant de nouveau Salluste; et Beauzée, quoique venu plus tard, est loin d'avoir fait aussi bien que lui. Le seul qui souvent ait mieux réussi que Dotteville nous paraît être Dureau de la Malle; mais, quoique cet habile traducteur aspire à rendre partout la nerveuse rapidité de son modèle, sa version néanmoins pourrait gagner encore du côté de la couleur et de l'énergie. Nous croyons qu'il l'aurait perfectionnée, s'il eût vécu davantage. Au reste, son principal titre littéraire est sans contredit une autre traduction plus considérable, plus difficile, et dont nous allons parler à l'instant.

Tacite, que Racine appelle à si juste titre le plus grand peintre de l'antiquité, eût mérité d'avoir pour traducteurs des écrivains du premier ordre. Une traduction de Tacite est la seule qui eût été digne de Montesquieu. Un de ses égaux s'est mis sur les rangs, mais dans un essai trop peu étendu : J.-J. Rousseau a traduit ce magnifique premier livre de l'Histoire, où Tacite peint à si grands traits la fin de l'empire de Galba et les commencements du court empire d'Othon. On ne lit guère cette traduction. Dans le vaste recueil de Rousseau, elle est comme étouffée par ses chefs-d'œuvre. Cependant, quoique imparfaite, elle ne doit pas être négligée ; quelquefois tout son talent s'y retrouve. Sans y égaler Tacite, ni lui-même, il reste à une place où il n'est pas facile de l'atteindre ; et sinon pour la fidélité, du moins pour le choix des expressions et le tour des phrases, il est encore un objet d'étude. Il n'a pas été plus loin que ce premier livre. *Un si rude jouteur m'a bientôt lassé*, dit-il, avec la franchise et la verve de Montaigne. D'Alembert a choisi seulement quelques morceaux d'un grand éclat dans les différents ouvrages de Tacite. Son choix est excellent ; mais il faut l'avouer, D'Alembert, malgré tout son mérite, a peu réussi dans sa traduction : même il y est constamment sec, précis, mais en géomètre et non pas en grand écrivain ; d'ailleurs, souvent infidèle au texte, et plus souvent au génie de Tacite. Les six derniers livres des Annales et les cinq livres de l'Histoire ne font point partie du travail de La Bléterie, travail dont la vie d'Agricola est l'article le plus estimé. Ce chef-d'œuvre, où tant de choses tiennent si peu d'espace, a été de nouveau traduit, il y a douze ans, par M. des Renaudes, à qui l'on doit une portion d'éloges; car il écrit avec soin, même avec scrupule; mais nous craignons toutefois que son style n'ait pour l'ordinaire plus de recherche que de nerf et de coloris. Dotteville et Dureau de la Malle nous ont donné deux traductions complètes de Tacite [1] l'une est antérieure à notre époque; l'autre a paru pour la première fois il y a dix-huit ans. Celle que nous devons à Dotteville offre beaucoup de choses estimables : une vie de Tacite, où l'érudition est embellie par une saine littérature; des abrégés supplémentaires, où l'auteur a eu le bon esprit de ne pas vouloir être brillant; les notes diversement instructives qui accompagnent la traduction ; souvent cette traduction même retravaillée à chaque édition nouvelle, mais qui pourtant renferme encore trop de périphrases, trop d'équivalents substitués aux expressions du texte, comme s'il pouvait y avoir des équivalents avec Tacite! Dureau de la Malle, en son discours préliminaire, a clairement exposé, d'après un Mémoire de La Bléterie, quelles magistratures réunies formaient dans l'empire romain le pouvoir du prince. Il nous paraît moins heureux, lorsqu'il veut prouver en forme que la cruauté des empereurs était un moyen de finance, et que la proscription des riches pouvait seule fournir

[1] Deux autres ont été publiées (1827-1833) par Burnouf, m. 1844; et (1827-1838) par Panckoucke, m. 1844.

à la magnificence impériale. Sans pousser trop loin la discussion, Titus fut aussi magnifique, ce sont les propres termes de Suétone, qu'aucun des empereurs qui l'avaient précédé ; nous savons que Trajan le fut encore davantage : et cette réponse doit suffire. Éclaircissant le texte par des notes courtes et judicieuses, laissant, comme des vides inaccessibles, ces lacunes désespérantes que le génie même ne pourrait remplir, Dureau de la Malle, en qualité de traducteur, surpasse presque toujours La Bléterie, D'Alembert et Dotteville. Attentif à corriger sans cesse, comme on le voit par l'édition publiée depuis sa mort, plus qu'aucun d'eux il s'attache aux idées, aux images, aux expressions de son modèle. Et quel modèle eut jamais droit d'exiger une fidélité plus respectueuse ! Soit que, d'une plume austère, il décrive les mœurs des Germains ; soit qu'avec une pieuse éloquence, il transmette à la postérité la vie de son beau-père Agricola ; soit qu'ouvrant l'âme de Tibère, il y compte les déchirements du crime et les coups de fouet du remords ; soit qu'il peigne le sénat, les chevaliers, tous les Romains se précipitant vers la servitude, esclave même des délateurs, et accusant pour n'être point accusés ; l'artificieux Séjan redouté d'un maître qu'il craint ; les affranchis tout-puissants par leur bassesse ; Pallas gouvernant l'imbécile Claude ; Narcisse, l'exécrable Néron ; les avides ministres de Galba, se hâtant, sous un vieillard, de saisir une proie qui va bientôt leur échapper ; les Romains combattant jusque dans Rome, afin qu'entre Othon et Vitellius la victoire nomme le plus coupable, en se déclarant pour lui : soit qu'il représente Germanicus vengeant la perte des légions d'Auguste, ou puni par le poison de ses triomphes et de l'amour du peuple ; l'historien Cremutius Cordus forcé de mourir pour avoir loué Brutus et Cassius, et, suivant un très-juste usage, sa proscription doublant sa renommée ; Britannicus, Octavie, Agrippine, victimes d'un tyran trois fois parricide ; Sénèque se faisant ouvrir les veines, conjointement avec son épouse ; les débats héroïques de Servilie et de son père Soranus ; Thraséas, aux prises avec la mort, offrant une libation de son sang à Jupiter libérateur, et prescrivant la vie comme un devoir à la mère de ses enfants : il est tour à tour ou à la fois énergique, sublime, variant ses récits autant que le permet la monotonie du despotisme, et toujours également admirable ; imitant Thucydide et Salluste, mais surpassant ses modèles, comme il surpasse tous ses autres devanciers, et ne laissant à ses successeurs aucun espoir de l'atteindre. Étudiez l'ensemble de ses ouvrages, c'est le produit d'une vie entière, des études prolongées, des méditations profondes. Examinez les détails, tout y ressent l'inspiration ; tous les mots sont des traits de génie et les élans d'une grande âme. Incorruptible dispensateur et de la gloire et de la honte, il représente cette conscience du genre humain que, selon ses énergiques expressions, les tyrans croyaient étouffer au milieu des flammes, en faisant brûler publiquement les œuvres du talent resté libre, et les éloges de leurs victimes, dans ces mêmes places où le peuple romain s'assemblait sous la république. Son livre est un tribunal où sont jugés en dernier ressort les opprimés et les oppresseurs : c'est à l'immortalité qu'il les consacre ou les dévoue ; et dans cet historien des peuples, par conséquent des princes qui savent régner, chaque ligne est le châtiment des crimes ou la récompense des vertus. Affirmer que Dureau de la Malle ait rendu toutes les beautés d'un tel historien, serait exagérer la louange. Il en est que ses plus grands efforts ne peuvent dompter, pour ainsi dire ; quelquefois même on sent la peine qu'il éprouve. Il craint un génie qui soutient souvent, mais qui accable lorsqu'il ne soutient pas. On doit cependant beaucoup d'éloges à ce laborieux littérateur. Ce n'est point à demi qu'il avait étudié l'art de traduire ; et, jusqu'à présent, parmi nous, aucune version de Tacite ne peut être mise avec avantage en parallèle avec la sienne. Lorsqu'il fut enlevé à sa famille, à ses amis, et à l'Institut, il achevait une traduction de Tite-Live. Elle tiendra, dit-on, le premier rang parmi ses ouvrages. On nous promet qu'elle sera bientôt rendue publique, et nous le désirons pour sa mémoire. Ce n'est pas un honneur vulgaire que d'avoir été le meilleur traducteur français des trois plus grands historiens que nous ait laissés l'antique Italie.

Suétone est loin d'approcher de son contemporain Tacite, et ne peut même trouver place entre les grands historiens de l'antiquité. A l'exception de quelques traits épars à de longues distances, son style manque de nerf et de chaleur : il ne peint ni les hommes ni les choses, il ne raconte même pas les événements, il les énonce ;

mais il est curieux à lire par la nature et la multitude des faits qu'il rassemble ; et, quoiqu'il les accumule sans méthode, quoiqu'il ne sache point faire ressortir les petits détails dont il abonde, sa véracité froide, impassible, souvent portée jusqu'au cynisme, donne une physionomie particulière et de l'autorité à son histoire. Sans pouvoir d'ailleurs suppléer aux lacunes d'un écrivain tel que Tacite, il présente au moins, dans un abrégé complet, le règne des douze premiers empereurs romains. On doit donc savoir gré à M. Maurice Lévesque d'avoir publié récemment une traduction de Suétone. Déjà nous en avions plus d'une, et celle de La Harpe est digne d'éloges ; mais La Harpe, se croyant supérieur à l'historien qu'il traduit, prend avec lui d'étranges libertés : tantôt il corrige ou plutôt il altère le sens des phrases latines, tantôt il supprime d'assez longs passages. Le nouveau traducteur l'emporte sur lui pour l'exactitude, et lui cède rarement pour la correction. Si l'on peut reprocher à M. Maurice Lévesque quelques expressions hasardées, quelques tournures inélégantes, quelques périodes péniblement construites, ces fautes, en petit nombre, aisées d'ailleurs à faire disparaître, ne diminuent point le mérite et l'utilité de son estimable travail.

Un autre M. Lévesque, le traducteur de Thucydide, vient de donner au public une Histoire critique de la république romaine : elle commence à la fondation de

---

[1] M. de Golbéry, m. 1854 ; a publié une traduction de Suétone, 1832. Il a traduit aussi l'*Histoire romaine* de Niebuhr, et l'*Histoire universelle de l'antiquité*, de Schlosser.

Rome, et comprend même un abrégé de l'histoire de l'empire. Nous avons déjà beaucoup de livres sur les Romains, et, quoique cette production ne soit pas dépourvue de mérite, elle est loin d'offrir l'intérêt qui règne dans le rapide et brillant ouvrage de Vertot. Est-il besoin d'ajouter qu'il n'y faut pas chercher la profondeur d'idées, la hauteur du style, l'étendue de résultats, que nous admirons dans le chef-d'œuvre de Montesquieu? L'on savait d'ailleurs depuis longtemps que les premiers siècles de Rome présentaient peu de certitude historique. A cet égard, M. Lévesque s'est donné la peine de prouver fort en détail ce qu'on avait prouvé avec concision, et ce dont personne ne doutait plus. Il y a au contraire, dans son travail, une partie qui pourra sembler beaucoup trop neuve. L'écrivain déprime avec affectation le peuple dont il écrit l'histoire, et en particulier plusieurs Romains des plus illustres : les deux Brutus, par exemple, les deux Caton, Fabius Maximus et même Cicéron. Excepté ce qui concerne Caton l'ancien, les inculpations de M. Lévesque paraissent très-frivoles. Il a voulu, dit-on, *affaiblir l'enthousiasme qu'inspirent les Romains;* il a craint que cet enthousiasme ne fît naître le mépris et le dégoût des gouvernements qui ne ressemblent pas à leur république. Certes, le motif est louable ; mais il n'est pas suffisant pour calomnier des personnages dont la gloire est fondée sur des titres immortels, biens moins encore un peuple entier qui, sans doute, exagère l'amour des conquêtes, mais qui laisse partout sur ses traces l'empreinte ineffaçable de sa grandeur, et chez qui, depuis tant de siècles, les premiers hommes des premières nations modernes ont trouvé de sublimes modèles et de talents et de vertus.

Anquetil [1], en débutant dans la carrière historique, avait attiré l'attention des lecteurs par deux ouvrages intéressants et même assez bien écrits : l'Esprit de la Ligue, et l'Intrigue du Cabinet. Nous n'en pourrons dire autant des productions de sa vieillesse ; et d'abord nous trouvons ici son Histoire universelle, abrégé faible et vide du volumineux ouvrage des gens de lettres anglais. L'entreprise ne valait guère la peine d'être tentée. Rien ne serait plus utile assurément qu'une bonne histoire universelle. Nous n'entendons parler ici ni d'un rassemblement indigeste des annales de toutes les nations, ni d'une simple table des matières ; il ne s'agit pas même d'un beau discours oratoire, où tout roule sur une seule idée religieuse, où, à travers quelques époques marquées par des traits rapides, on cherche toujours l'instruction en trouvant de l'éloquence, où l'on admire enfin sans apprendre. Nous voudrions un ouvrage substantiel, sans lacune et sans développement inutile, embrassant la série des siècles, et classant avec une concision méthodique, mais exempte de sécheresse, tous les faits d'une importance réelle. Un tel livre est difficile : il exige un grand talent et une vie entière. Condillac n'a réussi qu'incomplétement dans une composition de ce genre. Ne soyons pas surpris qu'Anquetil y ait complétement échoué, en

---

[1] Né 1723 ; m. 1808.

écrivant à la hâte, d'une main glacée par l'âge, et d'après un mauvais modèle.

Parvenus à l'histoire moderne, nous regardons comme un devoir d'examiner attentivement l'ouvrage élémentaire composé par Thouret [1] sur les révolutions successives du gouvernement français. Les quatre premiers livres présentent, dans un précis rapide, les recherches de l'abbé Dubos sur l'établissement des Francs dans les Gaules. Les huit derniers offrent l'analyse des Observations de Mably sur l'Histoire de France. On voit que le fonds n'appartient pas au rédacteur, mais une telle rédaction n'en suppose pas moins un rare mérite. Il est impossible de choisir avec plus de sagacité, de classer avec plus de méthode, d'exposer avec plus de clarté les idées principales des écrivains qu'il a suivis. La première partie est un peu conjecturale ; la seconde est fondée sur des faits incontestables, et, durant les douze siècles écoulés depuis la conquête des Gaules par Clovis jusqu'à la fin du règne de Louis XIV, plusieurs époques dans chaque siècle fournissent des remarques importantes. Thouret explique, en abrégeant Mably, sans rien omettre d'essentiel, comment la constitution primitive des Français, libres même après la conquête, fut altérée bientôt par l'ascendant des leudes et des prêtres ; comment s'établirent les justices seigneuriales, comment furent créés les bénéfices militaires, qu'à cette époque il ne faut pas confondre avec les fiefs ; comment ces mêmes bénéfices

---

[1] Né 1746, m. 1794.

devinrent héréditaires sous Clotaire II ; comment enfin la force des leudes et la faiblesse des derniers rois Mérovingiens amenèrent une dynastie nouvelle, en concourant à former l'autorité des maires du palais. Sous les rois Carlovingiens, l'auteur signale des révolutions plus remarquables encore : Pépin, moins religieux que politique, augmentant la puissance du clergé pour garantir et consacrer la sienne, tandis que les seigneurs, dans leurs domaines, instituent la vassalité, premier germe du gouvernement féodal qui va naître au siècle suivant : Charlemagne, dont le règne obtient à juste titre des regards prolongés avec complaisance, rétablissant les champs de Mars et les champs de Mai, rendant le pouvoir législatif à la nation, la distribuant en trois ordres, mais sachant maintenir l'équilibre entre ces divers éléments, bien convaincu que sa vaste domination ne peut avoir de base solide que la liberté publique : Louis le Débonnaire, maîtrisé par les grands, humilié par les prêtres : après lui, l'empire de Charlemagne divisé : dans le royaume de France, échu en partage à Charles le Chauve, les bénéfices militaires prenant tout à coup le nom de fiefs, changement qui marque dans notre histoire la véritable origine du gouvernement féodal : ces faibles monarques, suivis d'héritiers plus faibles encore : et, comme au déclin de la première race, de nouveaux rois fainéants, laissant tour à tour envahir le trône par Eudes, comte de Paris, par Raoul, duc de Bourgogne, et par Hugues Capet, qui le ravit pour toujours à la maison régnante et fonde la troisième dynastie. Le gouvernement féodal, accru sans cesse depuis Charles le Chauve, et prévalant sur le peuple, sur le clergé, sur la royauté même, fut ensuite affaibli progressivement durant deux siècles : sous Louis VI, par l'établissement des communes; sous Philippe-Auguste, par l'admission des vassaux inférieurs et des officiers royaux dans la cour des pairs, longtemps composée des seuls grands vassaux; sous Louis IX, par les réformes judiciaires qui détruisirent au profit de la royauté l'influence des justices seigneuriales ; enfin sous Philippe le Bel, quand les seigneurs perdirent presque à la fois le droit de guerre et le droit de battre monnaie. Ce prince habile restreignait en même temps le pouvoir du clergé, celui même du souverain pontife ; il convoquait la nation, non pour la rendre libre, ainsi qu'avait fait Charlemagne, mais pour s'en servir contre les grands. De là vinrent les états généraux, qui, durant tout ce quatorzième siècle, firent pour la liberté des efforts courageux, mais sans succès; efforts appréciés par Mably et Thouret, après avoir été calomniés par l'ignorance ou la servilité de presque tous nos historiens. Dans le même siècle, naquit avec les lits de justice l'autorité du parlement, revêtu d'abord du droit d'enregistrement, bientôt devenu permanent, un peu plus tard se confondant avec la cour des pairs, tantôt opposé par les rois à la représentation nationale, tantôt chargé de porter au pied du trône les doléances des provinces, et, par une suite du droit de remontrance, croyant ou voulant participer au pouvoir législatif. Mais on voit la puissance monarchique agrandie par Charles V, abandonnée à l'étranger par Charles VI, reconquise par Charles VII, rendue odieuse par les intrigues de Louis XI, respectable par les vertus de Louis XII, formidable par les armées permanentes de François Ier, maintenue sous Henri II, malgré les persécutions religieuses, sous Charles IX, malgré les crimes politiques, ébranlée par la faiblesse de Henri III, raffermie par le courage magnanime de Henri IV, briser enfin ses dernières limites sous le ministère inflexible de Richelieu ; et, plus imposante encore après les dissensions ridicules de la Fronde, au milieu des victoires et des chefs-d'œuvre, s'accroître sans obstacle et sans mesure sous le règne pompeux de Louis XIV. Tel est en substance l'ouvrage de Thouret, ouvrage instructif et plein de sens, écrit, comme ses discours de tribune d'un style simple et même austère, mais concis, net et rapide. L'auteur le composa pour son fils, alors très-jeune, et qui, depuis, l'a rendu public. C'est à lui qu'il s'adresse toujours, et l'on est touché de voir avec quelle attention paternelle il le conduit par la main dans une route qu'il aplanit et qu'il éclaire. N'oublions pas que cette production est le dernier fruit de ses veilles. Voilà ce qu'il écrivait dans la prison, dont il n'est sorti que pour mourir. C'est au nom de la liberté, c'est comme ennemi du peuple, qu'il fut proscrit et frappé par une tyrannie sanguinaire, lorsque à peine il achevait un livre dont toutes les pages respirent et inspirent le respect pour les droits du peuple et l'ardent amour de la liberté.

Si nous avons analysé complétement le livre de Thouret, et parce qu'il a un mérite remarquable, et parce qu'il présente lui-même l'analyse du meilleur ouvrage de Mably, ce n'est pas une raison pour attacher beaucoup d'importance à des productions plus étendues, mais sans physionomie particulière. Nous sommes forcé de compter dans ce nombre et l'histoire de France d'Anquetil, et celle de M. Fantin Desodoards [1]. Toutes les deux ne sont bien véritablement que de longs abrégés des énormes fatras que nous avons déjà sous ce titre. Mêmes développements sur les choses inutiles, même ignorance, ou même discrétion sur tout ce qu'il importerait de savoir; même faiblesse et souvent plus de familiarité dans les formes du style; même insouciance à l'égard des variations du gouvernement, des coutumes, des mœurs publiques; même vague sur le caractère des personnages dont on raconte les actions, et que l'on ne voit point agir. Joinville, Froissart et surtout Philippe de Comines, dont le langage a plus ou moins vieilli, ont cependant plus de couleur, plus d'intérêt, que tous ces faiseurs de chroniques, dont le seul art est celui d'unir la sécheresse et la prolixité. Aucun des grands talents, immortel honneur de la France, ne s'occupa d'écrire notre histoire générale, si ce n'est Bossuet, qui en fit à la hâte des espèces de thèmes pour le Dauphin, fils de Louis XIV. Ce n'est pas là qu'il faut chercher le génie de cet illustre orateur. On sent combien de motifs commandaient aux auteurs ou les génuflexions continuelles devant le pouvoir, ou les réticences fréquentes. Les plus sages et les plus habiles ont

[1] Né 1738, m. 1820.

dû préférer le silence absolu. De là ce préjugé longtemps établi sur le peu d'intérêt de notre histoire générale, préjugé qui tombera dès qu'elle sera dignement traitée. Mais ce n'est pas à des écrivains vulgaires qu'est réservé le succès d'une si haute entreprise. Rien de plus difficile que de fondre en entier ce grand ouvrage ; rien de plus aisé que de mettre à contribution des auteurs médiocres, pour faire aussi mal ou plus mal qu'eux. Ici la gloire nationale nous interdit toute indulgence. Assez de compilations surchargent nos bibliothèques, sans nous enrichir d'une idée. Nous succédons au dix-huitième siècle : il a ouvert des routes nouvelles ; il faut savoir les parcourir, et, comme les anciennes entraves n'existent plus que pour ceux qui les ont dans l'esprit, comme, en ces matières du moins, la borne où l'écrivain s'arrête n'est désormais autre chose que la borne de son talent même, il est temps que notre histoire générale soit écrite par des historiens.

On a traduit, il y a douze ans, l'Histoire de la Confédération helvétique par Muller [1] : cet écrivain, suisse de nation, vient d'être enlevé à la littérature allemande, qui le regrette et le célèbre à juste titre. Il commence son ouvrage à l'origine de la Suisse ; il entre même dans quelques détails sur la première guerre des Helvétiens contre la république romaine, et décrit la défaite du consul Cassius par les Tiguriens, un peu avant les victoires de Marius contre les Cimbres, leurs alliés. Les développements

[1] Né 1752, m. 1809.

se suivent sans intervalle, à partir de la chute de l'empire romain, lorsque l'Europe, émancipée trop tôt, se recompose dans la barbarie. Mais ils n'acquièrent beaucoup d'intérêt qu'aux premières années du quatorzième siècle, à cette grande époque où les Suisses, brisant le joug de l'Autriche, fondent la liberté avec courage, et la maintiennent avec sagesse, en formant par degrés leur confédération respectable. L'auteur, ou du moins son traducteur, s'arrête au milieu du quinzième siècle, avant cette autre époque non moins brillante où toutes les richesses et toutes les forces de Charles le Téméraire se trouvèrent insuffisantes contre les vertus d'un peuple pasteur et guerrier. Cette histoire a pourtant neuf volumes, car elle est pleine de recherches sur les origines des villes et sur leurs traditions particulières. Elle doit être spécialement chère aux Suisses, ce que nous disons par éloge et non par reproche : quoique fort érudite, elle n'est point sèche ; elle abonde en réflexions toujours judicieuses, et quelquefois d'une grande portée. Quant à l'exécution générale, la manière de l'auteur est large et grave ; la chaleur n'est pas sa qualité dominante, mais il a souvent de la noblesse, et, dans ce qui concerne l'histoire naturelle de la Suisse, partie traitée de main de maître, son style s'élève à des formes majestueuses, dont la trace est facilement aperçue dans la traduction. L'ouvrage est dédié à tous les confédérés de la Suisse ; cette dédicace, que l'auteur fait à ses pairs, n'est pas d'un ton subalterne : on y remarque, comme en tout le reste du livre, un profond sentiment de liberté, et, ce qui pourrait à l'analyse se trouver encore la même chose, un grand respect pour le genre humain. Nous sommes fâchés que le traducteur ait cru devoir garder l'anonyme : il mérite à la fois des remercîments et des louanges. Nous avons une autre histoire des Suisses, composée plus récemment dans notre langue : elle est de M. Mallet [1], connu depuis longtemps par son histoire du Danemark. Les particularités relatives aux différentes villes de la Suisse n'entrent point dans le plan de l'auteur ; il s'attache uniquement à l'ensemble de la Confédération helvétique. Tout l'espace que parcourt Muller est ici renfermé dans le premier tome : trois autres volumes contiennent les événements écoulés depuis le milieu du quinzième siècle jusqu'au moment où l'auteur écrit. C'est donc une histoire complète, mais peu détaillée. Le style en est sans ornement; toutefois elle se fait lire, et peut satisfaire cette classe nombreuse de lecteurs à qui des éléments suffisent. Quant aux hommes qui font de l'histoire une étude, c'est l'ouvrage important de Muller qu'ils aimeront à consulter.

L'histoire des républiques italiennes du moyen âge offrait un sujet difficile; en le traitant, M. Sismonde de Sismondi[2] a rendu un véritable service à notre littérature. L'ouvrage commence à la fin du cinquième siècle, et s'arrête un peu avant le milieu du quinzième; mais son terme ainsi que l'annonce l'introduction, sera l'époque où, cent ans plus tard, la souveraineté de la Toscane

---

[1] M. en 1807. — [2] Voyez plus haut, p. 105.

deviendra le partage héréditaire de la maison de Médicis. Les huit volumes que l'auteur a déjà publiés, présentent l'histoire générale de l'Italie durant plus de neuf siècles. En parcourant ce long espace, il distribue sans confusion les événements écoulés dans une foule de cités célèbres, événements aussi nombreux que variés, et qu'il ne lui est pas toujours possible d'enchaîner ensemble. Il montre, dans les premiers âges, le gouvernement républicain reprenant à Rome quelque ombre d'existence, et cherchant à se maintenir à côté du pontificat; Naples, Gaëte, Amalfi, Venise, Pise et Gênes, se formant en républiques; et enfin l'affranchissement de toutes les villes italiennes vers les derniers temps du onzième siècle. Après ces origines mêlées de ténèbres, et pourtant développées par M. de Sismondi avec autant d'érudition que de clarté, viennent des époques plus brillantes. La résistance des deux ligues lombardes aux empereurs Frédéric Barberousse et Frédéric II, inspire surtout un vif intérêt. En général, tout ce qui concerne les Guelfes et les Gibelins est soigné dans cette histoire; et nulle part ne sont mieux retracés ces interminables guerres civiles qu'excita dans toute l'Italie la rivalité de l'empire et du sacerdoce. A l'ensemble de la composition, à l'esprit général, au caractère de plusieurs détails, l'auteur semble un élève de Muller, que d'ailleurs il vante beaucoup, peut-être même un peu trop, quel que soit le mérite de cet historien. Comme lui, M. de Sismondi joint une raison forte à des connaissances étendues; mais il est plus inégal que Muller, et ses écrits ont souvent de la sécheresse : ce qui ne vient pourtant pas d'un excès de précision. Quelquefois, en récompense, il sait donner de la couleur à son style : des traits nerveux, des expressions brillantes, et de temps en temps d'assez belles pages, annoncent que la hauteur de l'art d'écrire ne lui est point inaccessible. Son livre, déjà très-recommandable, est digne d'être perfectionné : en peu de temps il a obtenu deux éditions ; quelques efforts de plus lui obtiendraient un rang assuré parmi les bons livres.

L'Histoire de Laurent de Médicis et l'Histoire du pontificat de Léon X, toutes deux composées en anglais par Roscoë[1], ont été traduites en français, la première par M. Thurot[2], la seconde par M. Henry[3]. Ces traductions nous ont paru correctement écrites, et c'est après la fidélité, le seul mérite dont elles fussent susceptibles ; car l'auteur lui-même, satisfait d'instruire ses lecteurs, ne semble prétendre ni à la chaleur ni à l'éclat. Le fonds des ouvrages est d'ailleurs aussi riche qu'intéressant. Fils de Côme de Médicis, qui, simple citoyen de Florence, obtint le plus glorieux des titres, celui de père de la patrie, Laurent fut surnommé le Magnifique, et laissa un glorieux souvenir, bien moins pour avoir préparé la haute illustration où parvint depuis sa famille, que pour avoir noblement protégé les arts et les lettres. Comme son père, et avec plus de grandeur encore, il accueillit et Lascaris et Chalcondyle, et tous ces Grecs réfugiés qui survivaient à l'empire d'Orient. Avec eux se rassem-

---

[1] Né 1752, m. 1831. — [2] Voyez plus haut, p. 49. — [3] Henry, né 1759, m. 1833 ; a publié une *Histoire de Napoléon Bonaparte* en 1826.

blaient les savans de l'Italie, entre autre cet Ange Politien, littérateur habile, érudit, laborieux, poëte élégant, et digne précepteur de Léon X. Ce fut encore dans ces jardins de Médicis, si renommés à la fin du quinzième siècle, que se formèrent, sous les yeux et par les bienfaits de Laurent le Magnifique, tant d'artistes plus ou moins célèbres ; et à leur tête le plus puissant génie qui, chez les modernes, ait illustré les arts du dessin, Michel-Ange. L'un des fils de Laurent, Jean de Médicis, devenu souverain pontife sous le nom de Léon X, suivit l'exemple de son père et de son aïeul, encouragea tous les talents, sut apprécier et récompenser Raphaël, et n'eut pas une médiocre influence sur la splendeur du seizième siècle. A l'histoire de Laurent de Médicis est mêlée celle de la république de Florence ; à l'histoire du pontificat de Léon X, celle de l'Italie entière, celle encore des agitations politiques et religieuses de l'Europe, spécialement des réformes de Zwingle en Suisse, et de Luther en Allemagne. Dans les deux ouvrages toutefois, ce qu'il y a de plus curieux et de mieux traité, c'est la partie relative au progrès des lettres et des arts en Italie, depuis l'époque de leur véritable renaissance, au siècle du Dante, jusqu'à l'époque de leur plus grand éclat. Mais si les recherches sont précieuses, l'ordonnance, il faut en convenir, laisse beaucoup à désirer : les faits se succèdent, sans être liés entre eux, et l'ensemble est indigeste : les détails abondent, surabondent, soit dans les chapitres, soit dans les notes ; la plupart sont instructifs, mais on les voudrait plus choisis et mieux fondus. Il se pourrait que l'auteur n'eût point assez travaillé ; car le lecteur travaille lui-même, et trouve d'excellents matériaux plutôt que d'excellents ouvrages. De belles pierres accumulées dans un grand espace, fussent-elles rangées en ordre, et même taillées avec art, ne font pas encore de beaux édifices.

Dans l'Histoire de la guerre de Trente ans, Schiller [1] a des formes plus larges, plus de précision, plus de méthode. En Allemagne, où les ouvrages allemands sont appréciés un peu haut, on n'a fait aucune difficulté de comparer cette histoire à celle de Charles-Quint, composée par Robertson. Le parallèle nous semble inadmissible. On ne retrouve pas dans Schiller la plénitude, le profond savoir, la marche égale et sûre du chef des historiens anglais. Le sujet qu'a traité Robertson, quelque brillant qu'il soit, n'est pourtant pas supérieur au sujet choisi par l'auteur allemand. Le dernier même nous semblerait préférable : une étendue heureusement circonscrite, soit pour le temps, soit pour les lieux ; une seule génération, une seule contrée, mais des puissances, des nations s'armant de toutes parts ; un conquérant réformateur, et avec lui, ou après lui, une foule d'éminents personnages, venant concourir ou s'opposer à ses projets ; des généraux illustres, des ministres fameux, des négociateurs habiles, mêlés diversement à cette vaste action, dont les fils sont si variés, et dont l'unité n'est jamais rompue ; une guerre désastreuse, et pourtant utile ; de grands résultats politiques ; les progrès de l'art de combattre, et

[1] Né 1759, m. 1805.

ceux de l'art de pacifier; après tant de batailles célèbres, le plus célèbre des traités, assurant en Allemagne l'équilibre des religions rivales, donnant au droit public de l'Europe une base nouvelle, et qui fut longtemps inébranlable : tel est le sujet que présente la guerre de Trente ans; et, dans toute autre histoire, c'est celui peut-être où un talent de premier ordre unirait le mieux l'esprit philosophique des modernes et les belles formes de l'antiquité. Sans avoir, à beaucoup près, atteint ce but, Schiller a fait un ouvrage qui n'est point vulgaire. Il peint bien Gustave-Adolphe, ainsi que Walstein et Tilly; ses récits sont rapides, quelques-uns même pleins de verve : celui de la bataille de Lutzen, par exemple, et plus encore celui du siége de Magdebourg. La réputation et le mérite de son livre le rendaient digne d'être traduit : aussi en avons-nous deux traductions. La première est anonyme; elle a paru il y a seize ans : on l'a imprimée à Berne, et l'on pourrait bien l'y avoir faite : car les locutions bizarres dont elle fourmille décèlent un étranger qui s'efforce d'écrire en français. C'est à Paris, l'année dernière, que l'on a publié la seconde : on la doit à M. de Chamfeu [1] : la diction n'en est pas dépourvue d'élégance; elle a quelquefois de l'énergie.

Il serait à désirer que l'on eût aussi bien traduit l'Histoire d'Angleterre de Mme Macaulay-Graham [2]. Cette histoire embrasse les temps écoulés depuis l'avénement de Jacques Ier jusqu'à la révolution de 1688; la traduction

---

[1] Une nouvelle traduction a été donnée par M. Mailher de Chassat, 1820. —
[2] Née 1733, m. 1791.

s'arrête à la seconde année du protectorat de Cromwell, Sur cinq volumes, les trois derniers, qui sont avoués par Guiraudet, offrent un assez grand nombre de termes impropres et même d'incorrections évidentes. Les deux premiers, que l'on attribue à Mirabeau, ne sont guère moins défectueux ; et, ce qu'il y a de plus remarquable, aucune forme de langage n'y révèle un homme de talent : soit que Mirabeau ait traduit cette partie de l'ouvrage avec une excessive rapidité, soit plutôt qu'il ne l'ait point traduite, et que, par un charlatanisme dont les exemples ne sont que trop multipliés, un écrivain médiocre, ou un libraire avide, ait spéculé sur un nom célèbre. Quoi qu'il en puisse être, on ne saurait contester un mérite réel à la production originale. Aussi connue par l'austérité de ses mœurs que par l'importance de ses travaux, Mme Macaulay, loin de partager les haines personnelles de Clarendon, évite même la circonspection timide de Hume en cette partie délicate de l'histoire, et professe, sans les affaiblir les énergiques théories de la liberté civile et politique. L'analyse fidèle des actes écrits du gouvernement et des principaux débats parlementaires, en augmentant l'intérêt de son ouvrage, lui donne encore, aux yeux des lecteurs attentifs, une irrécusable authenticité. Ce n'est donc pas à tort qu'il a obtenu beaucoup de succès en Angleterre. Il n'en obtiendra pas moins en France, lorsqu'au lieu d'une version sèche, incorrecte et tronquée, nous en posséderons une traduction complète et rédigée sans négligence [1]......

[1] Le Dr Lingard (né 1769, m. 1851), a publié de 1819 à 1833 une *Histoire*

Louis XIV, sa Cour et le Régent, tel est le titre d'un ouvrage publié par Anquetil, il y a peu d'années, et dont beaucoup de pages se retrouvent, avec de légers changements, dans les derniers volumes de son Histoire de France. L'auteur écrivait pour amuser sa vieillesse, ce qui réclame l'indulgence. On ne saurait pourtant dissimuler combien il est inférieur à son sujet, et l'on ne conçoit pas aisément qu'il ait cru pouvoir lutter contre une des plus belles productions du génie de Voltaire. Il la cite quelquefois, mais toujours en l'attribuant à M. de Francheville, soit qu'une telle affectation lui ait paru plaisante, soit qu'il ait ignoré, chose peu probable, qu'en publiant le Siècle de Louis XIV, Voltaire se cacha d'abord sous ce nom factice. Anquetil, dans la seconde partie de son livre, est en concurrence avec Duclos et Marmontel, dont les talents auraient dû suffire pour intimider le sien. Il ne faut chercher, en lisant son ouvrage, ni des aperçus nouveaux, ni des récits animés, ni un style brillant, ni même une diction correcte : ce que l'on y trouve de mieux est tiré des Mémoires de Saint-Simon ; encore avouons-nous à regret que trop souvent l'auteur les gâte en évitant de les copier servilement.

d'Angleterre, écrite dans le sens catholique, et traduite en français par M. de Roujoux (1825-1831), et par M. L. de Wailly (1843-1844). Hallam (m. 1859), s'est rendu célèbre par son *Histoire constitutionnelle de l'Angleterre*, 1827 et 1828, et par son *Tableau de l'Europe* au moyen âge, 1818, trad. en français. Enfin Macaulay (né 1800, m. 1859), a donné une *Histoire d'Angleterre depuis l'avénement de Jacques II*, 1848. — Citons aussi, parmi les historiens, Washington Irwing (m. 1859), (*Histoire de la vie et des voyages de Christophe Colomb*, 1828-1830, *Chronique de la conquête de Grenade*, 1829), qui partagea avec Hallam la grande médaille d'or du roi Georges IV.

Ces Mémoires, restés longtemps manuscrits, mais dès lors connus de nos historiographes, et de quelques autres gens de lettres, n'ont été imprimés que dans les commencements de la révolution, ainsi que les Mémoires secrets écrits par Duclos sur la fin du règne de Louis XIV, sur la régence et sur une partie du règne de Louis XV ; mais, Duclos étant mort il y a près de quarante ans, et Saint-Simon plus de trente ans avant Duclos, nous avons dû considérer les deux ouvrages comme antérieurs à notre époque, et c'est dans le préambule du chapitre que nous en avons dit quelques mots. C'est ici au contraire que nous parlerons des Mémoires sur la minorité de Louis XV, publiés, il y a huit ans, sous le nom de Massillon; car ces Mémoires, évidemment supposés, appartiennent au temps même où ils ont paru. Ils sont adressés à Louis XV, et d'après son ordre, suivant le texte d'une lettre improprement appelée préface. Il serait à désirer qu'une telle idée fût venue à ce prince ; elle lui eût fait honneur, et nous aurions un chef-d'œuvre de plus. Le prélat illustre qui, dans sa chaire, avait si bien instruit un enfant roi, sans doute en un récit véridique n'eût pas moins utilement instruit sa jeunesse, et le plus élégant des orateurs eût encore été le plus élégant des historiens. Mais le piége tendu à la curiosité publique n'est pas difficile à reconnaître. En effet, quelles pensées et quelles expressions ! Le duc d'Orléans se détermina pour la chambre de justice, *par la seule raison que le duc de Noailles n'avait pas voulu en démordre ;* l'abbé Dubois avait été *mis par feu M. de Saint-Laurent, gouver-*

neur du régent alors duc de Chartres, pour lui faire seulement des répétitions de latin ; et trois lignes plus bas : *il lui faisait tous ses thêmes, et faisait encore par là des progrès, qui dans le fond n'étaient qu'une tricherie ;* M. d'Arménonville *était friand de toute prévarication ;* M. de Breteuil *était un de ceux dont madame de Prie s'accommodait le mieux pour les moments d'infidélité à l'égard de M. le duc ;* le roi d'Angleterre Georges I*er était véritablement un bon et brave gentilhomme* ; une princesse portugaise *avait un sang redoutable et un soupçon de folie ;* mademoiselle de Vermandois *avait fait parler d'elle ;* quant à la fille de Stanislas, *on disait des choses admirables de ses qualités de corps et d'esprit ;* madame de Prie voulait s'en *faire un appui plus solide que les faveurs de M. le duc ;* elle fit nommer Vanchoux, *pour aller faire un dernier examen plus particulier de la personne de la princesse ;* on se décida *malgré la duchesse de Lorraine, enragée de la préférence ;* madame la duchesse *enragée osait presque vouloir que l'on substituât mademoiselle de Charollais ou mademoiselle de Clermont ;* la duchesse d'Orléans *enrageait de voir la maison de Condé s'élever ;* madame de Prie *était-elle en état de lui faire connaître votre majesté, ce qui eût dû être l'objet principal ? Ni M. le duc, ni elle, ne la connaissaient point ;* c'est la reine d'Espagne *qui a songé à mettre votre majesté hors d'état d'avoir postérité ;* sa majesté *n'avait assurément aucune idée sur les devoirs du mariage, le tempérament ne disait rien.* Certes, Massillon ne se fût jamais permis cet amas d'incorrections, de trivialités, d'indécences. Massillon n'eût pu écrire : *la compagnie de la Émilie, danseuse de l'Opéra, avec qui reposait le duc d'Orléans, n'était pas naturellement celle en laquelle on devait disposer d'un siége ecclésiastique;* encore moins eût-il ajouté, de peur de n'être pas entendu : *la Émilie et ses charmes furent pris à témoin de la parole qu'il venait de donner.* Massillon eût senti combien il était inconvenant à un prélat de paraître si fort initié dans les secrets du prince; à un vieillard, d'entretenir un jeune roi d'anecdotes aussi scandaleuses qu'incertaines, et de les lui conter dans un pareil langage; Massillon n'eût point accusé le respectable abbé de Saint-Pierre d'avoir composé *la Polysynodie par un esprit d'adulation* : car il est odieux et ridicule de compter parmi les flatteurs le plus indépendant des hommes de lettres, et à l'occasion du livre même qui l'avait fait exclure de l'Académie française, par un esprit d'adulation pour l'ombre d'un roi. En jetant des soupçons sur la conduite de l'abbesse de Chelles, Massillon n'eût pas dit : *Elle était fille de M. le Régent, et c'en est assez.* Ce n'est pas ainsi qu'il se fût exprimé sur le neveu de Louis XIV, en s'adressant à Louis XV, et dans tout son livre il eût jugé avec moins de rigueur un prince distingué à beaucoup d'égards, à qui d'ailleurs il devait de la reconnaissance, qui avait apprécié son mérite, et par qui seul il était évêque, lui qui dès longtemps aurait dû l'être, puisqu'à la mort de Louis XIV il avait déjà cinquante-trois ans. Après tant de preuves, et il nous serait facile de les multiplier bien davantage, nous osons affirmer que de tels Mémoires ne sont pas de l'éloquent évêque de Clermont. Mais de qui sont-ils? Nous l'ignorons. L'éditeur cite avec éloge, soit dans sa préface, soit dans ses notes, les Mémoires de Richelieu, qu'a rédigés M. Soulavie : il annonce même une Histoire de la révolution que doit rédiger M. Soulavie. De tout cela il ne résulte aucune conséquence nécessaire [1] ; et, sans vouloir accuser personne, il nous suffit d'avoir disculpé Massillon. Ceux qui ne voient en littérature que des affaires de librairie, se permettent, sinon des fraudes pieuses, au moins des fraudes lucratives. Il est vrai qu'en usurpant le nom d'un écrivain célèbre, ils ont soin de conserver leur propre style. Mais il est un public assez nombreux qui n'y regarde pas de si près ; les simples se laissent tromper. Tous les jours encore les prétendus Mémoires de Massillon sont cités avec complaisance, et dans les journaux, et même dans les livres. Ainsi, des faits hasardés, des opinions plus hasardées encore, se fortifient d'une autorité qui n'existe pas; et si, faute de réclamations suffisantes, l'ouvrage est une fois admis comme authentique, il finit par compromettre le nom même dont on a dérobé l'appui. La gloire des grands écrivains fait une partie essentielle de la gloire nationale, et doit être défendue contre toute espèce d'outrages. Les calomnies volontaires et directes ne sauraient leur nuire : beaucoup d'exemples le démontrent. C'est sans le vouloir, mais plus sûrement, qu'un entrepreneur les calomnie, en leur imputant ses ouvrages.

[1] Ces Mémoires sont bien de l'abbé Soulavie (m. 1813.)

Marmontel [1], en qualité d'historiographe, avait composé une Histoire de la Régence; on l'a publiée depuis sa mort. Dire qu'elle est supérieure à l'ouvrage d'Anquetil et aux Mémoires du faux Massillon, serait lui rendre une justice incomplète. Moins piquante que les Mémoires secrets de Duclos [2], elle est écrite d'un style plus noble et plus grave. Marmontel ne court point après les anecdotes, comme faisait son prédécesseur : il en est sobre, et les choisit avec circonspection. Ainsi que Duclos, il consulte beaucoup les Mémoires de Saint-Simon : il en copie même d'assez longs passages, ce que n'avait point fait Duclos. Tous deux professent une égale défiance pour cet écrivain passionné, non moins connu par ses opinions féodales et ses haines ardentes, que par son éloquence naturelle et l'extrême inégalité de son style. Tous deux pourtant le suivent pas à pas dans les détails secrets des événements ; ce qui est peut-être une inconséquence, car ses opinions et ses haines n'ont pas médiocrement influé sur la manière dont il a vu les objets. Duclos, ne s'attachant qu'à peindre les mœurs, comme il en convient lui-même, avait trop négligé ce qui concerne les finances. Marmontel y consacre deux longs chapitres. Dans le premier, remontant jusqu'à Colbert, il explique fort nettement les opérations de ses successeurs, Pont-Chartrain, Chamillard, Desmarets. Dans le second, sous le régent, il examine avec plus de détail encore l'administration du conseil des finances, ensuite

[1] M 1799. — [2] M. 1772.

celle de Law, et enfin celle de Lepelletier qui le remplaça. En traitant des affaires politiques, l'auteur répand beaucoup de clarté sur les intrigues du cardinal Albéroni. Pour les affaires intérieures, la partie relative au jansénisme et aux querelles ecclésiastiques est celle où il déploie le plus de talent. Il raconte aussi très-bien quelques événements particuliers : la description de la peste de Marseille est d'une vérité sombre et terrible. Un défaut de l'ouvrage, à notre avis, c'est qu'à chaque chapitre on est obligé de rétrograder, de parcourir de nouveau des époques déjà parcourues, et de s'enfoncer très-loin dans le règne précédent. Ce n'est pas ainsi qu'est distribué le Siècle de Louis XIV, chef-d'œuvre dont Marmontel a cru peut-être imiter le plan. Là, les vingt-quatre premiers chapitres contiennent, selon l'ordre des temps, toute l'histoire politique et militaire du règne. C'est dans les quinze derniers que Voltaire examine successivement les divers objets qui auraient ralenti sa marche; et de l'ensemble il résulte autant d'instruction que d'intérêt. D'ailleurs les réflexions que Voltaire entremêle à ses récits sont courtes et d'un grand sens : Marmontel a moins de portée, va moins vite, et disserte quelquefois. Au reste, il est impartial envers ses personnages, et surtout envers le régent, dont il est loin d'épargner les vices, mais dont il sait apprécier les qualités et les talents. Il manifeste des opinions dignes du dix-huitième siècle, et montre partout une connaissance approfondie du sujet qu'il traite. A l'égard de sa diction, elle est toujours correcte, souvent d'une élégance remarquable. A tout considérer,

cette Histoire de la Régence fait honneur à Marmontel [1].
Après l'avoir lue, on la relit; et, malgré quelques imperfections, elle figure avec avantage parmi les titres littéraires de cet estimable et laborieux académicien. . . .
. . . .
. . . .

Les Mémoires du duc de Choiseul, ceux du duc d'Aiguillon, ceux du comte de Maurepas, sont des spéculations de librairie plutôt que des monuments historiques; ils n'ont rien d'intéressant que leur titre, et rien n'y mérite l'attention, si ce n'est quelques lettres, quelques pièces déjà connues depuis longtemps. A la fin des Mémoires de Choiseul est imprimée une comédie satirique : irrévérence à part, elle pouvait être plaisante, et n'est qu'ennuyeuse. Mais, malgré les assertions de l'éditeur, il ne paraît ni prouvé ni vraisemblable qu'il faille l'imputer au duc de Choiseul. En général, tous ces mémoires, qui seraient importants si les ministres à qui on les attribue, les avaient écrits ou dictés eux-mêmes, et s'ils avaient voulu tout dire, n'ont évidemment aucune authenticité [2]. . . . .
. . . .
. . . .

C'était un sujet bien triste, mais bien instructif, que l'Histoire de l'anarchie de Pologne, et du démembre-

---

[1] Lemontey (né 1762, m. 1826), a écrit une *Histoire de la Régence*, imprimée en 1832, et un *Essai sur l'établissement monarchique de Louis XIV*. — [2] On n'a pas cessé de publier des mémoires apocryphes; parmi ceux qui ont eu le plus de vogue, on cite encore les *Souvenirs de la marquise de Créqui* (1834-1836.)

ment de cette république. Un pareil tableau, tracé par Rulhière, est digne à tous égards d'une haute attention. L'on ne trouve point ici un compilateur d'anecdotes, encore moins un compilateur de gazettes. C'est un véritable historien, qui sait choisir et classer les incidents, les resserrer, les étendre, les faire ressortir, selon le degré de leur importance, et coordonner habilement toutes les parties d'un vaste ensemble. A mesure que la série des faits l'exige ou le permet, il distribue dans son ouvrage, à la manière des historiens de l'antiquité, des notions détaillées sur l'origine et les mœurs des Polonais, des Moscovites, de la horde inhumaine des Zaporoves, des diverses hordes tartares ; des Turcs, à qui deux siècles de conquêtes n'ont laissé qu'une faiblesse orgueilleuse, et les souvenirs d'une gloire éclipsée ; des Monténégrins, qui bordent le golfe de Venise, et sont, comme les Russes, de race esclavone ; des Macédoniens, des Épirotes, des Grecs du Péloponèse, et, parmi ces derniers, spécialement des Maniotes, qui, si près du joug ottoman, conservent encore la rudesse, le fier courage, et jusqu'à l'indépendance des Spartiates leurs ancêtres. Des liaisons intimes avec les chefs des différents partis polonais, l'aide des ministres et des ambassadeurs les mieux instruits des affaires de l'Europe, tous les genres de secours, notes diplomatiques, mémoires particuliers, lettres sans nombre, entretiens confidentiels, avaient mis l'auteur à portée de recueillir des éclaircissements très-curieux, et d'assigner quelquefois avec précision les causes longtemps secrètes des événements publics. C'est ainsi qu'en parlant de la correspondance établie durant quinze années entre Louis XV et le comte de Broglie, à l'insu du ministère français, il explique par quelle intrigue bizarre les agents de la cour de Versailles ont pu recevoir en même temps des ordres directement opposés, donnés au nom du même roi. Il ne jette pas moins de jour sur la conduite des cabinets qui déterminèrent le sort de la Pologne. Il développe des caractères qui semblent d'une vérité frappante : Catherine, dont l'ambition s'irrite par les voluptés, dévorant à la fois des yeux et la Turquie et la Pologne; Frédéric longtemps vainqueur rapide, désormais lent médiateur, n'usant ni ses soldats ni ses trésors où suffisent la force des circonstances et le poids de sa renommée, prince né pour les arts de la paix, au moins autant que pour la guerre, et sachant unir à tous les talents d'un général et d'un politique toutes les vertus que ne s'interdit pas le despotisme; Marie-Thérèse, faisant prouver par de vieux diplômes les droits qu'elle s'assure avec l'épée; son fils, l'empereur Joseph, impatient de régner, de réformer et d'envahir; près d'eux, le prince de Kaunitz fondant sa vieille réputation sur un traité qui jadis étonna l'Europe en réconciliant la France et l'Autriche, ministre laborieux, quoique frivole à l'excès, rusé sous l'air de l'indiscrétion, sincère dans sa vanité, faux sur tout le reste, adroit et heureux négociateur, à qui la malice des courtisans pardonnait quelque mérite en faveur de ses ridicules. Aux bornes de l'Europe, d'autres images se présentent : les agitations de Constantinople, l'indécision du divan, l'ineptie politique et militaire des grands vizirs, les qualités inutiles du sultan Mustapha, trop bien intentionné pour ne pas sentir, mais trop ignorant pour guérir les maux d'une monarchie théocratique, où l'ignorance est un point de religion. Non loin de là, un descendant de Gengiskhan, Crimguérai, qui, du sein de sa disgrâce, avait éclairé le sultan sur les projets de la Russie, apparaissant tout à coup à la tête de ses Tartares, est arrêté par une mort soudaine : tant la destinée sert bien Catherine. Au milieu de ces mouvements, la Pologne, envahie par les armes russes, déchirée par les factions intérieures, préfère au joug étranger les caprices de sa liberté ombrageuse. On admire encore cette liberté sur des ruines, et ses derniers soutiens qui succombent : un vieillard octogénaire, le grand maréchal de Lithuanie, beau-frère du roi, mais tout entier à la patrie, un prince de Radziwil, épuisant pour elle son immense fortune, bravant la persécution, la misère et la fuite; des hommes nouveaux, des parvenus à la gloire, Pulawski et ses deux fils, levant des troupes qui sont quelquefois victorieuses ; deux prélats respectables, Krasinki, évêque de Kaminiek, organisant avec son frère une confédération puissante, et l'évêque de Cracovie, Gaëtan Soltik, martyr intrépide, devoué sans espoir à la cause commune, n'ayant d'autre attente qu'un exil en Sibérie, attente que le gouvernement russe n'a pas trompée; enfin, Mokranouski, plus brillant qu'eux tous, se trouvant partout où l'intérêt public l'appelle, aux diétines, aux armées, dans la diète, à Versailles, dans le cabinet du duc de Choiseul, à Berlin, dans celui de Frédéric ; ardent, jeune, ayant tous les courages, comme aussi toutes les passions nobles ; servant l'amour et l'honneur, mais avant tout la liberté de son pays ; héros des temps chevaleresques, et républicain des temps antiques. On conçoit aisément que l'auteur comble d'éloges des personnages si dignes du souvenir reconnaissant de l'histoire. S'étonnera-t-on s'il ne traite pas aussi bien ce Poniatowski, longtemps obscur citoyen d'un État libre, amant favori d'une princesse étrangère, couronné par elle à force ouverte, lui vendant pour le nom de roi la servitude publique et la sienne ; et, malgré son infatigable obéissance, ne parvenant à jouer sur le trône que le rôle d'un courtisan disgracié? N'oublions pas un fait notable. Cette histoire, austèrement véridique, fut entreprise, il y a quarante ans, par ordre de l'ancien gouvernement français ; soit qu'on puisse le louer d'avoir au moins voulu rendre hommage aux droits d'un peuple allié qu'il n'avait osé secourir, soit qu'il faille seulement féliciter Rulhière d'avoir rempli sans molle complaisance les nobles devoirs d'un historien. . . .

. . . .

Au reste, quelques travaux que suppose l'Histoire de l'anarchie de Pologne, on a lieu d'être surpris que Rulhière n'ait pu l'achever en vingt-deux ans. Telle qu'elle est néanmoins, c'est elle qui le maintiendra célèbre. Elle n'est pas seulement beaucoup plus étendue que ses autres écrits, elle leur est fort supérieure, et c'est à haute distance qu'elle s'élève au-dessus de toutes les productions historiques publiées depuis vingt ans en

Europe. Peut-être, à une révision scrupuleuse, Rulhière eût-il cru devoir abréger les trois premiers livres, qui ne sont qu'une introduction ; mais il n'eût rien changé sans doute aux trois suivants, où sont réunies tant de beautés énergiques. C'est là qu'il accumule sans confusion les principaux traits de son grand tableau : en Russie, la fin languissante d'Élisabeth, les courtes folies de Pierre III, le prompt veuvage de Catherine ; en Pologne, la longue agonie du roi Auguste, et celle même de son pouvoir, les outrages prodigués à Brulh, son ministre, les trames de Czartorinski, l'astuce habile de Keiserling, l'audace féroce de Repnine, et cette diète trop mémorable où Stanislas Poniatowski fut élu roi des Polonais par le sabre des Moscovites. Le reste est moins fort, sans être faible, et plusieurs morceaux sur les réclamations des dissidents, sur la guerre des Turcs, sur les confédérations polonaises, sont encore animés par un talent rare. L'auteur, dans les diverses parties que nous indiquons, approche quelquefois de Thucydide, dont il retrace les formes heureuses ; et, si l'ouvrage entier se soutenait à ce degré de vigueur, après les chefs-d'œuvre de Voltaire, d'ailleurs conçus et exécutés dans une manière différente, nous cherchons en vain quelle histoire il serait possible de lui comparer, pour la beauté du plan, pour l'art de mettre en jeu les caractères, pour la chaleur et la grâce du style.

M. de Castéra, plus de dix ans avant la publication de l'ouvrage de Rulhière, avait fait paraître une histoire de l'impératrice de Russie, Catherine II. Un règne de trente-cinq ans, brillant à plusieurs égards, et presque toujours heureux, au moins dans l'acception vulgaire du mot, pouvait devenir l'objet des études d'un historien. Les déchirements de la Pologne, l'imbécillité du divan, l'inaction léthargique de l'empire ottoman, qui semblait se résigner à sa ruine, ont bien facilité les succès militaires de cette souveraine. Il raconte avec une austère franchise l'étrange événement qui donna le trône à Catherine; et, quoiqu'il saisisse toutes les occasions de vanter le bien qu'elle a fait, celui même qu'elle a voulu paraître faire, il a semblé trop véridique. On pourrait soupçonner au contraire qu'il a souvent usé d'indulgence; mais les actions parlent d'elles-mêmes. On trouve d'amples détails dans l'ouvrage de M. de Castéra. Le style en est correct, naturel et grave; on y voudrait quelquefois plus de souplesse et plus d'énergie. Il y a de la rapidité dans les narrations, peut-être aussi des couleurs trop peu variées et trop peu distinctes dans la peinture des principaux caractères. Quoi qu'il en soit, c'est un livre fort estimable. Déjà bien fait en général, il mérite d'être perfectionné dans plusieurs parties. L'auteur est en état de sentir mieux que personne, et d'y ajouter aisément ce qu'une critique imparfaite y peut avec raison désirer encore.

L'Histoire de Frédéric-Guillaume II, roi de Prusse, offrait à M. de Ségur un cadre heureux pour tracer le tableau politique de l'Europe durant les dix années qui suivirent immédiatement la mort du grand Frédéric. Il avait fallu tous les talents d'un prince aussi extraordinaire, pour donner à un royaume tel que la Prusse cette influence prépondérante qui la faisait intervenir successivement, et presque à la fois, dans les révolutions de la Hollande, du Brabant, de la Pologne et de la France. Un précis sur sa vie, et avant ce précis une courte introduction, font connaître, autant que le peuvent des aperçus si rapides, l'état progressif de l'électorat de Brandebourg, et du duché de Prusse, érigé en royaume à la fin du dix-septième siècle. Bientôt M. de Ségur expose à grands traits la situation des États de l'Europe, à l'avénement de Frédéric-Guillaume II au trône de Prusse. Il peint avec plus de développements le caractère du monarque, ses premières opérations, les espérances qu'il donne et qu'il trompe. Viennent ensuite les événements mémorables qui tantôt par lui, tantôt malgré lui, ont changé la face de l'Europe. Toujours heureux dans ses transitions, l'auteur sait unir avec beaucoup d'art les différents objets qu'il embrasse. Ce qu'il dit sur les révolutions du Brabant et de la Pologne est curieux à lire et bien présenté. Ce qui concerne la révolution française forme la plus grande partie du livre. Il faut l'avouer, en cette partie, les faits que raconte M. de Ségur, la manière dont il les expose, les sentiments qu'il manifeste, les jugements qu'il lui plaît de porter, seraient susceptibles de très-longues discussions ; mais elles seraient ici hors de place, et, la matière étant aussi délicate qu'importante, nous croyons à cet égard devoir nous interdire l'éloge et le blâme, afin

---

[1] Né 1753; m. 1833.

de ne partager ni sur les choses ni sur les personnes la responsabilité de l'historien. Rendre justice à ses talents comme écrivain nous suffira pour le moment, et c'est un devoir que nous aimons à remplir. La sagesse et la clarté font le principal mérite de son style, auquel on ne saurait reprocher ni l'excès de chaleur, ni les ornements ambitieux. Content de raconter nettement, l'auteur ne cherche point les effets : on sent qu'il veut instruire, et non remuer ses lecteurs. Sous le titre modeste de Mémoire sur la révolution de Hollande, son troisième volume est à lui seul un morceau d'histoire complet ; c'est même une production très-remarquable. Elle est entièrement de Caillard, qui, après avoir rempli avec succès plusieurs missions diplomatiques, est mort, il y a peu d'années, archiviste des relations extérieures. Là se trouve racontée avec tous les détails nécessaires cette révolution rapide par laquelle, en 1787, le stathoudérat, soutenu des armées prussiennes, triomphe pour un moment du peuple batave. Il est aisé de voir combien l'auteur possède à fond sa matière. Sans dépasser le sujet qu'il traite, il y jette à propos des notions précises sur l'histoire antérieure de la Hollande, sur ses lois constitutives, et sur la lutte prolongée durant deux siècles entre le pouvoir populaire et l'autorité stathoudérienne. Il ne paye point à la puissance le tribut des ménagements pusillanimes ; il ne dit pas de ces demi-vérités qui sont aussi des demi-mensonges : partout l'accent de la liberté se fait entendre et résonne très-haut. Cet excellent travail honorera toujours l'homme habile à qui on le doit ; et M. de Ségur s'est honoré lui-même en le publiant à la suite de ses propres travaux. Un esprit vulgaire eût essayé d'en profiter, en le déguisant sous d'autres formes. Il n'y a qu'un esprit très-distingué qui ait pu consentir à l'adopter pleinement, sans craindre la concurrence du mérite, ni même celle des opinions [1] .

. . . .
. . . .

Les études historiques ont pris un très-grand développement depuis le premier empire. La création des *chaires d'histoire* due à M. Royer-Collard, président de la commission d'Instruction publique en 1816, contribua beaucoup à ce mouvement des esprits.

M. Guizot[2], professeur d'Histoire moderne à la Sorbonne, a publié successivement : *Du Gouvernement représentatif et de l'état actuel de la France*, 1816 et 1821; l'*Histoire du Gouvernement représentatif*, 1821-1822; *Essais sur l'Histoire de France*, 1823; *Collection des Mémoires relatifs à l'histoire de France*, 1823 et suivantes; *Cours d'Histoire moderne*, 1828-1830; *Histoire générale de la Civilisation*, 1845. On lui doit aussi la *Collection des Mémoires relatifs à la révolution d'Angleterre*, 1823; l'*Histoire de*

---

[1] M. de Ségur a publié une *Histoire universelle*, écrite avec élégance, et bien supérieure à celle de Corentin Royou (m. 1828.) — Ses *Mémoires, Souvenirs et Anecdotes* ont obtenu beaucoup de succès. — Son fils, M. Philippe de Ségur (né 1780), a donné en 1824 son *Histoire de Napoléon et de la Grande Armée pendant l'année* 1812; son *Histoire de Charles VIII* (1834 et 1842) est moins estimée.

[2] Né 1787, voy. plus haut, p. 72.

la révolution d'Angleterre depuis l'avénement de Charles Ier jusqu'à l'avénement de Charles II, 1827-1828; une traduction nouvelle du grand ouvrage de Gibbon (m. 1794), *Histoire de la décadence et de la chute de l'Empire romain*, etc. Ses mémoires (1858-1860) ne sont qu'une longue apologie de sa vie politique.

M. Michelet (né 1798) a pris aussi une part considérable au progrès des études historiques; il est l'auteur d'un *Précis chronologique de l'Histoire moderne*, 1825; d'une *Introduction à l'Histoire universelle*; d'un *Précis d'Histoire moderne*, 1833 et 1845; d'une *Histoire de France*, 1833-1860, et d'une *Histoire de la Révolution française*, 1847-1853, où il donne un peu trop d'essor à sa brillante imagination; il a fait connaître Vico par ses *Principes de la Philosophie de l'Histoire*, 1831 [1].

Augustin Thierry (né 1795, m. 1856) a fondé sa réputation par l'*Histoire de la Conquête de l'Angleterre par les Normands*, 1825, et par ses travaux sur l'histoire de France: *Lettres sur l'Histoire de France ou Introduction à l'Étude de cette histoire*, 1827; *Dix ans d'Études historiques*, 1834; *Récits des Temps mérovingiens*, 1840; *Essai sur l'Histoire de la formation et des progrès du Tiers-État*, 1853. Son frère, Amédée Thierry (né 1797), a publié une *Histoire des Gaulois*, 1828; une *Histoire de la Gaule sous la domination romaine*, 1840-1842; une *Histoire d'Attila*, 1856.

Beaucoup d'*Histoires de France* ont été mises au jour. Celle de Sismondi [2] (*Histoire des Français*, 1821-1843), tient le premier rang; M. Henri Martin (né 1810), (*Histoire de France*, 1837-1854), a su profiter habilement des travaux contemporains, et faire une œuvre d'un mérite incontestable; M. Théophile Lavallée (né 1804), a donné un très-bon résumé de l'*Histoire des Français*, 1838 et

---

[1] Nous ne rappelons pas ici tous les ouvrages de M. Michelet; ceux qu'il a publiés récemment, l'*Oiseau* 1856, l'*Insecte* 1857, etc., etc., ont fait ressortir au plus haut degré son talent d'écrivain.

[2] Voy. plus haut, p. 105.

1858 [1] ; nous mentionnerons aussi l'excellent *Précis* de Cayx (m. 1858), et de M. Poirson (né 1795), qui s'est acquis une juste réputation par son *Histoire romaine*, 1827-1828; par son *Précis d'Histoire ancienne*, 1827, et par son *Histoire de Henri IV*, 1853.

Parmi les écrivains qui se sont bornés à traiter certaines époques de notre histoire, citons d'abord M. Thiers [2], à qui l'on doit deux monuments impérissables, l'*Histoire de la Révolution française depuis 1789 jusqu'au 18 brumaire*, 1823-1827, et l'*Histoire du Consulat et de l'Empire*, 1845-1862.

M. Mignet (né 1796), a donné une *Histoire abrégée de la Révolution française*, 1824, bien des fois réimprimée ; les *Négociations relatives à la succession d'Espagne*, 1836-1842; *Antonio Perez et Philippe II*, 1845; *Histoire de Marie Stuart*, 1851 ; *Charles-Quint, son abdication, son séjour et sa mort au monastère de Saint-Just*, 1854. Il prépare une *Histoire de la Réformation*.

Nous placerons ici l'indication des *Mémoires pour servir à l'Histoire de France sous Napoléon*, écrits à Sainte-Hélène sous sa dictée (1823), par le comte de Montholon (m. 1841), et du *Mémorial de Sainte-Hélène* 1822-1824, de M. de Las-Cases (m. 1842), auteur du célèbre *Atlas historique de Lesage*.

Nous mentionnerons en même temps :

Général Jomini (né 1779) : *Histoire des Guerres de la Révolution de 1792 à 1801*, publiée en 1806 et 1819-1824; *Vie politique et militaire de Napoléon*, 1827.

Général de Vaudoncourt (né 1772, m. 1845), *Histoire des Campagnes de 1812, 1813, 1814 et 1815* (1816-1826); *Histoire du prince Eugène Napoléon* (1827-1828).

Général Gourgaud (né 1783, m. 1852), *Relation de la Campagne de 1815* (1820) ; *Napoléon et la Grande Armée en Russie*,

---

[1] On a parlé avec éloge de son *Histoire de la maison royale de Saint-Cyr*, 1853. — [2] Voy. plus haut, p. 152.

1824, examen critique de l'histoire de M. de Ségur (Voyez la note de la page 207).

Comte Mathieu Dumas (né 1753, m. 1837) : *Précis des Événements militaires*, 1817-1826 ; il a traduit l'*Histoire de la guerre de la Péninsule et dans le midi de la France*, de 1807 à 1814, par Napier (m. 1860), 1828-1838, et l'*Histoire d'Espagne de Bigland*, (m. 1832), 1823.

De Vaulabelle (né 1799), a écrit l'*Histoire des Deux-Restaurations*, 1844 et 1857; Louis Blanc (né 1814), l'*Histoire de Dix Ans*, 1841 ; une *Histoire de la Révolution française*, 1852-1858 ; Lamartine[1], l'*Histoire des Girondins*, 1847 ; l'*Histoire de la Révolution de 1848* (1849) ; l'*Histoire de la Restauration*, 1851-1853 ; l'*Histoire de la Turquie*, 1854, la meilleure de ses compositions historiques, parce qu'elle a été rédigée d'après des matériaux très exacts ; l'*Histoire de la Russie*, 1855, etc.

Les divers ouvrages que nous venons d'indiquer *sur la Révolution française*, ont fait oublier les *Esquisses* (1823), de Dulaure (m. 1835), auteur de l'*Histoire de Paris*, 1821, et des *Environs de Paris*, 1825 ; l'*Histoire de France de 1787 à 1825*, de Montgaillard (m. 1825) ; l'*Histoire de la Révolution française*, 1833-1836, de Tissot (m. 1854), auteur des *Études sur Virgile*, 1825-1830 ; l'*Histoire de France sous la République, le Consulat*, etc., 1839, par M. de Norvins (m. 1854) ; l'*Histoire de France sous Napoléon*, 1829-1838, par Bignon (m. 1841) ; l'*Histoire de la Révolution*, de Lacretelle le jeune (né 1766, m. 1855), qu'il ne faut pas confondre avec son frère[2], et qui se fit beaucoup de tort en modifiant ses opinions, dans les diverses éditions de ses livres, etc., etc. l'*Histoire de France au* XVIIIe *siècle* (1806), de Lacretelle le jeune, avait été accueillie avec faveur ; son *Histoire de France depuis la Restauration* (1829), son *Histoire du Consulat et de l'Empire* (1845), sont moins estimées.

Chateaubriand[3] avait formé le projet d'écrire une histoire de

[1] Voy. plus haut, p. 133 — [2] Id., p. 97. — [3] Id., p. 105.

France; ses *Études* ou *Discours historiques*, 1831, font voir clairement qu'il aurait échoué; comme dans la plupart de ses ouvrages, on y rencontre des passages d'une faiblesse extrême, à côté des pages les plus brillantes.

Daunou [1], le *Continuateur des Historiens de France*, et de l'*Histoire littéraire de la France*, commencés par les Bénédictins, nous a donné un excellent *Cours d'Études historiques*, imprimé après sa mort, 1842-1846, où il a tracé d'une main ferme les véritables règles de la méthode historique.

Nous citerons encore le *Cours d'Histoire moderne des États européens*, 1830-1834, par Schœll (m. 1833); l'*Histoire des Croisades*, 1811, 1821 et 1836, par Michaud (m. 1839); le *Tableau des Révolutions du système politique de l'Europe, depuis la fin du* XVe *siècle*, par Ancillon, (m. 1837); le *Tableau des Révolutions de l'Europe*, 1806 et 1813, de Koch (m. 1813; l'*Histoire des ducs de Bourgogne de la Maison de Valois*, 1824-1826, par M. de Barante (né 1782); son *Histoire de la Convention nationale*, 1851-1853; son *Histoire du Directoire de la République française*, 1855; le *Parlement et la Fronde*, 1859, ouvrage auquel il faut joindre l'*Histoire de la Fronde*, 1827, de Sainte-Aulaire (m. 1854) [2].

Ajoutons à cette nomenclature, l'*Histoire des Français de divers États aux cinq derniers siècles*, 1827-1844, par Monteil (m. 1850); l'*Histoire de la Réunion de la Lorraine à la France*, 1854-1859, par M. le comte d'Haussonville (né 1809); l'*Histoire des ducs de Guise*, de M. de Bouillié, 1849; l'*Histoire de la Gaule méridionale*, 1836, par Fauriel (m. 1844), qui n'a pas répondu à l'attente des érudits, etc., et les nombreux écrits de M. Capefigue (né 1802), qui, après avoir mérité les palmes académiques par son *Histoire de Philippe-Auguste*, 1829, et son *Histoire philosophique des Juifs*, 1833, a perdu peu à peu tout crédit, par

---

[1] V. p. 132. — [2] Réimprimée dans notre collection; on a publié du même auteur, en 1854, *les derniers Valois, les Guise et Henri IV*.

des publications historiques multipliées, où il soutient les thèses les plus excentriques.

Si nous recherchons les principaux travaux entrepris sur l'histoire des autres pays, nous trouvons l'*Histoire d'Espagne*, 1836 et 1846-1856, de M. Rossœuw Saint-Hilaire (né 1805); celle de M. Romey, 1836-1838, (né 1804); l'*Histoire de l'Inde*, 1828 (incomplète), de M. Marlès, le traducteur de Conde (m. 1820); l'*Histoire de la domination des Arabes en Espagne*; l'*Histoire de la Fondation de l'Empire anglais dans l'Inde*, 1841, et *l'Inde sous la domination anglaise*, 1844, par Barchou de Penhoen (m. 1855); l'*Histoire de l'Italie*, 1824, par Botta (m. 1837); celle de Cantu (né 1805); l'*Histoire* si estimée *de Venise*, 1819, par Daru (m. 1829), qui a aussi donné une *Histoire des ducs de Bretagne*, 1826; l'*Histoire de Gênes*, 1844, par E. Vincent; l'*Histoire de Russie*, 1818, de Karamsin (m. 1827), publiée en français en 1819; le *Tableau général de l'Empire ottoman*, par Mouradgea d'Ohsson (m. 1807), qui a paru en trois parties : 1787, 1804, 1821, et surtout l'*Histoire de l'Empire ottoman*, 1827 et 1835, de M. de Hammer (m. 1856), traduite en français par J.-J. Hellert, 1835-1841; l'*Histoire des Arabes*, 1854, par M. Sédillot (né 1808), qui contient un exposé complet du *Progrès des Sciences physiques et mathématiques chez les Orientaux*, etc.

L'histoire des sciences en général est admirablement résumée dans le *Cosmos* de M. Al. de Humboldt (m. 1859); on a vu dans les chapitres précédents l'indication d'écrits intéressants sur l'*Histoire de la Philosophie* et sur l'*Histoire des Littératures française et étrangère*. On peut consulter aussi les *Éloges* de Cuvier (m. 1832); de Fourier (m. 1830); d'Arago (m. 1853), qui a si bien su populariser les grandes découvertes des temps modernes.

Nous nous contenterons de mentionner ici quelques ouvrages qui ont été remarqués : L'*Histoire de la conquête de Naples par Charles d'Anjou*, 1850, de M. de Saint-Priest (m. 1851); l'*Histoire de Cromwell*, 1819, de M. Villemain [1]; l'*Histoire de la Révolu-*

tion de 1688 en Angleterre, 1825, par Mazure (m. 1828); l'*Histoire de la contre-révolution en Angleterre*, 1827, par Armand Carrel[2]; l'*Histoire de Washington et de la fondation de la République des États-Unis*, 1855, par M. C. de Witt; l'*Histoire des réfugiés protestants de France depuis la révocation de l'Édit de Nantes jusqu'à nos jours*, 1853, par M. Ch. Weiss (né 1812), qui s'était déjà fait connaître par son livre de l'*Espagne depuis le règne de Philippe II jusqu'à l'avénement des Bourbons*, 1844[3]; l'*Histoire des Expéditions maritimes des Normands au* X^e *siècle*, 1822 et 1844, par Depping (m. 1853), et auteur d'une *Histoire de la Normandie*, 1835; *Maximilien et Marguerite d'Autriche*, par M. Leglay père (né 1785); l'*Histoire des Comtes de Flandre*, 1843-1844, par M. Leglay fils (né 1814); l'*Histoire de Louis XVI*, par Droz[4]; l'*Histoire de René d'Anjou*, 1825; *de Saint Louis*, 1836, par M. de Villeneuve Trans (m. 1854); l'*Histoire de Louis XIII*, 1838, par M. Bazin (m. 1850); l'*Histoire de Frédéric le Grand*, 1830, de *Joseph II*, 1843, de *Scanderbeg*, 1855, par M. Paganel (m. 1859); l'*Histoire de Dom Pèdre*, 1843, et l'*Essai sur la Guerre sociale*, 1841, de Mérimée[5]; *Rome au siècle d'Auguste*, 1835 et 1847, par Dezobry (né 1798); *les Césars*, 1841 et 1853, par M. de Champagny (né 1804); l'*Église et l'Empire romain au* IVe *siècle*, 1856, par Albert de Broglie[6], etc.

On peut rattacher à ce chapitre les biographies des hommes célèbres et les éloges académiques; Chénier ne dit qu'un mot, en passant, des *Éloges* de Fontenelle et de Chamfort; rappelons ici les *Éloges* de Cuvier, de Fourier, d'Arago; cités à la page précédente; et dans un autre ordre de travaux, de Dacier (m. 1833); de Sylvestre de Sacy (m. 1838); de Daunou (m. 1840); de Walckenaer (m. 1852); de M. Mignet (voyez page 209), etc., etc.

---

[1] Voy. plus haut, p. 132. — [2] Id., p. 105. — [3] Cet ouvrage se trouve complété par les *Mémoires historiques sur les Bourbons d'Espagne*, 1813, de William Coxe (m. 1828); trad. par Henry. — [4] Voy. plus haut, p. 104. — [5] Id., p. 134. — [6] Id. p. 134.

Nous compléterons ce tableau des travaux historiques de notre temps, dans le volume que nous consacrons à l'*Histoire de l'Érudition française* depuis 1789.

CHAPITRE VI.

LES ROMANS.

Les plus anciens monuments de notre littérature sont des romans historiques, et même des romans en vers. Le premier de tous, le roman de Brut, fut composé au milieu du douzième siècle, sous le règne de Louis le Jeune, à la cour d'Éléonore d'Aquitaine, autrefois épouse de ce prince, alors duchesse de Normandie, et depuis reine d'Angleterre. Trente ans plus tard, sous le règne de Philippe-Auguste, fut écrit Tristan du Léonois, le plus vieux de nos romans en prose, et le plus joli des romans de la Table Ronde. A leur série très-nombreuse succédèrent, au treizième siècle, les romans des douze Pairs de France. Les Amadis, qui sont d'origine italienne ou espagnole, ne furent connus en France que longtemps après, dans le cours du seizième siècle. Des magiciens, des fées, agissent dans presque tous ces ouvrages. La féerie nous vient des Arabes; on sait que la magie est plus ancienne. Beaucoup d'autres romans historiques sont étrangers à ces divisions de bibliographie. On distingue entre eux Gérard de Nevers et le Petit Jehan de Saintré, productions aimables du règne de Charles VII, et que Tressan [1], de nos jours, a su rajeunir avec grâce. Sous le même Charles VII avaient été publiées les Cent Nouvelles de la cour de Bourgogne, ouvrage écrit sur le modèle du Décaméron de Boccace, qui fut depuis mieux imitée dans l'Hectaméron de la reine de Navarre, sœur de François Ier. Déjà venait de paraître, sous les auspices d'un cardinal, ce livre ingénieux et bizarre où le curé Rabelais, qui avait bien étudié son siècle, se fit pardonner la raison par la bouffonnerie, et la liberté par la licence. La satire Ménippée, que Rapin, Passerat et quelques autres composèrent contre les chefs de la ligue, est, quant aux formes, un roman historique où la fiction rend la vérité plus piquante et le ridicule plus saillant. Dans l'âge suivant, à l'arrivée d'Anne d'Autriche en France, la littérature espagnole influa sur nos romans comme sur notre scène. L'Astrée de d'Urfé, roman pastoral, dans le goût de la Diane de Montemayor, obtint un succès mémorable, et fut quelque temps le type favori des productions de ce genre. Les habitudes de la Fronde amenèrent une autre mode ; des princes, des généraux, combattaient et changeaient de bannière à la voix des beautés célèbres : en même temps l'amour des lettres s'était répandu à la cour. Les belles strophes de Mal-

---

[1] M. 1783.

herbe, quelques vers heureux de Racan, son élève, les premiers chefs-d'œuvre de Corneille, la pompe exagérée mais harmonieuse de Balzac, le badinage maniéré mais ingénieux de Voiture, contribuaient à l'élégance des mœurs en perfectionnant celle du langage. Il fallait peindre ce mélange de galanterie, d'héroïsme et de bel-esprit. De là, les romans de La Calprenède et ceux de mademoiselle Scudéry ; mais on travestissait à la moderne tous les héros de l'antiquité ; des sentiments factices prenaient la place des passions. Boileau le sentit, et quelques traits de ridicule firent tomber ces rapsodies ambitieuses où la nature n'était pas moins défigurée que l'histoire. Au temps même où l'on admirait Cassandre et Cléopâtre, le coryphée trop fameux du genre burlesque, Scarron, donnait son Roman comique. Des ridicules de province, des comédiens de campagne, des scènes d'auberge ou de tripot, voilà ce qu'on y trouve : les incidents, les personnages, le style, tout est ignoble et grotesque, mais tout est vrai. Le livre amuse, on le lit encore ; il restera, tant le naturel sait prêter d'agréments aux tableaux qui en paraissent le moins susceptibles. Les Nouvelles de Scarron sont aujourd'hui presque oubliées. On a remarqué toutefois, et avec justice, que le fond d'une belle scène de Tartufe est puisé dans la nouvelle qui a pour titre, *les Hippocrites*. Perrault [1] composa des contes de fées, mais ils ne sont que puérils : ceux d'Hamilton [2] sont piquants, moins pourtant que ses mémoires de Grammont

[1] M. 1703. — [2] M. 1720.

ouvrage plein de sel, et que le genre austère de l'histoire cède volontiers au genre des Romans. A cette époque brilla madame de La Fayette [1], sa Nouvelle de Zaïde est attachante, mais trop chargée d'incidents : une composition simple, un intérêt doux, un style élégant et naturel, charment dans sa Princesse de Clèves, le meilleur roman qui eût paru jusqu'alors en France. A la fin du dix-septième siècle, et pour couronner ses travaux, s'élève le chef-d'œuvre de Télémaque, livre que nous avons déjà placé à la tête des ouvrages de morale, et livre à part en toute classe, plein d'idées, d'images, de sentiments, partout modelé sur l'antique, partout respirant la poésie et la philosophie des Grecs, et qui semble écrit par Platon d'après une composition d'Homère. On voit néanmoins que le siècle de nos grands poëtes a produit peu de romans célèbres : dans l'âge suivant, la liste en est nombreuse et variée. Le Don Quichotte espagnol, traduit depuis longtemps en français, restait encore un modèle unique. Le Sage [2] fut notre Cervantes ; il déploya dans Gil Blas, et mieux que dans Turcaret même, les ressources d'un génie comique, le seul qui eût approché Molière, s'il n'eût trouvé l'abandon et l'oubli au lieu des encouragements qu'il méritait. L'abbé Prévost [3], qui serait beaucoup lu s'il n'avait trop écrit, sut inventer et émouvoir dans Cléveland, dans le Doyen de Killerine, et surtout dans Manon Lescaut. Le même écrivain nous fit connaître le beau roman de Clarisse et les autres ouvrages

[1] M. 1693. — [2] M. 1747. — [3] M. 1763

de Richardson [1]. Pour développer les pensées les plus secrètes de ses personnages, ce grand peintre de mœurs, le plus vrai qu'ait eu l'Angleterre, préférait au simple récit les formes d'une correspondance. Déjà, parmi nous, Montesquieu [2] les avait employées dans les Lettres Persanes, production importante sous une apparence frivole, où la fable d'un roman sert de cadre à la satire, où la satire est une arme invincible qui dirige la philosophie. Cette même raison supérieure, une satire moins forte et plus gaie, et tous les charmes de l'esprit le plus flexible qui fut jamais, ornent Zadig, Micromégas, le Huron, Candide, ingénieux délassements de la vieillesse de Voltaire [3]. Les premiers écrivains du siècle réunissaient des talents très-divers pour illustrer un même genre d'écrire. La Nouvelle Héloïse parut ; et si Rousseau [4] n'égala point l'auteur de Clarisse dans la composition générale et dans la peinture des caractères, il fut bien supérieur pour la richesse des détails, pour l'éloquence du style, comme aussi pour celle des passions. En seconde ligne, un peu loin de la première, se présentent Marivaux, [5] moins maniéré peut-être dans ses romans que dans ses comédies, mesdames de Tencin [6], de Graffigny [7], Riccoboni [8], qui se firent apercevoir sur les traces de madame de La Fayette ; Duclos [9] et Crébillon le fils [10], qui se plurent à peindre des mœurs dont l'existence est restée problématique ; enfin Marmontel [11], dont le Bélisaire et les Contes moraux offrent des tableaux heureux, d'utiles préceptes,

[1] M. 1761. — [2] M. 1755. — [3] M. 1778. — [4] M. 1780. — [5] M. 1763. — [6] M. 1749.— [7] M. 1758.— [8] M. 1792.— [9] M. 1772.— [10] M. 1777.— [11] M. 1799.

et le mérite d'un bon style. On a remarqué plus récemment les deux romans de Laclos [1] et de Louvet [2]. En comcomposant Numa Pompilius, Florian [3] ne fit qu'augmenter le nombre des faibles copies de Télémaque ; il fut plus heureux dans ses nouvelles, et surtout dans les pastorales d'Estelle et de Galatée. Ces compositions aimables, quoiqu'un peu froides, eurent quelque temps la vogue ; mais leur éclat pâlit bientôt devant les brillants ouvrages de M. Bernardin de Saint-Pierre [4].

Déjà, par les études de la Nature, cet excellent écrivain s'était acquis une renommée légitime ; elle s'est beaucoup augmentée lorsqu'il a publié *Paul et Virginie et la Chaumière indienne*. Le premier de ces romans est un peu antérieur à l'époque où remontent nos observavations : si nous en parlons ici, c'est uniquement pour rappeler le prodigieux succès qu'il obtint, et qu'il a toujours conservé. C'est peu d'avoir protégé sur nos théâtres lyriques deux copies trop peu dignes de leur modèle ; il a franchi les bornes de la France ; et partout il a réussi, car il a su partout émouvoir. L'intérêt d'une fable charmante a réchauffé la tiédeur des traductions ; mais quel traducteur a pu rendre la couleur et la mélodie d'un pareil style ? La Chaumière indienne a paru trois ans après : ce petit livre honore et embellit les temps dont nous écrivons l'histoire littéraire ; il unit des vues philosophiques à tous les genres de mérite qui distinguent Paul et Virginie : il respire une raison aimable qui sent avec dé-

---

[1] M. 1803. — [2] M. 1797. — [3] M. 1794. — [4] M. 1814.

licatesse, plaisante avec grâce, sourit même en s'attendrissant, ne prêche pas, mais persuade, et, toujours ferme avec douceur, reste inaccessible aux préjugés. Comme l'auteur peint tout ce dont il parle, Bénarès et les bords du Gange, et le temple de Jagrenat, si respecté des peuples de l'Inde ! Comme il fait sentir le respect des Brames pour les Brames, et leur mépris pour le genre humain ! Comme il met bien en contraste l'orgueil ignorant d'un grand-prêtre et la modestie éclairée d'un paria ! Comme il est simple avec élégance, soit dans le récit des amours du paria, soit dans le tableau des divers aspects que présente, au milieu de la nuit, l'intérieur à demi silencieux d'une grande ville, soit dans le tableau plus doux d'une humble famille, heureuse sous le toit qui la couvre, au sein du champ qui suffit pour la nourrir ! Il n'enfle point sa diction de ces épithètes descriptives tant prodiguées par ceux qui ne font que dénaturer la prose, en voulant y introduire ce qu'ils appellent de la poésie. Averti par une oreille délicate et savante, il ne confond pas non plus l'harmonie indépendante qui sied au langage ordinaire avec le rhythme poétique. Vous ne rencontrez pas, en le lisant, des vers de toute mesure, accumulés et marchant de suite, ce qu'ont affecté plusieurs écrivains modernes, entre autres Marmontel dans ses Incas, mais ce qu'ont toujours évité nos classiques, surtout ceux qui écrivaient également bien en vers et en prose, et qui sont restés doublement modèles. Le talent de M. Bernardin de Saint-Pierre se trouve dans son *Voyage en Silésie*, opuscule agréable, et dont il a orné l'une de nos séances publiques; il se retrouve encore dans les *Arcades*, joli roman que l'auteur aurait dû finir. Il éclate avec pompe dans les belles pages de morale, et dans les magnifiques descriptions de ses Etudes de la Nature ; mais, parmi ses ouvrages, Paul et Virginie et la Chaumière indienne touchent de près à la perfection continue, et doivent être placés, sans aucun doute, au rang des chefs-d'œuvre de la langue. A le considérer en général, harmonieux et pittoresque, habile à choisir et à placer les mots, les sons, les images, à saisir l'expression la plus vraie du sentiment le plus intime, à s'élever et à descendre avec la nature et comme elle, il se rapproche de Fénelon et de J.-J. Rousseau. Formé par ces grands écrivains, sans les imiter, il les rappelle; il est de la même école, ou plutôt de la même famille, on sent que leur génie est parent du sien.

Le petit roman d'*Atala*, par M. de Chateaubriand [1], est du commencement de ce siècle : il a fait du bruit; il est singulier pour la conception, pour la marche et pour le style; il exige donc un article détaillé. Un sauvage américain, de la nation des Natchès, a quitté son pays pour venir en France. Après avoir été *galérien à Marseille*, il s'est transporté *à la cour de Louis XIV; il y a vu les tragédies de Racine; il a été l'hôte de Fénelon*. De retour en Amérique, il y vieillit tranquille, et c'est à l'âge de soixante et treize ans qu'il raconte une aventure de sa jeunesse à René, l'Européen

---

[1] Voyez plus haut, p. 105.

qui vient s'établir chez les sauvages. Or, voici cette aventure en substance. Chactas, *fils d'Outalissi, fils de Miscou*, étant pris par Sinaghan, *chef des Muscogulges et des Siminoles*, est reconnu pour Natché. Sinaghan lui dit : *Réjouis-toi, tu seras brûlé au grand village* : à quoi il répond : *Voilà qui va bien.* Son âge et sa figure intéressent les femmes ; elles lui apportent *de la sagamite, des jambons d'ours et des peaux de castor.* Il distingue une jeune chrétienne, qu'il prend d'abord pour *la vierge des dernières amours ;* il sait bientôt que c'est Atala, *fille de Sinaghan aux bracelets d'or. Nous nous rendons*, lui dit-elle, *à Apalachucla, où tu seras brûlé.* Elle revient lui parler tous les soirs : elle était dans son cœur *comme le souvenir de la couche de ses pères. Au temps où l'éphémère sort des eaux, lorsqu'on entrait sur la grande savane Alachua*, Atala trouve moyen d'être seule avec le prisonnier ; mais, par une étrange contradiction, Chactas, *qui désirait tant de dire les choses du mystère à celle qu'il aimait déjà comme le soleil*, voudrait maintenant *se jeter aux crocodiles de la fontaine*, plutôt que de rester *seul avec elle.* La *fille du désert* n'était pas moins *troublée* que lui : car *les génies de l'amour avaient dérobé les paroles* de Chactas et d'Atala. Chactas hésite à fuir, attendu qu'il *est sans patrie, et qu'aucun ami ne mettra un peu d'herbe sur son corps pour le garantir des mouches.* Atala devient fort tendre ; mais elle est bientôt plus sévère, Chactas, désespéré, lui déclare qu'il ne fuira point, et *qu'elle le verra dans le cadre de feu.* A cette menace, Atala veut à son tour *se jeter aux crocodiles de la fontaine ;* elle s'en abstient toutefois. Le lendemain, *la fille du pays des palmiers* conduit Chactas dans une forêt, où il contraint *cette biche altérée d'errer avec lui,* pendant que *le génie des airs secoue sa chevelure bleue, embaumée de la senteur des pins.* Déjà Chactas emportait Atala *au fond de toutes les forêts ; rien ne pouvait la sauver qu'un miracle,* et ce miracle fut fait ; elle dit un *Ave Maria :* des guerriers reprennent Chactas. Atala dédaigne de leur parler : *car elle ressemblait à une reine pour l'orgueil de la démarche et de la pensée.* Cinq nuits s'écoulent : enfin *l'on aperçoit Apalachucla, situé aux bords de la rivière Chatauché.* On pare Chactas pour le sacrifice ; *on lui met à la main une chichikoué.* Le conseil s'assemble, et décide, malgré les réclamations de quelques femmes, que Chactas sera brûlé conformément à l'ancien usage Des jeux funèbres sont célébrés. *Le jongleur invoque Michablou,* et raconte, entre autres belles choses, *les guerres du grand lièvre contre Matchimanitou,* génie du mal. Cependant le supplice de Chactas est remis au lendemain ; mais durant la nuit, *une grande figure blanche* rompt les liens du captif ; un des soldats croit voir *l'esprit des ruines :* c'est Atala ; Chactas fuit avec sa libératrice, *qui lui brode des mocassines de peau de rat musqué avec du poil de porc-épic.* Elle lui apprend de plus que sa mère étant mariée à Sinaghan, lui dit : *Mon ventre a conçu, j'ai connu un homme de la chair blanche :* à quoi Sinaghan, qui est très-*magnanime,* répondit : *Puisque tu as été sincère, je ne te couperai pas le nez et les oreilles.* Or, cet homme de la chair blanche se nommait *Lopès :* c'est le père d'Atala, c'est aussi le père de Chactas. Tous deux se félicitent d'être frère et sœur : Chactas n'en est que plus ardent; la chrétienne et pieuse Atala, loin d'être effarouchée de ce changement d'état, *n'opposait plus qu'une faible résistance;* mais un orage survient à propos, et les amants sont rencontrés par le père Aubry et son chien. Ce père Aubry est un missionnaire qui habite au milieu de quelques sauvages convertis par ses prédications : il est le *chef de la prière,* il est aussi l'*homme des anciens jours,* il est de plus le *vieux génie de la montagne,* il est encore le *serviteur du grand esprit,* il n'en est pas moins l'*homme du rocher.* Il emmène chez lui Chactas et Atala, leur donne à souper, à coucher, et le lendemain leur dit la messe : de quoi Chactas est fort ému, quoiqu'il juge à propos de rester païen. Quelques jours s'écoulent à peine, lorsqu'il survient une catastrophe assurément très-imprévue. Atala, d'après un ancien vœu de sa mère, se croit condamnée à rester vierge; en conséquence elle s'empoisonne. Le père Aubry eût tout arrangé, s'il eût été informé à temps, comme il a soin de l'observer lui-même. Faute de cette précaution, il ne peut que confesser Atala mourante, *qui voit avec joie sa virginité dévorer sa vie.* Elle regrette pourtant de n'être point à Chactas. Quelquefois j'aurais voulu, lui dit-elle, *que la divinité se fût anéantie, pourvu que, serrée dans tes bras, j'eusse roulé d'abîme en abîme avec les débris de Dieu et du monde.* Le récit des funérailles vient ensuite; enfin l'auteur se met lui-même en scène, dans ce qu'il nomme un épilogue. Il trouve cette histoire parfaitement belle : car le *Siminole* qui la lui conta *y mit la fleur du désert et la grâce de la cabane*. Il est temps de s'arrêter : nous ne voulons pas déterminer avec une justesse rigoureuse le genre d'imagination dont cet ouvrage offre les symptômes ; mais nous avons peine à concevoir ce qu'il peut y avoir de moral dans un amour charnel et sauvage, auquel la religion vient mêler des sacrements très-graves dont le mariage ne fait point partie ; quel intérêt peut résulter d'une fable incohérente, où des événements qui restent vulgaires en dépit des formes les plus bizarres, ne sont ni amenés, ni motivés, ni liés entre eux, ni suspendus par aucun obstacle. Quant aux détails, on y sent l'affectation marquée d'imiter l'auteur de Paul et Virginie ; mais, pour lui ressembler, il faudrait, comme lui, décrire et peindre. Ces noms accumulés de fleuves, d'animaux, d'arbres, de plantes, ne sont pas des descriptions ; des couleurs jetées pêle-mêle ne forment pas des tableaux. M. de Chateaubriand suit la poétique extraordinaire qu'il a développée dans son *Génie du christianisme*. Un jour, sans doute, on pourra juger ses compositions et son style d'après les principes de cette poétique nouvelle, qui ne saurait manquer d'être adoptée en France du moment qu'on y sera convenu d'oublier complétement la langue et les ouvrages des classiques [1].

[1] Voyez plus haut, p. 105. Chateaubriand ne devait pas pardonner à Chénier ce jugement sévère ; devenu son successeur à l'Académie française, il ne l'épargna guère dans son discours de réception. — Chateaubriand a racheté quelques-uns de ses défauts dans les *Natchez* et dans *le dernier des Abencerrages*, publiés en 1826 avec ses OEuvres complètes. Ses *Mémoires d'outre-tombe*, 1849-1850, lui ont fait peu d'honneur! Parmi les écrivains qui ont cherché à imiter Cha-

De toutes les dames françaises qui ont cultivé la littérature, celle qui a produit le plus d'ouvrages, c'est assurément madame de Genlis[1]. Avant la révolution, nous lui devions déjà quinze volumes ; elle en a donné plus de vingt depuis cette époque. La plupart contiennent des romans qui sont estimables dans quelques parties, mais défectueux à plusieurs égards. On n'écrit pas toujours bien quand on veut toujours écrire : l'esprit et l'imagination ne sont pas constamment aux ordres de ceux même qui en ont le plus. Ainsi, dans *les Vœux téméraires*, les vertus de lady Clarendon, ses chagrins, le déchaînement de ses alliés, les froideurs de son époux longtemps abusé, la justice éclatante qu'il lui rend avant de mourir, le serment qu'elle grave sur le tombeau de cet époux chéri, produisent d'assez grands effets. L'intérêt se soutient encore au milieu des calomnies qu'occasionne le séjour de l'héroïne en France ; mais il se ralentit par de nouvelles amours, et s'anéantit par un dénoûment aussi triste que péniblement amené. Dans *Alphonsine*, on est touché des malheurs de Diana, plongée au fond d'un souterrain, où elle fait naître, conserve et élève une fille adorée. On excuse d'assez fortes invraisemblances rachetées par une émotion continue, mais l'émotion cesse quand Diana n'est plus captive ; un nouveau roman commence et se traîne longuement, sans exciter même la curiosité du lecteur.

teaubriand, il faut mettre au premier rang de Salvandy (m. 1856 : *Alonzo* ou l'Espagne, 1823), de Marchangy (m. 1826 : la *Gaule poétique*, 1813, *Tristan le voyageur*, 1825); D'Arlincourt (m. 1856 : *le Solitaire*, 1821), qui eut une vogue singulière et qu'on ne lit pas plus aujourd'hui que les autres romans du même auteur. — [1] Née 1746, m. 1830.

Dans *les Mères rivales*, la marquise d'Erneville offre sans doute un beau caractère. Mais, sans rappeler des tracasseries provinciales qui tiennent beaucoup d'espace et procurent peu d'amusement, que dire de mademoiselle de Rosmond? Elle n'est point vicieuse, au moins dans l'intention de l'auteur, et pourtant facile à l'exès pour un homme qu'elle n'a jamais vu, et qu'elle ne saurait épouser, puisqu'il est marié : elle envoie secrètement le fruit de sa faiblesse, à qui? à l'épouse même de son amant! Pour jouir injustement d'une renommée sans tache, elle fait planer, durant dix-huit ans, sur cette épouse vertueuse, un soupçon que tout confirme, et au bout de dix-huit ans elle en est quitte pour se faire religieuse, après un aveu tardif qui ne rend point à sa victime une jeunesse noyée de larmes, privée du bonheur domestique, incessamment tourmentée par le désolant contraste d'une conduite irréprochable et d'une réputation flétrie. Nous ne déciderons point si cette fois la dévotion peut compenser l'immoralité. Quant au faible ouvrage qui a pour titre *Alphonse* ou *le Fils naturel*, nous y louerons la tendresse courageuse et passionnée d'une mère, afin d'y pouvoir louer quelque chose. En peignant de nouveau *Bélisaire*, madame de Genlis a tiré de l'histoire plusieurs beaux traits du Vandale Gélimer, qu'elle a rendu plus brillant que son personnage principal; mais, on est obligé de l'avouer, soit pour la composition, soit pour les détails, soit pour la couleur et l'harmonie du style, la supériorité de l'ancien Bélisaire est très-marquée, surtout dans ce quinzième chapitre qui valut jadis à Marmontel des anathèmes frivoles, d'éphémères censures, et des éloges que ratifiera la postérité. Dans *les Chevaliers du Cygne,* on aime assez Olivier, son ami fidèle Ysambart, la tendre et douce Béatrix, duchesse de Clèves; mais le caractère et les aventures cyniques d'Armflède, princesse du sang de Charlemagne, repoussent tout lecteur qui a quelque respect pour les dames, pour la décence et pour le goût. La jeune Clara, le père Arsène, ont de l'éclat dans *le Siége de La Rochelle,* mais on est surpris que le fameux commandant Lanoue soit resté dans l'ombre; on n'est guère moins étonné d'entrevoir à peine le cardinal de Richelieu, à qui toutefois l'auteur accorde un cœur généreux et sensible, éloge étrange pour un tel ministre, et le seul qui fut resté neuf après tous les discours prononcés à l'Académie française par les récipiendaires et les directeurs, durant l'espace de cent cinquante ans. Il y a du beau dans le roman sur *Madame de la Vallière,* au moins ce qui fut dit textuellement par l'héroïne; mais tout en louant Louis XIV sans mesure, l'auteur le représente comme un égoïste, tour à tour ardent ou glacé, forçant un cloître pour arracher à Dieu la maîtresse qu'il aime encore, et trop pieux pour lui disputer la maîtresse qu'il n'aime plus. Le sujet de *Madame de Maintenon* pouvait être traité de plus d'une manière; l'auteur a choisi le genre sérieux. La visite de Madame de Montespan, sur le déclin de sa faveur, à madame de la Vallière, déjà religieuse aux Carmélites, offre une scène très-imposante. Sans être de la même force, d'autres détails sont remarquables; mais, pour nous faire croire à la candeur de madame de Maintenon, il fallait la peindre autrement : elle ne parle qu'aux faiblesses du monarque; soit qu'elle le flatte, soit qu'elle le gronde, tout semble manége et calcul ; et, quoique tant célébré, Louis XIV paraît un vieillard dévot et blasé que subjugue avec art sa vieille gouvernante. Un roman fort joli d'un bout à l'autre, c'est *Mademoiselle de Clermont ;* la brièveté en est le moindre mérite. Les caractères de la princesse, de son frère M. le duc, et de son amant le duc de Melun, sont tracés avec une vérité charmante. Là, ni incidents recherchés, ni déclamations prétendues religieuses : action simple, style naturel, narration animée, intérêt toujours croissant, voilà ce qu'on y trouve. On croirait lire un ouvrage posthume de madame de La Fayette; et s'il nous a été pénible, dans cet article, d'avoir à multiplier les critiques, il nous est doux de le terminer par cette louange.

Madame Cottin[1] s'est acquis une réputation méritée. Son coup d'essai, *Claire d'Albe,* ne donnait toutefois que de médiocres espérances : la fable en est vulgaire et mal tissue; les détails n'en sont point heureux ; on rencontre même, dans les lettres d'une certaine Élise, plusieurs traits inintelligibles pour le lecteur et pour l'auteur : c'est ce que Boileau nommait si bien du galimatias double. De Claire d'Albe à *Malvina* le progrès a lieu d'étonner, non que ce second ouvrage soit à beaucoup près exempt de défauts. M. Prior y paraît fort déplacé, quoiqu'il serve à l'action. Un prêtre catholique des mœurs

---

[1] Née 1773, m. 1807.

les plus graves, mais qui, malgré sa piété, s'avise d'être amoureux et de se battre au pistolet avec son rival, est un personnage inadmissible. Edmond, tout passionné, tout brillant qu'il est, Edmond lui-même laisse quelque chose à désirer. Il n'en est pas ainsi de Malvina; c'est à tous égards un des plus beaux caractères que puissent offrir les romans modernes. Depuis l'inoculation de l'amour dans la Nouvelle Héloïse, il n'est point de situation mieux conçue, mieux développée, plus pathétique en tous ses détails, que celle de Malvina s'introduisant déguisée dans le château d'une famille qui la persécute, y devenant la garde-malade d'Edmond, son amant; et là, muette, impénétrable autant qu'active et vigilante, l'arrachant à force de soins à la mort qui semblait déjà le saisir. On n'est pas moins attendri en lisant *Amélie Mansfield*. Ce qui concerne le premier époux d'Amélie est, à la vérité, peu attachant; mais c'est comme l'avant-scène du drame, et dès qu'Ernest a paru, les émotions se succèdent avec un progrès rapide, jusqu'au jour où les deux amants sont renfermés dans le même cercueil. On les aime et on les regrette; on plaint avec effroi madame de Woldmar, mère d'Ernest et très-digne baronne allemande, qui laisse mourir de chagrin son propre fils unique, de peur qu'il n'épouse Amélie, fille d'une haute naissance, mais veuve d'un mari qui avait le malheur de n'être pas né baron allemand. C'est avec beaucoup de force que l'auteur a peint cet orgueil barbare qui ne cesse d'être inflexible que par des maux irréparables, et se borne à gémir en vain sur les tombeaux qu'il a creusés. Le courage et la piété filiale de la jeune Élisabeth Potoski charment dans les *Exilés de Sibérie,* et les détails de ce petit roman historique respirent une simplicité touchante. Quant à *la Prise de Jéricho,* dont nous avons déjà parlé à l'occasion des Mélanges de littérateure de M. Suard, nous n'en dirons ici qu'un mot; c'est un mauvais ouvrage dans un mauvais genre, un poëme qui n'est point en vers. Les prétendues aventures de la Juive Raab sont moins embellies que défigurées par un langage hermaphrodite qui se sépare de la prose sans pouvoir atteindre à la poésie. Ces formes lourdes et guindées nous semblent aussi déparer les commencements de *Mathilde,* roman dont l'action se passe à la fin du douzième siècle, durant la croisade de Philippe-Auguste et de Richard-Cœur-de-Lion; mais bientôt l'auteur s'échauffe avec son sujet, la diction devient naturelle : alors l'intérêt commence, et quelquefois il acquiert une haute énergie. Philippe ne paraît qu'un moment; Richard n'occupe guère plus d'espace; Lusignan, roi de Jérusalem, est fort maltraité; Montmorency a beaucoup d'éclat; Saladin, sans être méconnaissable, est inférieur à sa renommée; pour son frère, Malek-Adhel, c'est le personnage d'élite; il est bon, généreux, tendre, passionné, vaillant, invincible; il unit au plus haut degré toutes les qualités aimables et toutes les vertus chevaleresques. Mathilde, sœur de Richard, est digne du héros musulman ; son amour pour Malek-Adhel est gradué, motivé avec art : on est fortement ému, soit lorsque, seule avec lui au milieu de l'ouragan du désert, elle attend la mort qui les menace, soit lorsqu'elle accourt sur un champ de bataille devenu l'autel, le lit nuptial et le tombeau de son amant, qui expire en invoquant le dieu de Mathilde. En général, les effets tragiques dominent dans les productions de madame Cottin. Hors des scènes de passion, son style se traîne, et l'on voit qu'elle ne connaît point assez l'art d'écrire ; mais elle fut douée d'une sensibilité rare : elle sait peindre l'amour, surtout l'amour entouré de malheurs ; elle ne prêche ni ne régente, et dans chacun de ses bons romans l'héroïne est aussi tendre qu'aimable ; elle établit et soutient bien un caractère qu'elle affectionne, elle compose enfin sans timidité, mais sans audace, et l'on doit regretter cette dame, enlevée à la littérature dans un âge où son talent, déjà très-remarquable, pouvait encore se perfectionner.

Les romans de madame de Flahault, aujourd'hui madame de Souza, se distinguent par une grâce qui leur est particulière. Dans *Adèle de Sénange*, rien de mieux dessiné que les trois principaux personnages, Adèle, le lord Sydenham, et le marquis de Sénange, modèle d'un vieillard aimable et d'un excellent mari. Dans *Émilie et Alphonse*, l'auteur peint avec vérité les grands airs du duc de Candale ; mais si ce brillant homme de cour inspire fort peu d'intérêt, on en prend beaucoup en récompense aux chagrins de sa jeune épouse, et même au sort de l'Espagnol Alphonse, malgré la bizarrerie de son

---

[1] Née 1760, m. 1836 ; a donné en 1823 la *Comtesse de Fargy*.

caractère et de ses tragiques aventures ; ces deux romans sont rédigés en forme de lettres. *Charles et Marie*, ainsi qu'*Eugène de Rothelin*, ont la forme simple et rapide d'un journal écrit à la hâte, à mesure que les événements s'écoulent. Tout plaît dans Charles et Marie, les vertus de la bonne lady Seymour, la sensibilité ingénue de Marie, sa troisième fille, la tendresse passionnée de Charles Lenox, et même l'égarement de Philippe, qui a confondu avec l'amour la douce amitié de Marie. Un père, ami intime et confident de son fils, un fils non moins dévoué à son père qu'à sa maîtresse, l'esprit supérieur de la maréchale d'Estouteville, et encore plus le charme infini de sa petite-fille Athénaïs, embellissent Eugène de Rothelin. C'est, à notre avis, après Adèle de Sénange, le meilleur ouvrage de madame de Flahault, si pourtant il faut choisir entre des productions presque également agréables. Ces jolis romans n'offrent pas, il est vrai, le développement des grandes passions : on n'y doit pas chercher non plus l'étude approfondie des travers de l'espèce humaine ; on est sûr au moins d'y trouver partout des aperçus très-fins sur la société, des tableaux vrais et bien terminés, un style orné avec mesure, la correction d'un bon livre et l'aisance d'une conversation fleurie, l'usage du monde, mais cet usage exquis et rare qui observe et ne s'exagère point les convenances ; des sentiments délicats, des tours ingénieux, des expressions choisies, l'esprit qui ne dit rien de vulgaire, et le goût qui ne dit rien de trop.

Nous avons eu déjà plus d'une occasion de rendre

hommage aux talents de madame de Staël[1], mais c'est dans le genre des romans qu'ils se sont déployés avec le plus d'avantage. *Delphine* et *Corinne* sont deux productions brillantes ; toutefois, en leur payant un juste tribut d'éloges, nous estimons trop l'auteur pour dissimuler de justes critiques. Nous commençons par Delphine. Il est dangereux d'attribuer à des personnages que l'on met en scène tous les genres de supériorité : c'est beaucoup promettre, et du moins faut-il être sûr de tenir parole. Léonce est au juste le premier homme qui existe ; Delphine est précisément la première des femmes possibles, et c'est une chose tellement convenue, qu'euxmêmes l'avouent de fort bonne grâce, l'un pour l'autre et chacun pour soi. Nous sommes bien fâchés de ne pouvoir adopter sur Léonce, ni son avis, ni celui de Delphine ; mais, en conscience, il n'y a d'extraordinaire en lui que son amour-propre et son imperturbable personnalité. Il se résigne à tous les sacrifices qu'on lui prodigue ; mais il s'abstient d'en faire, tant il se respecte. Tremblant devant les caquets qu'il appelle l'opinion, il se fâche quand Delphine est compromise, et c'est lui qui la compromet sans cesse. Abusé par des calomnies, il ne l'a point voulue pour épouse ; désabusé, il la veut pour concubine. Bien plus, dans l'église où il vient de voir une victime de l'amour s'arracher au monde pour expier sa faiblesse, dans cette même église, où jadis il forma, devant Delphine au désespoir, un lien qui subsiste

---

[1] Voy. plus haut, p. 76.

encore, il s'efforce d'arracher à celle dont il a causé l'infortune tout ce qu'il lui a laissé, l'honneur et le droit de ne point rougir. Delphine est aussi vaine que Léonce, mais elle est du moins spirituelle et généreuse; elle réfléchit peu sur sa conduite, mais sa bonté va plus loin que son imprudence, qui toutefois est excessive : elle comble de bienfaits sa rivale. Cette rivale meurt, Léonce est libre. Épousera-t-il Delphine? Non; ce n'est pas à quoi il songe. C'est le temps de notre révolution : la guerre vient d'éclater, les ennemis sont à Verdun; Léonce les joint, afin de punir les Français, qui ont changé de gouvernement sans sa permission. Par malheur il est pris les armes à la main : c'est son premier et unique exploit. Après d'inutiles efforts pour lui sauver la vie, Delphine lui donne la sienne. Dans la prison, sur le char funèbre, au lieu du supplice, elle l'accompagne, l'exhorte et meurt avec lui. Ce dénoûment est trop fort pour être pathétique, mais la nullité de Léonce, qui n'est à tous égards qu'un héros passif, relève le courage actif et sans bornes de la véritable héroïne. Autour de cette figure principale sont habilement groupés d'autres personnages. L'auteur peint avec des couleurs aussi vives que variées cet égoïsme adroit et caressant, science de vivre de madame de Vermont, le sec bigotisme de sa fille, épouse de Léonce; la dévotion pleine d'amour de Thérèse d'Ervins; la sagesse modeste de mademoiselle d'Albémar, et la raison ferme de Lebensey. Dans chaque lettre, à chaque page, on trouve des idées fines ou profondes, mais nous ne saurions admettre le principe qui sert de base à tout l'ouvrage. Non, l'homme ne doit point braver l'opinion, la femme ne doit point s'y soumettre; tous deux doivent l'examiner, se soumettre à l'opinion légitime, braver l'opinion corrompue. Le bien, le mal, sont invariables : les convenances qui assujettissent les deux sexes diffèrent entre elles, comme les fonctions que la nature assigne à chacun des deux, mais la nature ne condamne pas l'un au scandale et l'autre à l'hypocrisie; elle leur donna la vertu pour les inspirer, la raison pour guider la vertu, et toutes les convenances s'arrêtent devant ces limites éternelles.

L'ensemble de Corinne est imposant, et dans ce livre un sel défaut nous paraît sensible. L'auteur y exige encore une admiration respectueuse, un culte même pour les deux principaux personnages. On ne doit comparer aucune femme à Corinne, aucun homme à Oswald. L'incomparable Oswald n'est pourtant ni moins égoïste, ni moins borné que l'incomparable Léonce. Lucile Edgermond, jeune Anglaise qui devient l'épouse d'Oswald, vaut beaucoup mieux que son froid compatriote; mais elle fixe rarement l'attention. Le prince de Castel-Forte, le comte d'Erfeuil, l'un Italien, l'autre Français, tous deux remarquables par des nuances bien saisies, ne sont pourtant que des personnages accessoires; Corinne seule anime tout le tableau : elle émeut, entraîne, subjugue; c'est Delphine encore, mais perfectionnée, mais indépendante, laissant à ses facultés un plein essor, exprimant, comme elle les éprouve, les sentiments qui la dominent; et toujours doublement inspirée par le talent et par l'amour. L'action est simple, ce qui est partout un mérite, mais ici plus qu'ailleurs, puisque l'objet principal est la description de l'Italie : et quelle description passionnée ! Au milieu des cités pompeuses et des opulents paysages, c'est pour Oswald que son amante se plaît à célébrer cette contrée deux fois classique, et longtemps peuplée de héros, où l'héritage du génie des Grecs fut recueilli par la victoire, et qui depuis retira l'Europe des longues ténèbres du moyen âge. C'est avec lui qu'elle se promène entre les prodiges antiques et les prodiges modernes, près de ces monuments debout encore, mais dont la grandeur égale à peine les débris des monuments renversés, dans ces palais, dans ces temples, qui étalent les chefs-d'œuvre de la peinture et retentissent des chefs-d'œuvre de l'harmonie, et sous le plus beau ciel du monde, pour enflammer l'imagination, de tous côtés viennent s'unir à la puissance des arts la majesté d'une gloire lointaine, l'inspiration des souvenirs et l'éloquence des tombeaux. Ce n'est pas une idée vulgaire que celle de lier tous ces grands objets aux situations d'une âme ardente et mobile. Ainsi les couleurs sont variées : leur éclat éblouit d'abord, lorsque, triomphante au Capitole, heureuse d'un amour naissant et partagé, Corinne, enchantée du présent, sourit aux promesses de l'avenir. Bientôt les teintes pâlissent en même temps que son bonheur, mais leur mélancolie les rend plus douces, et, quand elle a perdu jusqu'à l'espoir, c'est encore avec un charme nouveau qu'elle reproduit les mêmes images, rembrunies de sa douleur et des pressentiments de sa mort prochaine.

Il y a beaucoup de mérite dans le roman de Delphine : à notre avis, toutefois, Corinne a moins de défauts, plus de beautés, et des beautés d'un plus grand ordre. Sans doute, on peut reprocher à ces deux ouvrages quelques pensées qui ne soutiendraient pas l'examen, quelques expressions plutôt cherchées que trouvées. Mais qu'importent ces taches légères? Tous deux sont riches de détails, tous deux sont étincelants de traits ingénieux ou diversement énergiques, et garantissent à madame de Staël un rang parmi les écrivains qui font aujourd'hui le plus d'honneur à la littérature française.

Quelques ouvrages moins généralement connus que ceux dont nous venons de parler, n'ont pourtant pas échappé à l'attention publique. De ce nombre est le petit roman de *Primerose,* par M. Morel de Vindé [1] : les aventures de Primerose, fille du comte de Beaucaire, et de son amant de Gérardet, fils du duc de Valence, y sont racontées avec agrément. Le duc Gérard, qui veut toujours ménager des surprises, offre un caractère plaisant et vrai ; du fonds même de ce caractère naît un dénoûment très-bien filé. La composition est faible, mais amusante, et le style n'est pas dépourvu de grâces. *Le Nègre comme il y a peu de Blancs,* roman de M. de Lavallée [2], offre une action plus étendue et des personnages plus intéressants : Itanoko, par exemple, et la jeune Amélie, parmi les noirs ; parmi les blancs, Germance et son amante Honorine. L'auteur semble persuadé qu'il est possible à un

---

[1] Né 1750, m. 1842. — [2] M. 1861.

nègre d'avoir des vertus, et que l'esclavage des noirs n'est pas tout à fait de droit divin. Ces deux opinions, propagées dans le dernier siècle, sont maintenant réfutées sans cesse en des journaux qui seront peut être immortels : il convient d'observer entre eux et la raison une neutralité prudente, mais sans négliger de rendre justice au talent et aux intentions philantropiques de M. de Lavallée. Ses Lettres d'un Mameluck encourent un reproche qu'avaient déjà mérité les Lettres turques de Saint-Foix et plusieurs productions semblables, celui d'oser rappeler les formes d'un chef-d'œuvre inimitable de Montesquieu. Mais, quoi qu'à distance respectueuse des Persans Usbek et Rica, le Mameluck Giesid n'en montre pas moins beaucoup de gaîté, de sens et d'esprit. Il est fâcheux que l'inépuisable M. Pigault-Lebrun [1] ne sache point se borner; souvent il compile, souvent il n'invente que trop. Cependant nous distinguerons, dans la longue liste de ses ouvrages *la Folie espagnole; mon Oncle Thomas, M. Botte, l'Enfant du Carnaval*, et surtout *les Barons de Felsheim*. Il est aisé d'y blâmer de nombreux écarts, une imagination vagabonde, et qui risque tout, jusqu'au cynisme, mais il serait injuste de n'y pas louer des traits piquants, des boutades heureuses et des scènes d'un comique original. Dans *les Quatre Espagnols* de M. Montjoye [2], le caractère de l'ambassadeur Massaréna est assez fortement tracé, la tendre amitié de son fils don Carlos et du jeune Fernand est peinte aussi d'une manière touchante. *Le Manuscrit*

---

[1] Né 1753, m. 1835; Pigault-Lebrun a publié une *Histoire de France à l'usage des gens du monde*, 1823-1828. — [2] Né 1756, m. 1816.

trouvé au mont Pausilippe, autre roman du même auteur, ne vaut pas les Quatre Espagnols; on y remarque toutefois le vieux jésuite Mendoza, personnage aimable et moral, savant distrait, mais ami attentif, et Gusman, scélérat dévot, qui figure très-bien dans la procession des flagellants, pour plaire à la petite comédienne Minirella, sa maîtresse. Au reste, c'est par l'intérêt de curiosité que se soutiennent les romans de M. de Montjoye, car la diction en est traînante et la composition chargée d'incidents. Mais il est plus d'un public, et celui qui, en ce genre d'écrire comme en tout autre, a besoin de trouver un plan sage embelli par les richesses du style, est assurément le moins nombreux.

Nous fâcherons peut-être ces lecteurs difficiles, en faisant ici mention des romans de M. Fiévée[1], le même qui, durant la révolution, donna sur de petits théâtres de petits drames qu'il croyait philosophiques, et depuis a publié de petites brochures dans un sens tout à fait contraire, apparemment pour se réfuter, ce qui paraissait inutile. Eh! comment passer sous silence *la Dot de Suzette* et *Frédéric*, lorsqu'en ses modestes préfaces, l'auteur de ces deux romans affirme que le premier jouit d'un prodigieux succès, et croit voir dans le second des signes d'une immortalité probable! Sans vouloir partager la responsabilité de ses opinions sur ce point, nous croyons que la Dot de Suzette n'est pas dépourvue d'agréments. Le caractère aimable de la jeune villageoise

[1] Né 1767, m. 1839; rédacteur du *Journal des Débats*. M. Fiévée a publié une *Histoire des sessions de la Chambre des députés*, 1815-1820.

mariée par madame de Senneterre, sa modération dans l'état d'opulence où son mari est parvenu, sa respectueuse reconnaissance envers sa bienfaitrice tombée dans l'adversité, réchauffent des aventures assez froides et terminées par un dénoûment aussi facile à prévoir qu'il est brusquement amené : du reste, rien de plus mince que les détails. L'auteur essaie bien de jeter quelques ridicules sur les mœurs des nouveaux Turcarets, et certes la matière est riche ; mais, comme toute autre, elle n'est riche que pour le talent. On parle de religion dans Frédéric, on y parle même de morale. Or, voici le fond de l'ouvrage : la baronne Spouasi, satisfaite du zèle et de la discrétion de Philippe, son valet de chambre, a jugé à propos d'en faire son amant. Philippe ne cesse pas d'être au service ; il cumule seulement les deux fonctions. De ce commerce noble et légitime, un fils naturel est survenu : c'est Frédéric. Il est élevé par son père, qui lui forme l'esprit et le cœur, lui donne des conseils profonds pour réussir en bonne compagnie, et lui révèle enfin sa naissance. La baronne imite cet exemple, et bientôt *meurt comme une sainte* : ce sont les termes de l'auteur. Qu'il nous soit permis de borner là notre analyse, sans faire connaître les relations intimes de Frédéric avec une madame de Vignoral, avec une madame de Valmont, ni même avec une Adèle, qu'il finit par épouser. Ce roman est fort inégal : la classe distinguée n'y parle guère son langage ; mais le valet de chambre et son bâtard, qui sont les deux héros du livre, ont toujours les mœurs et le ton qui leur conviennent. A cet égard, M. Fiévée suit avec scrupule les préceptes judicieux d'Horace et de Boileau.

Il nous reste à jeter un coup d'œil sur quelques traductions des romans étrangers les plus remarquables ; et d'abord l'époque nous présente deux traductions nouvelles de *Don Quichotte*. La première est de Florian, qui la publia vers la fin de sa vie, il y a dix-huit ans à peu près ; la seconde a paru l'année dernière : elle est de M. du Bournial. On sait combien l'ancienne version est rude, inélégante, incorrecte ; les morceaux de poésie surtout y sont rendus avec une extrême négligence. Florian, dans ces mêmes morceaux, a montré de l'esprit et du goût, et là, s'il abrége le texte, il est digne d'éloges : car ces complaintes langoureuses sont trop longues dans l'original. Par malheur, il veut aussi raccourcir toutes les autres parties de l'ouvrage ; or, souvent ce sont les beautés qu'il abrége, c'est le génie qu'il supprime, et ce n'est point là de la précision. Il attiédit la verve de Cervantes ; un comique large et franc devient partout mince et discret. On va jusqu'à regretter le vieux traducteur, qui travestit quelquefois, mais qui, du moins, ne mutile pas son modèle en voulant le perfectionner. M. du Bournial ne mérite aucun des deux reproches : il est simple et n'est point trivial ; il est surtout copiste fidèle ; il l'est au point, qu'en plaçant le français à côté de l'espagnol, vous reconnaissez, dans la plupart des phrases, la même marche, les mêmes constructions, les mêmes tours ; ce qui donne au style du traducteur un peu de gêne et d'affectation. Nous permettra-t-il de lui donner un conseil? Comme on s'aperçoit trop aisément qu'il n'a pas l'habitude d'écrire en vers, il devrait s'adjoindre un coopérateur pour la traduction des stances. Aujourd'hui, plusieurs jeunes gens d'un esprit orné font en ce genre aussi bien et mieux que Florian ; cet établissement nous paraît indispensable. Après cela, des corrections assez faciles, et même assez peu nombreuses, suffiront pour assurer à M. du Bournial l'honneur d'avoir dignement traduit le chef-d'œuvre brillant, mais unique, de la littérature espagnole [1].

On nous a transmis en langue française beaucoup de romans anglais composés dans ces derniers temps. Plusieurs se font lire avec intérêt, et dans ce nombre il ne faut pas oublier *Simple Histoire*, qu'on pourrait toutefois nommer *Longue Histoire :* car elle tient l'espace de quarante ans, et deux générations s'y succèdent. On aime dans *Saint-Clair des Isles* l'esprit militaire et chevaleresque du héros principal, le beau caractère de l'héroïne et la variété des incidents. Nous avons entendu vanter le *Caleb Williams* de M. Godwin, [2] et nous ne savons trop pourquoi. Tyrrel est un misérable ; Falkan, que l'auteur prétend doué de qualités sublimes, est assassin, calomniateur, persécuteur, le tout pour conserver sa réputation ; le persécuté Caleb se conduit souvent avec bassesse et malignité. De tous les personnages, le plus humain c'est Raimond, le chef des voleurs. Des déclamations contre les lois pénales d'Angleterre, contre les cours de justice,

---

[1] M. de Brotonne et M. Viardot, 1837, M. Damas Hinard, 1847, en ont donné une traduction nouvelle. Du Bournial a publié en 1820-23, les *OEuvres complètes* de Cervantes. — [2] Né 1755, m. 1836.

et même contre la société civile, sont les ornements de ce livre un peu maussade et fort immoral. M. Godwin ose affirmer qu'il peint *les choses comme elles sont;* le fait nous semble au moins douteux. Ce qui ne l'est pas, c'est qu'il faut plaindre M. Godwin, puisqu'il a pu les voir ainsi. En général, il est à remarquer qu'en Angleterre, comme en France, ce sont des femmes qui figurent avec le plus de distinction parmi les romanciers modernes. On doit à miss Burney *Cecilia, Evelina, Camilla.* De ces productions agréables, dont nous avons d'assez bonnes traductions anonymes, la mieux composée est sans contredit la première. Cecilia est aimable, et l'on se plaît à la suivre chez ses trois tuteurs, dont les caractères mis en contraste, fournissent tantôt des événements qui attachent, tantôt des scènes qui divertissent. Un mérite égal, dans une manière toute différente, recommande *les Enfants de l'Abbaye,* joli roman de madame Roche; quelques touches lugubres y sont tempérées par des effets pleins de douceur. Amanda et son amant Mortimer ont de la grâce, et l'on doit savoir gré à M. Morellet[1] de nous avoir fait connaître cette intéressante production. Sans pouvoir obtenir autant d'éloges, *le Polonais* de miss Porter[2] n'est pourtant pas à négliger; il se soutient par le nom du jeune Sobieski, l'un de ces généreux fugitifs qui, à la dernière révolution de Pologne, après avoir versé leur sang pour être libres, ont quitté, non leur patrie, mais un territoire où elle n'était plus. Ici s'offrent à nos

[1] M. 1819; Morellet a publié en 1818 des *Mélanges de littérature et de philosophie.* — [2] M. 1832.

regards les quatre romans de madame Radcliffe[1] : *les Mystères d'Udolphe*, le meilleur des quatre, et dont madame de Chastenay n'a pas affaibli les sombres beautés ; *le Confessionnal des Pénitents noirs*, dont nous avons deux traductions estimables, l'une de madame Allart, l'autre de M. Morellet ; *La Forêt*, que nous croyons digne de la seconde place ; et *Julia,* qui nous paraît le plus faible de tous, quoi qu'en ait dit son traducteur anonyme. On trouve en ces divers ouvrages des caractères fortement prononcés, des situations terribles que l'auteur amène et accumule, au hasard de s'en tirer péniblement, de belles descriptions de l'Italie et du midi de la France, d'énergiques tableaux, de vrais coups de théâtre, et même quelques tons de Shakespeare, ce génie éminent anglais qui depuis deux siècles, féconde encore dans sa patrie tous les champs de l'imagination. Ces romans, considérés dans leur ensemble, se rattachent à une seule idée d'un grand sens. Partout le merveilleux domine ; dans les bois, dans les châteaux, dans les cloîtres, on se croit environné de revenants, de spectres, d'esprits célestes ou infernaux ; la terreur croît, les prestiges s'entassent, l'apparence acquiert presque de la certitude, et, quand le dénouement arrive, tout s'explique par des causes naturelles. Délivrer les esprits crédules du besoin de croire aux prodiges, est un but très-philosophique ; mais les plans n'ont pas l'étendue et la portée dont ils étaient susceptibles. L'exécution en serait tout à la fois plus originale et

---

[1] M. 1823.

plus utile, si le lecteur était forcé de rire des choses mêmes qui lui ont fait peur. Tout ce qui blesse la raison, tout ce qui tend à la dégrader, est justiciable du ridicule : ses traits sont les plus fortes armes contre les sottises importantes. Horace l'a dit, et Voltaire l'a prouvé. Le genre de madame Radcliffe exige des facultés moins rares; aussi n'a-t-elle pas manqué d'imitateurs. Sa trace est facile à reconnaître dans le roman médiocre et compliqué qui a pour titre : *Adeline*, ou *la Confession*, et dans *l'Abbaye de Grasville*, ouvrage beaucoup moins vulgaire, que madame Ducos a fort bien traduit. Si, dans toutes ces productions, le merveilleux n'est qu'apparent, dans *le Moine* de M. Lewis [1], il est employé comme agent réel. On se souvient qu'en France, il y a trente ans, il plut à l'illuminé Cazotte de composer une historiette du Diable amoureux. Ici c'est contre le diable qui, déguisé en jolie femme, séduit, damne et mène en enfer un prédicateur célèbre. On est surpris qu'une fable digne des couvents du quinzième siècle, puisse aujourd'hui réussir à Londres. Ce n'est pas que, dans l'exécution du livre, on ne remarque de la vigueur et du talent; mais, quand le fond est absurde, le talent n'est pas employé, il est perdu. Ce n'était pas sur de tels moyens que Richardson, Fielding, Sterne et Goldsmith fondaient le succès durable de ces romans aussi variés que naturels, qui embellissent la littérature anglaise, et dont elle a droit de se glorifier.

Entre les romanciers allemands, il est juste de com-

[1] M. 1818.

mencer par M. Goethe [1], dont le Werther obtint autrefois et conserve encore un succès si général et si légitime. Nous voudrions en dire autant de son *Alfred;* mais la chose est impossible : ce livre est trop long, quoique abrégé par son traducteur. Comme intendant des spectacles du duc de Saxe-Weimar, l'auteur a cru devoir prodiguer les observations sur l'art dramatique, et même sur l'art du comédien ; la plupart sont communes ou minutieuses. Tout ce qu'on peut remarquer avec éloge, c'est que M. Goethe ose admirer Racine et Voltaire, et c'est beaucoup pour un Allemand ; aussi son ami Schiller [2] l'en a-t-il vertement réprimandé. Du reste, une intrigue bizarre et mal ourdie, une action tantôt traînante et tantôt précipitée, des incidents que rien n'amène, des mystères que rien n'explique, un personnage principal pour qui l'on veut inspirer de l'intérêt, et qui n'est qu'un ridicule aventurier, d'autres personnages que le romancier jette au hasard dans sa fable, et dont il se débarrasse par des maladies aiguës ou par un suicide, pour faire arriver, bon gré mal gré, un dénoûment vulgaire et froid : tel est le roman d'Alfred, incohérent ouvrage où le talent qui inspira Werther ne se laisse pas même entrevoir. Dans *Claire et Eveling,* l'un des romans de M. Auguste Lafontaine [3], il y a beaucoup de choses négligées et triviales, plusieurs d'heureuses, quelques-unes d'une assez grande force. Le tableau des infortunes d'un

---

[1] Né 1749, m. 1832 ; a publié *le Divan oriental,* 1819, *les Années d'apprentissage de Wilhelm Meister,* 1821, etc. Il sera question plus tard de *Faust.* — [2] Né 1759, m. 1805. — [3] M. 1833.

ministre de village est l'objet du livre entier ; il résulte de ce tableau que les disputes, les haines, les persécutions théologiques, ne sont pas plus étrangères aux temples luthériens qu'aux églises catholiques; ce qui n'est consolant pour personne, mais ce qui est instructif pour tout le monde : car rien ne fait mieux sentir l'impossibilité de niveler les opinions, et la nécessité de recourir à la tolérance universelle. Les principes de philantropie qui respirent dans cet ouvrage, animent aussi les autres romans de M. Auguste Lafontaine. Madame de Montolieu [1], connue elle-même par le joli roman de Caroline de Lichtfield, les a traduits pour la plupart, et c'est un service qu'elle a rendu aux amateurs de ce genre d'écrire. Qui n'a pas lu avec attendrissement les *Tableaux de famille?* Qui ne s'est pas intéressé au bon ministre Bemrode, à son excellente femme, à leur tendre fille Élisabeth, à leur fille Mina, si sensible, si spirituelle, à toute cette famille heureuse par l'amour et par la vertu? Entre les productions de l'auteur, il n'en est peut-être aucune où l'on ne rencontre des traits charmants ; mais il écrit sans cesse et très-vite : c'est dire assez qu'il est inégal. Sterne et Goldsmith paraissent avoir été ses modèles ; et, s'il ne les atteint pas, il est du moins le premier de leurs élèves. Dans *l'Homme singulier*, le chien, plus juste que le ministre, puisqu'il déchire avec ses dents l'ordre d'une détention arbitraire, est une idée fort ingénieuse; elle eût fait honneur à Sterne, mais

---

[1] M. 1833; a donné le *Robinson suisse*, 1813.

Sterne en eût tiré plus de parti. N'oublions pas de remarquer qu'en Allemagne, où l'on parle à tout propos de composition originale, l'imitation affectée des formes anglaises n'est particulière, ni à l'écrivain dont nous parlons, ni même aux seuls romanciers. Nous dirons en quoi elle consiste, où elle s'arrête, et combien le goût allemand diffère du goût français, lorsque, dans la suite de notre travail, l'ordre des matières nous présentera quelques traductions récentes des auteurs dramatiques étrangers.

Beaucoup de lecteurs trouveront que, dans ce chapitre, nous avons cité trop d'ouvrages, et nous sommes de leur avis. Beaucoup d'écrivains seront d'un avis contraire, et nous reprocheront des omissions nombreuses; mais devions-nous parler de tous les romans originaux ou traduits qui ont paru durant l'époque, spécialement depuis dix années? Un volume eût été trop pour en rendre compte; le seul catalogue en serait immense, et trois ans ne suffiraient pas pour les lire. En France, en Angleterre, en Allemagne, il existe pour les romans des manufactures établies, et dont les produits annuels sont à peu près déterminés. On sait, par exemple, combien M. Auguste Lafontaine peut donner de volumes par an : nous lui opposerions aisément plus d'un atelier non moins actif que le sien, et, dans ce genre de marchandise, le Strand de Londres ne le céderait ni à notre Palais-Royal, ni à la foire de Leipsick. Depuis la mort de l'abbé Chiari, romancier très fécond jadis, mais aujourd'hui très-inconnu, l'Italie entre pour fort peu de chose dans ce commerce, qui est rarement celui des idées. En fait de livres inutiles, la surabondance est plus pauvre que la disette absolue, et cette surabondance, toujours croissante, devient un fléau pour notre littérature. Dans toutes les classes, tout ce qui sait lire lit des romans; nous voudrions ajouter seulement : tout ce qui sait écrire, en écrit; mais l'émulation va beaucoup plus loin. Ce genre, comme nous l'avons dit ailleurs, se rapproche de l'histoire par le récit des événements, de l'épopée par une action fabuleuse en tout ou partie, de la tragédie par les passions, de la comédie par la peinture de la société ; mais il n'exige ni les recherches, l'examen profond, l'exactitude méthodique de l'histoire, ni la majestueuse ordonnance et les riches détails de l'épopée; il ne présente pas l'extrême difficulté d'écrire en vers, surtout dans le style élevé ; il n'est point assujetti aux règles sévères de notre théâtre, souvent même il coûte peu d'efforts à l'imagination. Quelle peine y a-t-il à multiplier les incidents, lorsqu'en prenant toute liberté, soit pour la durée, soit pour l'espace, on veut bien consentir encore à négliger toute vraisemblance ? Après la critique vulgaire, rien n'est plus facile qu'un roman médiocre : aussi les hommes du monde, qui ne sont pas en même temps des hommes de lettres, des femmes aimables, qui ont négligé l'étude de l'orthographe pour donner plus de temps à la composition, font et traduisent des romans. Le but ordinaire de ce travail est d'obtenir des succès de société; par malheur, en littérature, ils ne sont le plus souvent que des ridicules, et un ridicule facile à prendre n'est pourtant pas facile à perdre ; il reste quand le roman est oublié. Ce n'est pas tout : tant d'écrivains et d'écrits frivoles ont produit d'assez graves inconvénients; ils ont ralenti d'une manière sensible le mouvement général des esprits vers des études importantes, et c'est avec le dix-neuvième siècle que commence ce changement notable; ils ont corrompu le style, ils ont même altéré la langue. En vain des censeurs, plus malveillants qu'habiles, ont-ils accusé d'un néologisme perpétuel les orateurs qui ont le plus honoré la tribune française. Sur quoi portaient ces reproches répétés à tant de reprises, exagérés avec tant d'amertume? Nous l'avons déjà remarqué, sur une vingtaine de mots que des institutions nouvelles rendaient presque tous nécessaires; mais chez la plupart des romanciers modernes; c'est dans le tableau de la vie sociale, c'est dans le langage des passions éprouvées par tous les hommes, que viennent s'introduire en foule des locutions inadmissibles, des tours anglais ou germaniques, des barbarismes nombreux et des solécismes sans nombre. Il nous serait ici trop facile d'accumuler à volonté les exemples qui nous ont frappé à la lecture, et que nous avons recueillis; mais, quoiqu'une excessive gravité nous paraisse déplacée dans la critique littéraire, notre but n'est pourtant pas d'éveiller la gaîté maligne; et le travail qui nous est imposé, sans nous défendre la plaisanterie, nous interdit au moins les détails burlesques. D'autres réflexions se présentent. Pourquoi, depuis ces dernières années, plusieurs romanciers semblent-ils se croire de la classe des sermonnaires? Pourquoi les surpassent-ils même en rigorisme? En effet,

Massillon et ses plus dignes successeurs laissaient les disputes à la Sorbonne et les anathèmes à l'inquisition : bornant désormais la prédication à la morale évangélique, ils avaient agrandi leur art de tout ce qu'ils lui ôtaient d'inutile. Est-ce à titre de compensation, et pour qu'il n'y ait rien de perdu, que l'on veut aujourd'hui reporter dans les romans la controverse et l'intolérance? Nous avons déjà parlé du merveilleux qui tient aux superstitions, et nous croyons superflu d'y revenir; mais il en est un autre qui n'est pourtant pas celui de l'épopée : c'est celui que Corneille appelle si bien le merveilleux de la tragédie, et, par ce mot, il veut dire un ensemble de personnages, de caractères, de sentiments, d'événements non surnaturels, mais au-dessus de l'ordinaire. On a tort de le prodiguer dans les romans; il n'y est point à sa place : il lui faut la majesté du cothurne, l'appareil imposant du théâtre, le rhythme et les figures pressées de la poésie. Quant aux romanciers, ce qui est le plus à la portée de leur genre d'écrire, ce qui, pour eux, est à la fois le plus agréable et le plus utile à peindre, c'est la vie ordinaire; et si, en la peignant, il leur est trop difficile d'atteindre à la force comique de Gil Blas, et si d'un autre côté ce livre charmant laisse à désirer un intérêt plus vif et plus d'unité d'action, Fielding leur présente un autre modèle dans le beau roman de Tom Jones. Jamais l'unité ne fut plus complète : l'action se noue rapidement et avec force, elle se dénoue graduellement et avec mesure, sans lenteur et sans précipitation. Toutes les figures sont en mouvement et en contraste; mais il n'y a ni ressorts forcés, ni couleurs tranchantes. L'amour est passionné, mais il n'a pas l'accent tragique; les bonnes qualités de la jeunesse sont mêlées de défauts aimables; le ridicule n'est point outré, la bonhomie s'y joint et le tempère; la vertu n'est point exagérée, elle tient à l'imperfection humaine, au moins par l'erreur. Un hypocrite abuse longtemps l'homme le plus sage, et, ce qui est un trait de maître, entre tant de personnages, le seul qui soit pleinement vicieux, c'est l'hypocrite : on sent partout le monde réel. Loin de nous l'idée de prescrire une route exclusive! mais, au milieu de tant de fausses routes, nous voulons seulement indiquer un chemin sûr; il mène au double but d'instruire et de plaire; et parmi les bons romans, les moins romanesques sont les meilleurs.

Les considérations qui terminent ce chapitre s'appliquent parfaitement à notre temps. Chaque jour voit éclore quelque nouveau roman, et ces productions éphémères n'occupent, pour la plupart, aucun rang dans notre littérature. M. Cuvillier-Fleury a fait justice de plusieurs romans médiocres dans ses *Études critiques*, insérées au *Journal des Débats*; pour nous, nous nous bornerons à mentionner ceux qui ont eu le plus de retentissement.

Georges Sand (madame Dudevant, née Dupin, 1804), que l'on compte, à juste titre, au nombre de nos grands écrivains, après avoir débuté par *Indiana, Valentine,* 1832; *André,* 1835; *Mauprat,* 1837; *Consuelo,* 1842; a publié, à partir de 1844, dans une direction d'esprit toute nouvelle : *Jeanne,* la *Petite Fadette,*

---

[1] Voy. plus haut p. 135.

Benoît le Champy; la *Mare au Diable;* le *Maître Sonneur;* l'*Homme de neige; Jean Delaroche;* le *Marquis de Villemer,* 1860, etc., etc.

Alexandre Dumas (né 1803), le plus fécond, sans contredit, de nos romanciers, a produit deux chefs-d'œuvre, les *Trois Mousquetaires,* et suite, 1844-1847 ; le *Comte de Monte-Cristo,* 1841-1845.

Balzac (né 1799, m. 1850), a peint, avec un véritable talent : la *Comédie humaine; Scènes de la vie privée, de la vie parisienne, de la vie de province,* etc., etc.

Frédéric Soulié (né 1801, m. 1847), a composé plus de cent volumes de romans. Nous citerons seulement : les *Mémoires du Diable,* 1837.

Eugène Sue (né 1801, m. 1857), auteur de romans maritimes et d'une *Histoire de la Marine française sous Louis XIV,* 1835-1837, a donné sucessivement : *Mathilde,* 1840; *les Mystères de Paris,* 1842; *le Juif Errant,* 1847.

Jules Sandeau (né 1811) s'est fait connaître par *Madame de Sommerville,* 1834 ; le *Docteur Herbeau,* 1841 ; *Mademoiselle de la Seiglière,* 1848 ; *Olivier,* 1854 ; *la Maison de Penarvan,* 1858, etc.

M. Auguste Maquet (né 1813), collaborateur de M. Alexandre Dumas : le *Comte de Lavernie,* 1855 ; *la Rose Blanche,* 1859, etc.

M. Octave Feuillet (né 1812) : *Alix,* 1848 ; *Bellah ;* la *Petite Comtesse;* le *Roman d'un Jeune homme pauvre,* 1858, etc.

M. Edmond About (né 1828), auteur de la *Grèce contemporaine,* 1855 ; *Tolla ;* les *Mariages de Paris,* 1856 ; le *Roi des Montagnes, Germaine,* 1857; l'*Homme à l'oreille coupée,* 1861, etc.

M. Arsène Houssaye (né 1815), collaborateur de M. Jules Sandeau, a publié en dernier lieu : *Mademoiselle de Mariani* et *Mademoiselle de La Vallière.*

Les écrivains que nous venons de nommer ont tous porté au théâtre quelques-uns des sujets traités dans leurs romans [1]; mais

---

[1] Georges Sand : *François le Champi,* 1849; *Claudie,* 1851, etc. Balzac : *Vautrin,* 1840; *Mercadet,* etc. Eugène Sue : *La Prétendante; les Pontons,* etc.

nous n'aurons à nous occuper que d'*Alexandre Dumas* et de *Frédéric Soulié*, lorsqu'il s'agira du drame moderne.

Parmi les romans qu'on peut considérer comme de véritables chefs-d'œuvre, nous devons citer : *Notre-Dame de Paris*, 1831, de Victor Hugo ; la *Chronique du règne de Charles IX*, 1829 ; *Colomba*, 1840, etc., de M. Mérimée ; *Cinq-Mars*, 1826, de M. Alfred de Vigny (né 1799) ; le *Rouge et le Noir*, 1831, etc., de Stendhal (Henri Beyle, né 1783, m. 1842) ; *Piquillo Alliaga*, etc., d'Eugène Scribe (né 1791, m. 1861) : *Jonathan le Visionnaire*, 1825 ; *Picciola*, 1836, de Saintine (Boniface, né 1798), etc.

Ajoutons à ces premières indications : *Adolphe*, 1815, de Benjamin Constant ; *Frédéric Styndall*, 1827, de Kératry (m. 1859) ; *Léonide, ou la Vieille de Suresne*, 1823, de Victor Ducange (m. 1833) ; *Sous les Tilleuls*, 1832 ; *Geneviève*, 1838, etc., d'Alphonse Karr (né 1808) ; le *Foyer breton* ; les *Derniers Bretons*, etc., d'Émile Souvestre (m. 1844) ; les *Châteaux en Espagne*, 1854, etc., d'Amédée Achard (né 1814) ; *Jérôme Paturot*, 1843, etc., de M. Reybaud (né 1799) ; les *Anciens couvents de Paris*, 1848 ; l'*Oncle César*, 1859, etc., de madame Charles Reybaud (née Arnaud, 1803) ; *Sabine*, 1844, etc., de madame de Bawr (née 1773) qui a donné, au Théâtre-Français, les *Suites d'un bal masqué ;* la *Conjuration d'Amboise*, 1821, de madame de Méritens (Constance Allart, née 1801).

Les auteurs de Contes et de Nouvelles le plus en renom, après MM. Prosper Mérimée et quelques autres que nous avons mentionnés, sont : le fécond Charles Nodier [1] : *Jean Sbogar*, 1818 ; *Thérèse Aubert*, etc. ; Alfred de Musset (né 1810, m. 1857) : *Emmeline* ; le *Fils du Titien*, etc. ; Paul de Musset (né 1804) : *Puylaurens ;*

Jules Sandeau : *Mlle de la Seiglière*, 1851 ; la *Pierre de touche*, 1854, etc. A. Maquet : *Le comte de Lavernie*, 1855 ; *la Belle Gabrielle*, 1857 ; *Dettes de cœur*, 1859, etc. Octave Feuillet : *La Crise*, 1854 ; le *Village*, 1855 ; le *Roman d'un jeune homme pauvre*, 1858, etc. Edmond About : *Guillery*, 1856 ; *Risette*, 1860 ; les *Mariages de Paris*, 1861, *Gaétana*, 1862. Arsène Houssaye : les *Caprices de la Marquise*, 1844 ; la *Comédie à la fenêtre*, 1852, etc. — [1] Voy. plus haut p. 71.

Scènes de la vie Sicilienne, etc.; le comte de Sarrazin, vers 1825 : *le Caravansérail*, et surtout *le Nécessaire et le Superflu*, qui rappelle les plus charmants contes arabes des *Mille et une Nuits*, etc., etc.; Topffer (né 1799, m. 1846 : les *Nouvelles Genevoises*, etc., 1844), etc.

Chénier n'a pas apprécié à leur juste valeur les *Contes* de Perrault [1]; mais à cet égard, M. P.-J. Stahl (Hetzel, né 1804), s'est chargé de réformer son jugement dans une spirituelle préface publiée en 1861. Les *Contes de Fées*, de madame d'Aulnoy (m. 1705), méritent aussi une mention particulière. — Bouilly (m. 1842), a écrit pour les enfants : les *Contes* et les *Conseils à ma fille*, 1809 et 1811, etc., etc.; Ducray-Dumenil (m. 1819) : *les Soirées de la Chaumière*, 1811, etc.; madame de Genlis [2] : *les Veillées du Château*; madame Guizot (m. 1827) : *l'Écolier* ou *Raoul et Victor*; *Nouveaux Contes*, 1823, Madame Élise Voiart (n. 1786) : *Le livre des enfants*, etc.

Nous ne pouvons terminer ce chapitre sans dire un mot de M. Paul de Kock (né 1794), dont la verve intarissable a égayé pendant tant d'années le public européen; ses œuvres publiées en 1844, formaient déjà quarante-six volumes in-8°; imitateur de Pigault-Lebrun, il n'a pas toujours su éviter ses défauts. Son fils, Henri de Kock (né 1821), marche sur ses traces, mais de loin.

Depuis quelques années, les romanciers français semblent se plaire à peindre les mœurs les plus corrompues. Sous ce rapport, nos voisins les Anglais se montrent bien supérieurs à nous; ils savent joindre à des fables habilement conçues des tableaux pleins de moralité.

Il a été question plus haut de Richardson [3]; Walter Scott (né 1771, m. 1832), a depuis créé le roman historique : *Waverley* publié en 1814, a été suivi des *Puritains d'Écosse*, 1815; d'*Ivanhoë*, 1820; de *Quentin Durward*, 1823, et de tant d'autres chefs-d'œuvre que M. Defauconpret (m. 1843), et M. A. de Mon-

---

[1] P. 217. — [2] P. 227. — [3] M. 1761. Voy. p. 114.

temont (né 1788, m. 1862), se sont chargés de populariser en France, 1825-1830 et 1834-1841.

Les *Romans maritimes* du capitaine Marryat (né 1792, m. 1848), ont également joui d'un certain succès : *Sir Peter Simple*; le *Midshipman aisé*; *le Vieux Commodore*, etc. ; mais le véritable émule de Walter Scott a été sans contredit, Fenimore Cooper (né 1789, m. 1851), qui a si bien retracé les *Scènes de la Vie américaine : l'Espion*, 1821; *les Pionniers; la Prairie*, etc., etc.; ses œuvres ont été traduites par Defauconpret, 1838-45, par Benjamin Laroche et M. A. de Montemont, 1835.

Aujourd'hui on compte encore en Angleterre un grand nombre d'écrivains très-distingués, dont la *Bibliothèque des meilleurs romans étrangers*, 1857-1860, nous fait connaître les œuvres principales. M. Lytton Bulwer (né 1805), a publié successivement : *Pelham*, 1828 ; *le Désavoué*, 1829 ; *Devereux*, 1829 ; *Paul Clifford*, 1830 ; *Eugène Aram*, 1832; *le Dernier des Barons*, 1843; les *Caxtons*, 1850, etc.

M. Charles Dickens (né 1812) : *Olivier Twist*, 1828 ; *Nicolas Nickleby*, 1839; *Martin Chuzzlewit*, 1843 ; *le Grillon du Foyer*, 1845 ; *Dombey, père et fils*, 1847 ; *David Copperfield*, 1850 ; *la Petite Dorrit*, 1856, etc.

M. Thackeray (né 1811) : *la Foire aux Vanités*, 1847 ; *les Souvenirs de Barry Lindon*, 1856, etc.

M. Disraeli (né 1805) : *Vivian Grey*, 1826; *le Jeune Duc*, 1830; *la Merveilleuse histoire d'Alroy*, 1832; *Coningsby*, 1844; *Sybil*, 1845; *Tancrède*, 1847, etc.

Mistress Trollope (née 1791) : *Mœurs domestiques des Américains*, etc.

Madame Hall (née Fulding, 1805) : *le Boucanier*, 1833 ; *le Proscrit*, 1838 ; *l'Oncle Horace*, 1837 ; *les Enfants blancs* (the white boys), 1845, etc.

Madame Currer Bell (née 1824, m. 1855) : *Jane Eyre*, 1847 ; *Shirley*, 1849; *Violette*, 1853, trad. par *Old Nick* (M. Forgues, né 1813), qui a aussi donné en français : *Stuart de Dunleath*, de madame Norton; *Thorney Hall*, de Holme Lee, etc.

Enfin les charmants contes de miss Edgeworth (m. 1849), traduits par madame Swanton Belloc (née 1796), et par mademoiselle de Montgolfier.

En Amérique, on a remarqué *Qu'est-ce que les Gens comme il faut?* 1829, de madame Harrison Smith; *la Lettre rouge*, 1853, *les Contes de Tanglewood*, 1855, de Hawthorne (né 1809), et surtout *la Case de l'oncle Tom*, de madame Beecher Stowe, (née 1814), etc.

M. Viardot nous a fait connaître les *Scènes de la vie russe*, d'après Nicolas Gogol (né 1808, m. 1852); le poëte Pouschkine (né 1799, m. 1837); Sollohub (né 1815); Tourgueneff (né 1818), etc.

M. Loëve Weimars et M. Marmier (né 1809), auteur des *Fiancés du Spitzberg*, 1856, et de nombreux Récits de voyage, ont traduit, 1829 et 1843, *les Romans et les Contes d'Hoffmann* (né 1776, m. 1822). Nous avons aussi quelques romans de Kotzebue (m. 1819) : *les malheurs de la famille d'Ortemberg*, 1801, etc.

N'oublions pas Daniel Zschokke (né 1770, m. 1848), dont M. Loëve Weimars a publié *les Contes suisses*, 1828; *les Soirées d'Aarau*, 1829; *les Matinées suisses*, 1830-1832; on lui doit aussi : *Jonathan Frock, Alamontade*, etc. — Zschokke a écrit : *l'Histoire des Grisons*, 1797; *l'Histoire de la destruction des républiques d'Uri, Schwitz, et Unterwald*, 1802; *l'Histoire de la nation suisse*, 1822, et une *Histoire de la Bavière*, fort estimée, 1813-1818.

Enfin M. A. Delatour (né 1808), traducteur de Silvio Pellico (m. 1854 : *Mes Prisons*), nous a donné en 1843, *la Colonne infâme*, de Manzoni (né 1784), auteur des *Fiancés*, 1827.

CHAPITRE VII.

LA POÉSIE ÉPIQUE.

Poëme héroïque, Poëme héroï-comique, Imitations et Traductions en vers.

Nous avons examiné les diverses applications de l'art d'écrire en prose : l'art d'écrire en vers, bien plus difficile encore, n'est guère moins varié. Dans cette carrière nouvelle, nous commencons par l'épopée, qui, chez les Grecs, inventeurs des arts, précéda la poésie dramatique, et, comme elle, se divise en deux genres. L'épopée héroïque étant la plus haute production du génie, il ne faut pas s'étonner si, durant l'espace de trois mille ans, parmi des tentatives sans nombre chez toutes les nations lettrées, cinq ou six chefs-d'œuvre seulement ont mérité l'admiration publique. A cet égard notre littérature ne fut longtemps remarquable que par une fécondité stérile; et quand, sous le règne de Louis XIV, tous les genres de poésie florissaient en France avec tous les genres de gloire, les satires de Boileau nous font trop connaître les disgrâces multipliées des prétendus poëtes héroïques. Voltaire, dans le dix-huitième siècle, vengea la nation du reproche que lui prodiguaient les étrangers. La Henriade parut : sa conception ressent la jeunesse d'un grand poëte ; et si cet ouvrage ne peut être comparé aux vastes compositions épiques de l'antiquité, si même il est inférieur au poëme du Tasse pour tout ce qui ne tient pas à la diction, il a pourtant sa place marquée entre les épopées célèbres ; et, dans la poésie élevée, c'est en notre langue, après les tragédies de Racine, ce qui approche le plus de la perfection. Thomas, placé dans le premier rang des orateurs, mais non dans le premier rang des poëtes, avait commencé un poëme épique sur Pierre le Grand : la mort surprit ce grand écrivain quand il pouvait être longtemps encore l'un des soutiens de notre poésie et l'honneur de notre éloquence. Les fragments étendus, ou plutôt les chants qui nous restent de sa Pétréide, ne suffisent pas pour nous faire juger de l'ensemble ; mais ils présentent partout, sinon la facilité, l'élégance et l'harmonie que l'on admire dans la Henriade, du moins cette gravité noble et cette hauteur de pensées qui distinguent l'Éloge de Marc-Aurèle et l'Essai sur les Eloges. Telle fut parmi nous l'épopée héroïque jusqu'à la fin du dix-huitième siècle.

Dans les dernières années de cet âge illustre, Masson [1] publia son poëme des *Helvétiens*. La lutte mémorable des

[1] M. 1807.

Suisses contre Charles le Téméraire ; un peuple rustique
et fier affermissant ses droits par les périls qu'il sait braver, par les obstacles qu'il sait vaincre ; la pauvreté libre
triomphant de la richesse corruptrice et du pouvoir ambitieux : voilà des objets dignes de la poésie ; et ce grand
exemple donné au monde méritait de retentir au milieu
des siècles, célébré par la trompette épique. Si l'époque
toutefois présentait des beautés imposantes que le poëte
a su saisir, elle offrait aussi de nombreux écueils qu'il
n'a pas su toujours éviter : il a cru que des événements
modernes repoussaient le merveilleux ; mais l'absence
du merveilleux fait d'un poëme épique une histoire en
vers. Ce n'est pas tout : quelques circonstances ont influé sur l'exécution de l'ouvrage. Masson, attaché depuis
sa jeunesse au service militaire de la Russie, le quitta de
la manière la plus honorable, lorsque l'empereur Paul Ier
déclara la guerre à la France ; mais presque tout son
poëme avait été composé à Pétersbourg, et le séjour de
Paris est nécessaire au talent le plus décidé, s'il veut bien
écrire en vers français. Des habitudes septentrionales
rendaient Masson trop facile sur la musique du langage ;
il pensait et colorait ses pensées par des images ; mais
il oubliait qu'en blessant l'oreille, on ne satisfait complétement ni l'imagination ni l'esprit. Les noms suisses,
d'ailleurs, étant surchargés de consonnes difficiles à prononcer, contribuent encore à donner au poëme une
âpreté qui en diminue beaucoup l'effet dans les endroits
les plus estimables. On y trouve en abondance des idées
fortes, généreuses, dignes d'un esprit mâle et d'une âme

élevée, on y remarque souvent du nerf et de la franchise dans l'expression ; quelques narrations rapides, quelques discours pleins de verve, y brillent par intervalles ; mais, il faut en convenir, on y désire presque toujours la douceur, l'harmonie, l'élégance, tout ce qui fait le charme du style. Il est à regretter qu'une mort trop prompte ait enlevé à ses amis et à la littérature cet homme diversement recommandable. Il n'a pu retoucher à fond un poëme qui méritait, mais qui exigeait d'heureuses corrections et des changements nombreux.

Un écrivain distingué comme poëte et comme prosateur, M. de Fontanes[1], s'occupe depuis longtemps d'une épopée. Les connaisseurs ont déjà remarqué, parmi ses ouvrages, le joli poëme du Verger, une traduction en vers de l'Essai sur l'Homme plus concise et plus égale que celle de l'abbé Duresnel, et surtout un excellent morceau élégiaque, intitulé : le jour des Morts dans une Campagne. Son poëme épique a pour titre *la Grèce sauvée* ; pour sujet, la ligue du Péloponèse victorieuse des armées et des flottes de Xerxès. Là, tout seconde un poëte : l'harmonie des noms grecs et des noms asiatiques, la solennité de l'époque, la renommée lointaine des héros, l'autorité de l'histoire, le charme et la magnificence de l'antique mythologie. Glover, il y a soixante ans, traita ce beau sujet en Angleterre, sous le nom de *Léonidas*, et ce ne fut pas sans succès. Il est à présumer que M. de Fontanes réussira d'une manière plus éclatante. Il a lu dans nos séances publiques plusieurs fragments

[1] M. 1821.

de la Grèce sauvée. Un style harmonieux et correct, une précision nerveuse, une versification savante sans recherche, embellissent ces fragments, et, comme l'exigeait l'époque la plus brillante des républiques grecques, les vers respirent à la fois l'enthousiasme de la poésie et celui de la liberté. Puisse ce grand ouvrage arriver à son terme! On a droit d'espérer qu'il soutiendra cette gloire poétique léguée par Malherbe à ses successeurs, et qui, de classique en classique, s'est conservée chez les Français durant deux siècles, toujours fidèlement recueillie, toujours enrichie de nouveaux trésors.

Dans l'épopée héroï-comique, nous ne sommes pas contraints de nous borner à des espérances, et déjà notre littérature possédait deux chefs-d'œuvre en ce genre. Le froid Tassoni fut effacé par Despréaux, qui, cette fois indulgent, l'honora de quelques louanges; et quel que soit le génie de l'Arioste, Voltaire, en luttant contre lui, s'est montré du moins son égal. M. de Parny n'est pas indigne d'être cité après ces modèles. Le pas que nous avons à franchir semble peut-être un peu difficile; toutefois il n'est ici question que du mérite littéraire. Un zèle pieux, en se croyant obligé d'être sévère, peut usurper le droit d'être injuste : l'envie, pour user du même droit, emprunte le langage et le masque de l'hypocrisie. Circonspects, mais appréciateurs du talent, nous ne voulons scandaliser aucune conscience, ni partager aucune injustice. Il y aurait une réserve ridicule à ne pas nommer M. de Parny[1], comme il y aurait une insigne malveillance

---

[1] M. 1814.

à nier les beautés qui brillent partout dans son poëme : il est soutenu d'un bout à l'autre par ce merveilleux si essentiel à l'épopée, quoi qu'en ait dit Marmontel. Comment n'y pas remarquer une composition originale, le dramatique jeté sans cesse au milieu des récits, l'art d'enchaîner les phrases poétiques, le naturel et pourtant la sévérité des formes dans cette longue suite de vers de dix syllabes, d'autant plus difficile à bien tourner, qu'ils semblent aisés aux plumes vulgaires ? comment n'y pas louer surtout cette foule d'heureux détails, les uns sur un ton élevé que n'avait pas encore essayé M. de Parny, les autres plus doux et respirant la mollesse de ces charmantes élégies qui, dans une époque antérieure, avaient fondé si justement sa réputation ? Ce poëte habile et fécond nous a donné d'autres compositions épiques. Ses *Rosecroix*, dont la fable est peut-être un peu obscure, présente une foule de morceaux où se retrouve le talent accoutumé. On sait avec quelle grâce naïve il a chanté les amours des patriarches; mais entre les poëmes qu'il a composés depuis la Guerre des Dieux, nous oserons décerner la palme à celui qui a pour titre *le Paradis perdu*. Nous ne dissimulerons pas néanmoins que des personnes austères, ou voulant le paraître, ont reproché à l'auteur d'avoir voulu traiter gaîment un sujet délicat et singulier que Milton, plus hardi d'une autre manière, avait osé traiter sérieusement; c'est sur quoi nous ne pouvons avoir un avis. Notre devoir est d'écarter avec respect des questions épineuses qui dépassent la littérature, de nous borner au seul point qui soit de notre compétence, et de reconnaître en M. de Parny l'un des talents les plus purs, les plus brillants et les plus flexibles dont puisse aujourd'hui s'honorer la poésie française.

La plupart des choses humaines pouvant être envisagées sous des aspects différents, on ne doit pas être surpris que la conquête de Naples par Charles VIII ait semblé à M. Gudin[1] le sujet d'un poëme héroï-comique. Il faut en convenir, l'importance de l'entreprise, les premiers exploits du chevalier Bayard, le nom de Bourbon, comte de Vendôme, une époque imposante où déjà l'Italie atteignait la hauteur des arts, tout paraissait appeler la véritable épopée. Alexandre VI, et son terrible neveu, César Borgia, devaient même attrister l'imagination la plus riante. Toutefois l'odieux n'exclut pas le ridicule, et la couleur dominante peut souvent être au choix du peintre. Pour Charles VIII, Bayard, Vendôme et d'autres guerriers célèbres, ils forment dans le poëme la partie vraiment héroïque. D'ailleurs Charlemagne et les douze pairs de France n'ont pas inspiré à l'Arioste une gravité inaltérable, et personne n'y trouve à redire; mais l'Arioste excellait dans tous les tons : aussi ne peut-on quitter son Roland furieux, et l'on est tenté de le trouver trop court après avoir lu quarante-six chants. *La Napliade* en a quarante; que ne produit-elle un effet semblable! Par malheur il n'en est pas tout à fait ainsi : non qu'elle soit dépourvue de mérite; elle en a sans doute et de plus d'un genre; les notes sont d'un homme instruit, et, ce qui vaut

[1] M. 1812.

mieux encore, d'un homme éclairé. On en peut dire autant du corps de l'ouvrage ; on y désirerait souvent, il est vrai, plus de poésie de style, une versification plus soutenue, et même une plaisanterie plus légère. Tel qu'il est, ce poëme figurerait dans une littérature moins riche que la nôtre ; s'il était corrigé avec soin, et surtout resserré de moitié, il mériterait quelque réputation, et pourrait obtenir un rang modeste, mais honorable.

Avant que le poëme des *Jeux de mains* fût rendu public, on l'entendait quelquefois citer comme la meilleure production poétique de Rulhière[1]. Il avait obtenu, à de nombreuses lectures, un succès que l'impression n'a pas confirmé. En composant de petits contes tournés d'une manière piquante, et surtout en écrivant la jolie satire des Disputes, Rulhière avait prouvé qu'à force d'esprit on peut s'approcher du talent ; mais pour un poëme d'action, le talent est indispensable. Que trouve-t-on dans le poëme de Rulhière? la composition la plus frêle : une société brillante se réunissant dans une maison de plaisance, et presque aussitôt repartant pour la ville, par une suite de quelques jeux de mains qui brouillent des amis regardés jusque-là comme inséparables ; une Artémise, une Corinne, une Sylvie, un Dymas, et d'autres personnages que l'on voit passer devant soi, tels que des ombres chinoises ; un merveilleux triste et mince : le spectre de la peur apparaissant à la principale héroïne, sous les traits de l'abbesse de Bon-Secours ; quelques

---

[1] Voy. plus haut, p. 157.

vers plutôt bien arrangés que bien faits, des images plutôt esquissées que rendues; des plaisanteries que l'on prendrait pour des énigmes; trois chants très courts, mais encore plus vides, et plusieurs digressions dans un opuscule. On a regret au tourment que l'auteur se donne pour montrer une imagination qu'il n'a pas. Son ouvrage ressemble à ces camaïeux au pastel, où les traits d'un pinceau effacé laissent à peine entrevoir les contours des figures et même l'intention du peintre. Ne rappelons point ici le chef-d'œuvre du Lutrin. La Boucle de Cheveux enlevée présente des beautés d'un ordre moins inaccessible; elle offre de plus un sujet à peu près du même genre que le sujet essayé par Rulhière; mais comme en ce joli poëme les incidents sont ménagés avec art! comme le merveilleux est bien choisi, bien assorti aux personnages réels! comme il aime et domine aisément toute l'action! Que d'images dans cette poésie svelte et rapide, et pour ainsi dire aussi aérienne que les sylphes légers qui protégent Bélinde! Sur le fonds le plus stérile en apparence, voilà ce que sait produire un poëte. Pope travaillait pour l'avenir, aussi travaillait-il longtemps. Les poëmes de société permettent une exécution plus expéditive : on les vante, on les croit même bons tant qu'ils restent en portefeuille; mais leur réputatation finit d'ordinaire le jour où leur publicité commence.

Un poëme en six chants, composé par M. Parseval de Grandmaison [1], sous le nom des *Amours épiques*, n'est

---

[1] M. 1834; a publié en 1825 son poëme de *Philippe-Auguste*.

autre chose que l'imitation de six épisodes choisis dans les poëtes qui ont illustré l'épopée. Ces sortes d'imitations ne présentent pas autant de difficultés que les traductions exactes; elles exigent bien moins encore le génie nécessaire pour inventer et pour écrire les poëmes originaux : toutefois elles ne sont pas à négliger quand elles offrent quelques parties de talent. L'ouvrage dont nous parlons est de ce nombre ; mais les traductions de l'Énéide et du Paradis perdu ont été publiées depuis ; et dans les deux principaux chants de son poëme, M. Parseval s'est trouvé en concurrence avec M. Delille, désavantage qu'il n'avait point cherché. Cependant la supériorité d'un maître ne doit pas fermer nos yeux au mérite d'un élève exercé dans la versification et dans l'art de peindre en poésie. C'est encore parmi les imitations qu'il faut placer l'*Achille à Scyros* de M. Luce de Lancival [1]. L'auteur doit beaucoup à l'Achilléide de Stace ; mais il a lui-même inventé plusieurs incidents, et de nombreux détails lui appartiennent. Le style n'est pas exempt de recherche : le poëme offre peu d'action pour six chants, peut-être même est-il défectueux dans son ordonnance : mais on y trouve des traits ingénieux, d'agréables descriptions, des tirades bien versifiées. Quelques morceaux brillants distinguent aussi les *Poëmes Galliques* imités par M. Baour-Lormian [2]. Dans ses vers, plus harmonieux qu'énergiques, M. Baour suit avec indépendance la prose anglaise de Macpherson, qui s'est jadis annoncé lui-même comme

[1] M. 1810. — [2] M. 1854 ; a donné l'*Atlantide* en 1812.

un simple traducteur d'Ossian, barde écossais du troisième siècle. Des écrivains anglais et allemands placent Ossian sur la même ligne qu'Homère ; cette opinion exagérée n'est guère admise parmi les littérateurs français. Ossian, quoique sombre et monotone, a des beautés d'un ordre peu commun ; mais cet Homère de l'Écosse septentrionale est loin de soutenir la comparaison avec l'Homère de la Grèce.

Nous ne parlerons point des poëmes en prose, quoiqu'il ait paru quelques ouvrages sous cette dénomination ridicule ; elle était inconnue au dix-septième siècle. La Calprenède, en copiant dans ses romans toutes les formes usitées par les poëtes épiques, n'osa pourtant croire qu'il pût trouver place dans un ordre aussi élevé. Quant à l'immortel Fénelon, il était à la fois trop modeste, trop ami du goût, trop attaché aux doctrines de l'antiquité, trop sensible à la véritable poésie, pour donner le nom de poëme à son Télémaque. Lamotte [1], homme de beaucoup d'esprit, mais qui n'avait pas le sentiment des arts, fut le premier qui mit au rang des épopées ce beau roman politique, apparemment pour se ménager à lui-même le droit singulier de faire des tragédies et des odes en prose. Par une contradiction bizarre, Lamotte traduisit l'Iliade en vers, ou plutôt il divisa en douze chants un ouvrage aride, trop court pour une traduction, trop lourd pour un sommaire de l'Iliade. Cette tentative malheureuse était loin de pouvoir encourager les traductions

[1] M. 1731.

en vers ; car l'Iliade de Lamotte fut plus décriée d'abord que la Pharsale de Brébeuf, et bientôt plus oubliée que l'Énéide de Ségrais. Vers le milieu du dernier siècle, l'abbé Duresnel [1], aidé par les conseils de Voltaire, intéressa l'attention publique en naturalisant parmi nous deux poëmes de Pope, l'Essai sur la Critique, et l'Essai sur l'Homme. Longtemps après, un vrai poëte, M. Delille [2], obtint et mérita la première place parmi nos traducteurs en vers. Il ouvrit en France, aux talents que le travail n'épouvante pas, une carrière ouverte en Italie par Annibal Caro, en Angleterre par Dryden ; carrière pénible, étendue, honorable, que Pope, si riche de son propre fonds, n'a pas dédaigné de parcourir. Les Géorgiques de Virgile fondèrent la réputation de leur élégant traducteur : nous le retrouverons à l'époque actuelle traduisant deux poëmes épiques, toujours digne de ses modèles et de lui-même.

Pour la composition, pour le ton général, pour les détails, rien ne ressemble moins à l'Énéide que le Paradis perdu. La perfection de Virgile et l'inégalité de Milton opposaient au traducteur des difficultés diversement effrayantes ; mais rien ne pouvait intimider un écrivain qui a si profondément étudié les secrets de notre versification et les inépuisables ressources de la langue poétique. Dans l'Énéide, quelle foule de beautés à rendre présentaient le sac de Troie, les amours de Didon, la descente d'Énée aux enfers ; ces trois chants célèbres, le

[1] M. 1761. — [2] Né 1738, m. 1813.

modèle et le désespoir des poëtes épiques ! Quelle foule de beautés encore semées, répandues, prodiguées dans les autres chants ! Le discours de Junon, la tempête soulevée par Éole et se calmant à la voix de Neptune, l'épisode d'Andromaque, les jeux célébrés en Sicile, la cour d'Évandre, l'épisode d'Euriale et Nisus, le conseil des dieux, les harangues de Drancès et de Turnus, et les combats imités d'Homère. La traduction de tous ces brillants morceaux porte l'empreinte plus ou moins marquée du talent de M. Delille ; on y trouve ce qui fait les poëtes : l'éloquence des expressions, le choix des images, et le charme puissant des beaux vers.

On savait depuis longtemps que M. Delille traduisait l'Énéide ; M. Gaston [1] n'a pas craint de tenter la même entreprise. Ce n'est point là une audace vulgaire : avec M. Delille la lutte est déjà honorable, et dans une occasion pareille on peut réussir encore sans vaincre, sans laisser même la victoire indécise ; c'est ce qu'a prouvé M. Gaston. Il n'appartenait qu'à M. Delille de prouver pour la seconde fois que, dans une traduction française, on peut lutter contre Virgile : on sent néanmoins combien les armes sont d'une trempe inégale ; indépendante et sans articles, la langue latine vole quand la nôtre marche. D'ailleurs les vers hexamètres, inégaux entre eux, excèdent toujours nos vers alexandrins, et quelquefois de quatre ou cinq syllabes. Sans rabaisser le mérite éclatant de la traduction de l'Énéide, on osera donc faire observer

---

[1] M. 1808.

que M. Delille a souvent diminué la force du sens en augmentant beaucoup le nombre des vers. Ce défaut, que tant de qualités rachètent, mais que l'on ne saurait toutefois dissimuler, aura sans doute frappé M. Becquey, auteur d'une traduction récemment publiée des quatre premiers livres de l'Énéide. Son travail est digne d'attention : ses vers ont dû lui coûter beaucoup de peine ; car M. Becquey ne paraphrase point, il traduit, et même avec une extrême exactitude ; mais, s'il rend le sens tout entier, quelquefois les expressions littérales de Virgile, s'il est presque toujours correct, s'il n'est jamais surabondant, nous ignorons comment il arrive que l'on cherche en vain chez lui l'élégance, l'harmonie, la couleur de son admirable modèle. En traduisant le plus parfait des poëtes anciens, il a souvent démontré qu'il est possible d'être à la fois très-fidèle et très-peu ressemblant [1].

M. Delille [2] semble avoir réuni tous les suffrages dans sa traduction du *Paradis perdu*. Non-seulement on y a distingué de célèbres morceaux rendus avec un talent consommé, le début, par exemple, et cette invocation majestueuse à laquelle on peut assigner le premier rang parmi les invocations épiques, le conseil tenu par les démons, les énergiques discours de Satan, le chant si pur et si vanté des amours d'Adam et Ève, et la touchante apostrophe du poëte à cette lumière éternelle qui ne brillait plus pour lui ; mais on a reconnu encore que les

---

[1] M. Barthélemy (né 1796), a donné une nouvelle traduction en vers de l'*Enéide*, 1835-1838. — [2] V. p. 271.

bizarreries semées en foule dans l'original, étaient adoucies avec art, ou supprimées dans la copie. Aussi, nombre de lecteurs éclairés regardent-ils la traduction du Paradis perdu comme supérieure en général à celle de l'Énéide. Si leur sentiment est fondé, cette supériorité vient sans doute de ce qu'il est plus facile d'embellir Milton, quand il n'est pas sublime, que d'égaler constamment les beautés de Virgile, dont c'est déjà beaucoup d'approcher [1]. Quoi qu'il en soit, ces deux ouvrages soutiennent avec honneur la renommée de M. Delille. Que d'autres lui reprochent d'avoir négligé tel mot, d'avoir modifié telle image, qu'ils veuillent lui enseigner le latin, l'anglais, et le ramener impérieusement à la traduction littérale, système vicieux en prose et ridicule en vers, nous ne suivrons pas leur exemple. Copier servilement des formes étrangères, c'est travestir à la fois sa propre langue et l'auteur que l'on interprète ; ce n'est pas traduire, c'est calomnier. Voulez-vous faire un portrait ressemblant? saisissez la physionomie. Voulez-vous rendre fidèlement un classique, en conservant toutes ses pensées? écrivez, s'il est possible, comme il eût écrit, dans votre langue ; car ce n'est point le mot, c'est le génie qu'il faut traduire.

Durant le cours de l'époque littéraire que nous parcourons, deux traductions en vers de la Jérusalem déli-

---

[1] M. Aroux (né 1793), a publié en 1842 le *Paradis perdu* de Milton, ainsi que la *Divine Comédie* de Dante. Les autres traductions de la *Divine Comédie* sont de Terrasson, 1817; Gourbillon, 1831; Antony Deschamps (né 1800), 1829; Calemard de Lafayette, 1835; M. Ratisbonne (né 1827), 1852-1857, etc.

vrée ont été publiées successivement. Quoi qu'en thèse générale on doive traduire les poëtes en vers, elles sont loin d'avoir éclipsé l'élégante version en prose donnée autrefois par M. Le Brun [1]. L'auteur eut la modestie de cacher son nom ; mais, comme il ne cachait pas son talent, elle obtint l'honneur remarquable d'être attribuée à J.-J. Rousseau. Des deux traductions en vers qui ont paru depuis, on doit la première à M. Baour-Lormian [2]. Le style en est harmonieux, mais un peu faible, et l'auteur aujourd'hui doit sentir lui-même combien son ouvrage a besoin d'être perfectionné. La seconde, plus travaillée, mais moins facile, est peu conforme au génie du Tasse. Le plus fleuri des poëtes de l'Europe moderne y est souvent rendu avec une sécheresse aussi étrangère à ses défauts qu'à ses qualités. Cette traduction est de M. Clément [3], le même qui jadis a publié de nombreux volumes contre Voltaire, Saint-Lambert et M. Delille. Nous ne déciderons pas s'il a bien fait ; mais nous croyons pouvoir affirmer qu'il eût mieux fait encore de les étudier et d'écrire comme eux.

Il est un poëme cyclique dont la marche n'est pas aussi régulière que celle de l'épopée, mais qui du moins en offre toutes les formes de style, et souvent la composition. Nous voulons parler des Métamorphoses d'Ovide, l'un des plus beaux monuments de la poésie latine. M. de Saint-Ange [4], dont le talent spécial est de traduire, a su rendre en vers français tous les détails de cet immense

[1] M. 1824. — [2] Voy. plus haut p. 132. — [3] M. 1812. — [4] M. 1810.

ouvrage, et presque toujours avec une fidélité scrupuleuse que la prose pourrait à peine égaler. Pour se faire une juste idée de l'entreprise, il faut apprécier le brillant chef-d'œuvre d'Ovide. Quelle richesse dans ces tableaux qui se succèdent et se font valoir par des contrastes perpétuels ! Quelle variété rapide dans ces narrations qui s'enchaînent par un fil imperceptible et développent si clairement tout le système de la théologie païenne ! Que de génie, ou plutôt de sortes de génie dans le poëte ! Tantôt il décrit le palais du Soleil avec la magnificence d'Homère ; tantôt il raconte avec une gaîté maligne les aventures galantes, les ruses, les larcins même des habitants de l'Olympe : ce qui a fait soupçonner à Leibnitz que le but constant du poëte était de tourner en ridicule le paganisme et ses dieux passionnés, faits à l'imitation des hommes. Sans cesse en concurrence avec Virgile, Ovide ne lui est pas toujours inférieur, et lui oppose assez fréquemment des beautés plutôt différentes qu'inégales. Moins austère et plus harmonieux que Lucrèce, il expose aussi fidèlement que lui les principes des écoles philosophiques. Enfin, dans la fable de Mirrha, dans les plaintes d'Hécube, dans la dispute des armes d'Achille, on lui trouve le mouvement, le pathétique, l'éloquence des tragiques grecs dont il avait suivi les traces dans sa Médée, si belle au témoignage de Quintilien, mais qui par malheur n'est point arrivée jusqu'à nous. M. de Saint-Ange a rempli la tâche pénible qu'il s'était imposée. Or, il fallait, pour la remplir, imiter la souplesse d'Ovide, et prendre comme lui tous les tons que permet la poésie noble ; il fallait encore se tenir en garde contre Ovide lui-même : car il est séduisant jusque dans ses défauts, et les ornements qu'il prodigue ne seraient pas tous admis par un goût sévère. Ce n'est pourtant pas de la recherche que l'on serait en droit de reprocher à M. de Saint-Ange, ce serait peut-être l'excès contraire. Mais, si des mots, des tours familiers déparent quelquefois l'élégance de sa diction, si même il lui arrive de corriger des abus d'esprit par un naturel trop facile et trop simple, on doit, suivant le conseil d'Horace, excuser des fautes peu nombreuses dans un long ouvrage où d'ailleurs les beautés abondent. C'est ainsi qu'a pensé le public; aussi la traduction des Métamorphoses d'Ovide a-t-elle obtenu par degrés un succès qui s'accroît chaque jour et que le temps doit augmenter encore. Elle vient immédiatement après les belles traductions de M. Delille : elle en approche, et restera dans notre langue comme un des bons ouvrages poétiques de la fin du dix-huitième siècle. C'est le fruit de trente ans d'études; c'est le produit d'un talent aussi laborieux qu'estimable, et qui mérite à la fois des éloges et des récompenses.

Ici nous nous garderons bien de négliger une remarque importante : voilà trois célèbres traductions en vers de trois grands poëtes; c'est plus que n'en présenterait toute autre époque de la littérature française, plus même que n'en pourrait offrir toutes les époques prises ensemble. Et certes ce n'est pas faute de tentatives, elles ont toujours été nombreuses ; mais, jusqu'à M. Delille et à M. de Saint-Ange, aucune épopée n'avait été dignement traduite en vers français. Des tributs moins considérables ont encore augmenté nos richesses. Le Brun a lu, dans nos séances publiques, deux chants de son poëme inédit ayant pour titre *les Veillées du Parnasse :* ils présentent deux épisodes de Virgile : Euryale et Nisus, dans l'Énéide ; Aristée, dans les Géorgiques ; Aristée, où Virgile, terminant un poëme didactique, atteignait déjà la haute épopée. Les chants de Le Brun ne sont pas des imitations ; ce sont des traductions fidèles, et son talent s'y trouve partout. Plusieurs beaux morceaux de Lucain, embellis par l'élégante versification de M. Legouvé [1], ont fait désirer que le même traducteur nous donnât la Pharsale entière. Si elle ne peut être mise au rang des chefs-d'œuvre épiques, si l'on peut en perfectionner quelques parties, en abréger quelques détails, on y reconnaît cependant la main d'un homme supérieur, et les traits de génie n'y sont point rares, éloge qu'il est rare de mériter. Nous devons à M. Ginguené [2] un ouvrage estimable, et qui sera publié dans les Mémoires de la classe de littérature ancienne : c'est la traduction en vers d'un poëme latin, très-varié, très-brillant, parfaitement écrit : *Thétis et Pélée.* Catulle, en cet ouvrage, s'élève au rang des grands poëtes. Le seul Virgile a porté plus loin l'harmonie des vers : il a d'ailleurs des obligations à Catulle, et de beaux mouvements d'Ariane se retrouvent dans les discours passionnés de Didon. Au milieu de cet empressement à faire passer dans notre poésie les beautés épi-

[1] M. 1812. — [2] Voy. plus haut p. 123.

ques de toutes les nations, et surtout de l'antiquité, nous concevons que l'on doit être surpris de ne pas entendre parler des poëmes d'Homère. Plusieurs fragments de l'Iliade ont été plutôt essayés que rendus ; mais des essais trop faibles ne sont dignes d'aucune mention. Homère parmi nous n'a point eu le même bonheur que Virgile; Rochefort [1], malgré son style traînant et diffus, est encore le plus supportable de ses traducteurs en vers. La traduction en prose de M. Bitaubé a [2] beaucoup de naturel et d'élégance; elle se fait lire avec un extrême intérêt; mais elle est en prose, et quelle prose peut rendre une telle poésie? Il serait digne du gouvernement d'encourager quelque jeune talent, déjà remarquable par un style harmonieux et noble, à traduire en vers l'Iliade, et, s'il est possible, l'Odyssée [3]. La France doit rendre un éclatant hommage au génie qui chanta, qui peignit le mieux l'héroïsme, au poëte qui n'eut point de maître, et qui eut pour élèves tous les grands poëtes.

Ce chapitre et les suivants sont consacrés aux divers genres de poésie, et les divisions adoptées par Chénier présentent d'assez grandes difficultés pour le classement de nos auteurs contemporains.

[1] M. 1788. — [2] M. 1808. — [3] Ce vœu a été rempli. M. Bignan (né 1795, m. 1861) a donné une version complète de l'*Iliade* en 1830, de l'*Odyssée* en 1841. Lebrun avait traduit l'*Odyssée* en prose, 1819; M. Dugas-Montbel (m. 1834), a publié l'*Homère complet* avec une *Histoire des poésies homériques*, 1815-1818; 1828-1834, et 1853.

En effet, la *nouvelle école* représentée principalement par Chateaubriand, Lamartine, Victor Hugo, etc., a tout confondu ; parlant au nom du *sentiment poétique et religieux* qu'elle semble avoir inventé, elle s'est mise au-dessus des règles réputées *classiques*, et s'est appliquée à modifier les idées reçues sur le caractère de la poésie en général, au point de contester même à Boileau le titre de poëte.

Nous avons donc vu naître ou renaître la poésie *à images*; admirable quand les comparaisons sont justes ; boiteuse et triviale, quand les rapprochements, les oppositions ou les contrastes, sont bizarres et tombent à faux.

Sans aucun doute, une certaine indépendance est nécessaire pour les productions de l'esprit, et quand Chénier reproche même à Delille ses *Coupes singulières* et ses *Effets d'harmonie imitative* [1], on ne peut aujourd'hui s'empêcher de sourire.

Il faut reconnaître aussi que la *nouvelle école* s'est ressentie à un très-haut degré, de l'influence des littératures étrangères. Au delà du Rhin, le suisse Bodmer [2], s'était fait l'antagoniste de Gottsched le classique. Klopstock [3] avait publié sa *Messiade* : Wieland [4] son poëme *d'Oberon*, et une traduction de Shakespeare ; enfin Schiller [5] et Goethe [6] avaient ouvert à l'esprit poétique de nouveaux horizons.

En Angleterre, Shakespeare se réveillait au milieu d'une gloire sans égale ; lord Byron [7], *le poëte de la tempête*, entraînait par la passion ; Walter Scott et les *lakistes*, Wordsworth [8], Coleridge [9], Southey [10], etc. (*les poëtes des lacs*), portaient jusqu'à l'idéal l'amour de la nature.

La nouvelle école française entrait à son tour dans la même voie que ces favoris du siècle, et M. Victor Hugo, par le manifeste qui sert de préface à son drame de *Cromwell*, 1827, mettait *le marteau dans les théories, les poétiques et les systèmes*;

---

[1] Voyez plus haut, page 285. — [2] M. 1783. — [3] M. 1803. — [4] M. 1813. — [5] Voy. plus haut p. 188. — [6] Id. p. 248. — [7] Né 1788, m. 1824. — [8] M. 1850. — [9] M. 1834. — [10] M. 1843.

mais lui-même en faisant intervenir *le laid* et *le grotesque* comme le pendant indispensable *du beau* et en opposant le moyen âge à la Grèce et à Rome, tombait dans une exagération qui devait frapper son parti d'un coup mortel.

Cette exagération ou plutôt cette confusion a été l'écueil du *romantisme*. Les productions de ses meilleurs adeptes sont toutes marquées de ce vice originel, en ce sens qu'on n'y trouve aucun morceau achevé, parfait dans toutes ses parties. A côté de passages admirables, vous êtes arrêté par une expression qui sent la recherche, par un terme grotesque dont on s'est servi, et avec intention, ce qui rend le mal sans remède.

Après cette digression tout à fait nécessaire, et qui trouvera plus loin son entier dévoloppement, suivons autant que possible les divisions tracées par Chénier :

Après les essais d'épopées que nous avons mentionnés ci-dessus [1], nous n'avons plus à signaler que *l'Atlantiade* (1812), de Lemercier [2]; *les Tombeaux de Saint-Denis*, de Treneuil [3]; *L'Angleterre conquise* et *Palmyre conquise*, de Dorion [4]; *la Philippide*, 1828, de Viennet [5], *la divine Épopée*, 1840, et *Jeanne d'Arc*, 1846, de Soumet [6]; *Napoléon en Égypte*, de MM. Barthélemy [7] et Méry [8], 1828, épisode d'un grand poëme projeté. M. Edgar Quinet [9] à son tour préparait une épopée démocratique; il publiait, en 1834, 1836 et 1837, *les Poëtes de l'Allemagne; la Poésie épique; Homère; l'Épopée latine; l'Épopée française;* et en 1836 et 1838, les poëmes de *Napoléon* et de *Prométhée*.

MM. Barthélemy et Méry s'exerçaient en même temps dans le genre héroï-comique : *la Villéliade* et *la Corbiéréide*, 1826; *la Bacriade* ou *la Guerre d'Alger*, 1827; *la Dupinade* ou *la Révolution dupée*, 1832, etc.

Aux *traductions en vers* qui se trouvent indiquées plus haut, nous ajouterons celles de quelques fragments de *Lucain* et de

---

[1] Voy. p. 278. — [2] M. 1848. — [3] M. 1818. — [4] M. 1829. — [5] Né 1777. Voyez aussi p. 268. — [6] M. 1845. — [7] Né 1796. — [8] Né 1798. — [9] Voy. p. 134.

Claudien, par Denne Baron[1]; de *Virgile* et d'*Ovide*, par Mollevaut[2]; d'*Hésiode,* 1846; de *Pindare,* 1854, et des *Vers sibyllins,* 1856, par M. Fresse Monval[3], etc. Il sera question plus loin des traductions des autres poëtes grecs et latins.

[1] M. 1844. — [2] Né 1795, m. 1854. — [3] Né 1795.

CHAPITRE VIII.

LA POÉSIE DIDACTIQUE.

Dans la poésie didactique, Lucrèce et Virgile, chez les Romains, nous ont laissé des modèles presque également admirables, mais distingués entre eux par des caractères différents. Lucrèce expose une doctrine, la philosophie d'Épicure; Virgile enseigne un art, celui des cultivateurs. Chez les modernes, c'est encore un art qu'enseigne Boileau dans ce chef-d'œuvre qui ne produit pas les poëtes, mais qui les forme et les inspire. Pope et Voltaire exposent une doctrine, l'un dans l'Essai sur l'homme, l'autre dans le poëme sur la Loi naturelle. Du même genre est le poëme de la Religion, par Racine le fils, ouvrage du second ordre, où brillent des beautés du premier, au point que des yeux éclairés ont cru reconnaître à quelques touches admirables la main de l'auteur d'Athalie, comme on voit luire des coups de pinceau de Raphaël dans les tableaux de ses élèves.

M. Delille[1], en composant autrefois le poëme des Jardins, avait suivi les traces de Virgile et de Boileau. Il les suit encore dans *l'Homme des Champs*. Les poëmes de *la Pitié* et de *l'Imagination* se rapprochent des formes didactiques de Lucrèce, non pour le style, mais pour la composition générale. Quant aux détails de ces trois poëmes, ils appartiennent presque toujours au genre descriptif, invention moderne sur laquelle nous hasarderons bientôt quelques réflexions. En obtenant beaucoup de succès, l'Homme des Champs a essuyé beaucoup de critiques : il en est de trop sévères, d'autres qui semblent judicieuses. Ce qui a surpris bien des lecteurs, et ce qui peut décourager ceux qui auraient du goût pour la vie champêtre, c'est que, pour devenir un homme des champs dans le sens du poëte, il faut commencer par avoir une opulence très-peu commune au sein des villes. Il ne paraît pas que, dans les Géorgiques, Virgile se soit fort occupé des grands propriétaires ; et, quoiqu'il dédie son poëme à Mécènes et qu'il invoque après son début la divinité d'Auguste, ce n'est pourtant pas à l'empereur, ni à son favori, qu'il veut enseigner l'agriculture. Le poëme de la Pitié, malgré des tirades brillantes, est, de tous les ouvrages de M. Delille, celui dont le succès a été le plus contesté ; mais le poëme de l'Imagination a réuni tous les suffrages. On sait par cœur les vers éloquents sur J.-J. Rousseau, l'hymne a la beauté, l'épisode touchant de la Sœur grise, l'épisode si célèbre des Catacom-

Voy. p. 271.

bes, et dix morceaux qui portent le cachet de la même supériorité. Là, plus inégal que dans le poëme des Jardins, M. Delille nous y paraît aussi plus riche, et nous croyons pouvoir placer ce bel ouvrage au premier rang de ses compositions originales. L'auteur y déploie, comme partout, le genre de talent qui lui est propre, celui d'exceller dans le difficile : les détails les plus techniques ne peuvent résister à son art. Sont-ils minutieux, il leur donne de l'importance; sont-ils arides, il les féconde; sont-ils bas, il les ennoblit. Une idée paraît-elle impossible à rendre, c'est là précisément qu'il triomphe, et tous les obstacles s'aplanissent devant les idées du poëte.

Après tant d'éloges, quelque scepticisme nous sera permis. Le scepticisme, souvent nécessaire en philosophie, n'est pas toujours inutile en littérature. M. Delille s'est fait admirer par les formes d'une versification savante et variée avec un art infini : usant même de beaucoup de libertés dans les ouvrages qu'il a fait paraître durant l'époque actuelle, il se permet jusqu'aux enjambements que Malherbe avait bannis des vers français. Racine a constamment observé la règle posée par Malherbe. Boileau, peu content de s'y soumettre, a cru devoir la consacrer dans son Art Poétique comme un perfectionnement remarquable, et parmi les titres de gloire du vieux fondateur de notre poésie. M. Delille a pensé autrement; il prodigue aussi les coupes singulières et les effets d'harmonie imitative. Aux enjambements près, qu'il est difficile d'admettre, tout est bien là, sauf l'excès.

Mais, puisque M. Delille est le chef d'une école, puisque son exemple fait autorité, les principes d'une saine critique nous ordonnent d'élever ici plusieurs questions que nous soumettons à son expérience éclairée. En s'occupant trop de l'harmonie particulière, ne nuit-on pas à l'harmonie générale? On emploie les coupes extraordinaires pour éviter la monotonie de notre versification ; mais si on les emploie souvent, ne court-on pas le risque de tomber dans une autre monotonie, d'autant plus répréhensible qu'elle est recherchée? Ne blâme-t-on pas ces compositeurs qui négligent la mélodie pour étaler leur science musicale? Voit-on que, dans ses tableaux d'histoire, Raphaël fasse ressortir les muscles de ses personnages pour montrer qu'il sait dessiner? Et, sans nous écarter de la poésie, toutes les coupes de vers ne se trouvent-elles pas dans les ouvrages de Racine et de Boileau? Les coupes hardies s'y laissent à peine entrevoir. Pourquoi? Cela ne vient-il pas de ce qu'elles y sont toujours à leur place, et distribuées avec une sage économie? Pour faire dire voilà un beau travail, il faut être habile sans doute. Ne faut-il pas l'être encore davantage pour faire croire qu'il n'y a point de travail? Les plus savants efforts de l'art surpasseront-ils jamais ce naturel admirable qui caractérise les poëtes du dix-septième siècle, et que Voltaire avait conservé? Nous n'affirmons rien ; nous craignons de nous tromper ; nous proposons seulement des doutes que M. Delille peut résoudre. Appliquées à des ouvrages tels que les siens, les critiques fondées sont de quelque utilité pour ses élèves, sans rien diminuer de sa gloire, mais elles doivent être circonspectes et mêlées d'hommages. Nous l'avons dit, nous le répétons avec plaisir : il a pris rang parmi les classiques.

Quoique Le Brun[1] n'ait point publié, quoique même il n'ait point achevé son poëme de *la Nature*, nous croyons devoir faire mention de cet important ouvrage, dont quelques fragments ont paru dans les dernières années du dix-huitième siècle. Le poëme de Le Brun ressemble à celui de Lucrèce par le genre, par le titre et par le talent; il en diffère beaucoup par les opinions et par le plan général. La vie champêtre, la liberté, le génie et l'amour, tels sont les quatre chants du poëme français. Voilà sans doute une division brillante : il faudrait connaître l'ensemble de l'ouvrage pour juger si elle s'accorde avec l'unité nécessaire à toute composition poétique; mais on peut du moins apprécier les fragments insérés, du vivant de l'auteur, dans quelques feuilles périodiques. Les connaisseurs n'ont pas oublié de très-beaux vers sur Voltaire à Ferney; une élégante et sombre tirade sur la Saint-Barthélemy; une tirade plus considérable et très-philosophique sur les consolations que peut offrir la solitude champêtre aux courtisans disgraciés; une troisième encore supérieure sur la chaîne des êtres en remontant par degrés d'un infini à l'autre, enfin, une troisième profession de foi, pure de superstition, mais pure aussi d'athéisme et vraiment religieuse,

[1] Écouchard Le Brun, m. 1807.

car le poëte y présente l'existence de Dieu, non pas, seulement comme un dogme utile au maintien des sociétés, mais comme un principe d'action nécessaire à l'ordre éternel. Des quatre chants de ce poëme, un seul est complet, le chant du Génie; et ceux d'entre nous qui l'ont entendu lire tout entier, ne craignent pas de garantir qu'il suffirait pour assurer la gloire poétique de Le Brun. Il nous reste à faire une remarque essentielle. L'auteur, peu docile au goût dominant, s'est rigoureusement abstenu du genre descriptif, mis à la mode en France par Saint-Lambert[1] lorsqu'il publia le seul ouvrage peut-être où ce genre soit à sa place, l'élégant poëme des Saisons.

Dans les deux littératures anciennes, les descriptions faisaient partie de tous les genres d'écrire; mais aucun Grec, aucun Romain célèbre ne composa de poëme uniquement descriptif. Ce genre, inventé dans les colléges par les poëtes latins modernes, embelli par les Anglais, usé par les Allemands, était connu parmi nous aux maîtres de la poésie, avant Saint-Lambert et M. Delille. Toutefois, dans les ouvrages de ces deux poëtes justement renommés, les défauts essentiels au genre sont rachetés par les beautés nombreuses qui appartiennent à leur génie. Les productions de leurs élèves n'ont pas souvent mérité la même louange. Sans doute, M. Castel[2], dans le poëme *des Fleurs;* M. Lalane[3], en deux petits poëmes, *les Oiseaux de la Ferme* et *le Potager;* M. Michaud[4] dans *le Printemps d'un proscrit,* ont fait preuve de quelque

---

[1] Voy. p. 82. — [2] M. 1757. — [3] M. 1761. — [4] Voy. p. 211.

talent pour écrire en vers; mais savent-ils changer de ton? savent-ils animer la nature? et les continuelles descriptions qu'ils accumulent avec complaisance, ne fatiguent-elles pas un peu l'attention du lecteur le plus favorablement disposé? Il est un ouvrage plus étendu, et dont le mérite poétique est encore plus remarquable, le poëme de *la Navigation*, par M. Esménard [1]. Un tel sujet, traité en huit chants, fournissait une ample matière aux descriptions. Aussi surabondent-elles; mais, quand les objets restent les mêmes, comment varier les formes du langage? On doit rendre justice à quelques morceaux brillants, à celui, par exemple, où l'auteur décrit ces canaux de navigation, monuments de l'industrie batave. Cependant, des vers bien tournés, des tirades sonores, ne font point disparaître la monotonie, défaut radical de ce long poëme. Le style en est grave, et même un peu trop; il a presque toujours de l'harmonie, souvent de l'élégance, mais rarement de la chaleur, et presque jamais de la précision. Voyez comme le mélange heureux des préceptes, des descriptions, des épisodes, comme les tons variés, les détails rapides font le charme continu des Géorgiques! Il ne fut donné qu'à Virgile d'atteindre à la perfection : mais on peut du moins étudier chez lui les formes sévères de la composition didactique, ainsi qu'il étudia lui-même dans Homère les formes brillantes et majestueuses de l'épopée.

C'était un sujet vraiment didactique, c'était même un

[1] M. 1811.

très-beau sujet que l'astronomie. Manilius le traita durant la plus brillante époque de la littérature latine ; mais il était loin d'avoir le génie de Lucrèce, et son poëme n'est guère aujourd'hui qu'un monument curieux de la science astronomique au siècle d'Auguste. Le poëme de *l'Astronomie*, publié il y a six ans par M. Gudin [1], est beaucoup plus court que celui de Manilius. La matière est bien distribuée dans les trois chants qui le composent. L'auteur a suivi, marqué, consacré les pas de Copernic, de Galilée, de Kepler, de Descartes, d'Huygens, de Cassini, de Newton, d'Herschel. Il n'a pas même oublié des astronomes plus modernes, qui n'ont fait qu'exposer longuement les découvertes du génie. Enfin, c'est l'ouvrage d'un esprit cultivé, sage, ami de toutes les lumières. Nous voudrions pouvoir ajouter que c'est aussi l'ouvrage d'un poëte. M. Chènedollé [2], dans *le Génie de l'Homme*, a développé moins de philosophie, mais plus de talent poétique. Des quatre chants de son poëme, le premier seul est relatif à l'astronomie. On y trouve d'assez beaux vers sur la lune ; ils n'égalent pourtant pas le superbe morceau de Lemière [3] et quelquefois ils le rappellent. Le troisième chant, qui a pour objet la nature de l'homme, est terminé par un épisode un peu surchargé de détails, mais où les beautés compensent les défauts. Ainsi, depuis le dix-huitième siècle, et spécialement depuis Voltaire, la poésie française a parlé le langage des philosophes, et même a pénétré dans le domaine des sciences

---

[1] Voy. plus haut, p. 266. — [2] M. 1833. — [3] M. 1793.

physiques. Actuellement encore les trois règnes de la nature sont l'objet des travaux d'un poëte, et l'on peut compter sur un bel ouvrage : car le sujet est admirable, et le poëte est M. Delille.

Si décrire est aujourd'hui fort en usage dans notre poésie, attendu qu'il est plus difficile de peindre, traduire et retraduire encore n'est pas moins à la mode, car inventer est un don très-rare. Durant la période que nous parcourons, on a publié deux nouvelles traductions en vers des Géorgiques de Virgile : l'une est de M. Raux, l'autre est de M. Cournand[1], professeur au collége de France. Elles paraissent tendre également à une fidélité scrupuleuse, et c'est un genre de mérite qu'il serait injuste de leur contester. Mais ce mérite n'est pas tout; et la fidélité ne produit pas toujours la ressemblance, ainsi que nous l'avons déjà remarqué. Rien de plus louable sans doute que de pareilles tentatives; elles prouvent du moins l'étude approfondie des grands classiques. Il est beau d'ailleurs de ne pas craindre une rivalité dangeureuse, et nous ne prétendons pas décourager l'émulation. Mais, comme on doit être juste envers tout le monde, nous sommes forcés de le dire : pour le style, la versification, le talent poétique, les deux essais que nous indiquons sont bien loin de pouvoir entrer en concurrence avec la traduction immortelle qui les a précédés, et qui suffit à notre littérature.

Nous venions de terminer ce chapitre, quand le nou-

---

[1] M. 1814.

veau poëme¹ de M. Delille a paru : il est composé sur un plan très-vaste, et divisé en huit chants, dont quelques-uns ont une étendue considérable. La lumière et le feu, l'air, l'eau, la terre font le sujet des quatre premiers ; les trois suivants sont consacrés aux minéraux, aux végétaux, au physique des animaux : leur morale et l'analyse de l'homme forment la matière du dernier. En suivant les traces de Buffon, l'auteur adopte un grand nombre d'idées de cet éloquent naturaliste. Elles étaient belles, et sont embellies. La marche du poëte diffère en tout de celle de Lucrèce. Nous ne prétendons pas en faire un reproche à M. Delille, qui lui-même n'aurait dû reprocher à Lucrèce ni sa physique admise par les anciens, ni sa hardiesse philosophique applaudie de Virgile, ni le goût supérieur dont il a fait preuve en se bornant à exposer en beaux vers la théorie générale d'un système du monde. M. Delille est entré dans les détails des sciences naturelles, et même avec un succès qui agrandit notre poésie ; peut-être aussi en dépasse-t-il les bornes, qui sont celles du beau. Il se permet quelquefois des vers hérissés de termes d'école et qui semblent purement techniques : d'autres détails le ramènent à ce genre descriptif, infini dans les objets qu'il embrasse, mais très-limité dans ses formes, et dont le vice radical ne saurait plus être contesté, puisqu'il a pu résister enfin à toute l'habileté de M. Delille. C'est ce que prouvent quelques endroits de son poëme, qui, dans ce genre, toutefois,

¹ *Les trois règnes de la nature*, 1809. — La *Conversation* est de 1812, et lorsque Delille mourut, 1813, il s'occupait d'un poëme sur *la Vieillesse*.

présente plusieurs morceaux de maître : la charmante description du colibri, par exemple, et, dans une manière plus large, les descriptions du chien, du cheval, de l'âne, cet humble et laborieux serviteur, dont le nom ne fut pas dédaigné par la muse héroïque du chantre d'Achille. Mais l'auteur ne décrit pas seulement: il est peintre, car il est poëte. Il sait rendre les grands effets de la nature, l'éruption d'un volcan, les désastres causés par un hiver rigoureux, les ravages d'une contagion. Après avoir peint un ouragan, voyez avec quel art il rattache à cette peinture effrayante un épisode qui la fait valoir encore, la destruction de l'armée de Cambyse. Observez comme à l'occasion de l'aurore boréale, il interprète un phénomène par une fiction ingénieuse et dans le vrai goût de l'antiquité. Nous négligeons un épisode de Thomson, que M. Delille a traduit comme il sait traduire. Mais qui pourrait oublier un autre épisode aussi noble que touchant, celui des mines de Florence, de cette asile souterrain, où deux chefs de partis contraires sont réunis, réconciliés et désabusés de l'ambition par l'infortune? Voilà des narrations animées, des tableaux vivants : là M. Delille est tout entier. Nous ne tenterons pas d'expliquer pourquoi d'amères censures lui sont aujourd'hui prodiguées par ceux mêmes qui naguère lui prodiguaient des louanges excessives. Plus justes, plus soigneux de la gloire nationale, fondée en si grande partie sur les monuments littéraires, nous rendrons hommage à ce talent inépuisable qui, bravant la délicatesse outrée de notre langue poétique, a su vaincre ses dédains et la dompter pour l'enrichir ; dont les défauts brillants sont et seront trop imités ; mais dont les beautés, presque sans nombre, auront trop peu d'imitateurs ; à qui nous devons huit poëmes ; qui fut célèbre à son début ; qui écrit depuis quarante ans, mais qui n'a fatigué que l'envie, et dont le nom restera fameux.

C'est à peine si nous devons mentionner le poëme de l'*Incrédulité*, 1810, de Soumet[1] ; les *Tropes*, de François de Neufchâteau[2] ; la *Poétique secondaire*, 1811, de Chaussard[3] ; la *Maison des champs*, 1809, de Campenon[4], etc.

Ajoutons à ces courtes indications la traduction de *Lucrèce*, en vers, 1823, et en prose, 1836, par M. de Pougerville[5] ; des *Géorgiques* de Virgile, par Mollevaut[6], qui, pas plus que Raux et Cournant[7], n'a pu faire oublier Delille.

[1] M. 1845. — [2] M. 1828. — [3] M. 1823. — [4] M. 1843. — [5] Né 1792. — [6] Voy. p. 303. — [7] *Id.*, p. 291.

CHAPITRE IX.

POÉSIE LYRIQUE.

Divers petits genres de poésie.

La poésie lyrique fut parmi nous la première qui ait obtenu des succès confirmés par le temps. On sait quelle influence elle eut entre les mains de Malherbe, et sur notre poésie entière, et même sur la langue française. C'est en ce genre que furent composés les premiers essais de Racine. Depuis, et dans la plénitude de son génie, deux fois à l'imitation des Grecs, il fit entendre la poésie lyrique au milieu de la tragédie; et, comme il lui était réservé de parvenir toujours au sommet de l'art, les chœurs d'Esther et d'Athalie sont encore les plus beaux chants de la lyre moderne. Douze ou quinze odes pleines de verve, et deux ou trois belles cantates, ont placé J.-B. Rousseau parmi nos grands poëtes. Entre lui et Le Brun[1],

[1] Voy. plus haut, p. 287.

nul ne mérite, dans le genre de l'ode, une réputation brillante et durable. Quelques stances ingénieuses, éparses dans le recueil de Lamotte [1], quelques strophes pompeuses de Lefranc [2], quelques traits élevés de Thomas [3], de Malfilâtre [4], de Gilbert [5], ont obtenu de légitimes éloges; mais il faut composer des ouvrages soutenus, imposants, nombreux, pour être justement placé parmi les maîtres de la lyre.

Une ode sur le tremblement de terre de Lisbonne annonça les talents de Le Brun. Son ode à Voltaire, en faveur de la petite-nièce de Corneille, est à la fois un bon ouvrage et une bonne action. Buffon, son illustre ami, lui inspira deux odes éloquentes, et dont la dernière est un chef-d'œuvre. Durant l'époque dont nous présentons le tableau littéraire, il a lu, dans nos séances publiques, sa belle ode sur l'enthousiasme; et cette autre, non moins belle, où, parvenu à la vieillesse, il remonte jusqu'à son enfance, repasse en vers brillants sa vie entière, et se promet, à l'exemple d'Horace et de Malherbe, une immortelle renommée. Entre les nombreux hommages qu'il a rendus à la liberté, on distingue le chant qu'il composa sur le combat et l'incendie du vaisseau nommé *le Vengeur*. Naguère il a célébré dignement cette mémorable campagne où tant de succès furent couronnés par la prise de Vienne et la victoire d'Austerlitz. Il avait plus d'un ton, sans doute. Il est élégant et fleuri dans son ode sur les paysages; mais, presque toujours, c'est Pindare qu'il aime à suivre, et dont il atteint souvent la hauteur.

[1] M. 1731. — [2] M. 1784. — [3] M. 1785. — [4] M. 1767. — [5] M. 1780.

S'il en est aussi près qu'Horace, on ne voit pas qu'il sache, comme le poëte latin, détendre les cordes de la lyre, mêler le plaisir à la philosophie, chanter Lydie, Glycère et l'amour, et supasser Anacréon. Selon le judicieux Quintilien, Eschyle eut tant d'élévation, qu'il porta cette qualité jusqu'au défaut. On en pourrait dire autant de Le Brun; mais s'il est permis de lui reprocher le luxe et l'abus des figures, l'audace outrée des expressions, et trop de penchant à marier des mots qui ne voulaient pas s'allier ensemble, l'envie seule oserait lui contester une étude approfondie de la langue poétique, une harmonie savante, et ce beau désordre essentiel au genre qu'il a spécialement cultivé. Aussi, quoiqu'il ait excellé dans l'épigramme, quoiqu'il ait répandu des beautés remarquables en des poëmes que, par malheur, il n'a point achevés, il devra surtout à ses odes l'immortalité qu'il s'est promise; et, dût cette justice rendue à sa mémoire étonner quelques préventions contemporaines, il sera dans la postérité l'un des trois grands lyriques français.

C'est ici que nous parlerons d'une traduction en vers des poésies d'Horace, ouvrage considérable publié par M. Daru[1]. Parmi les poëtes anciens, Horace est peut-être le plus difficile à bien traduire en vers français. Ce n'est pas seulement un poëte lyrique : on trouve en ses écrits la perfection de plusieurs genres, et, dans chaque

[1] Voy. plus haut p. 212. On peut encore citer les traductions de M. Ragon, 1831, auteur d'une *Histoire des temps modernes*, et de M. Duchemin, 1839; les essais de M. Vanderbourg, 1812, de M. A. de Wailly, 1817, de Campenon, 1821, de M. L. Halévy, 1824, de M. Albert Montemont, 1839, de M. Jules Lacroix, 1848, de M. Anquetil, 1850, et les traductions toutes récentes de M. Jules Janin, 1860, de M. Patin, 1859, etc.

genre, tous les tons qu'il peut comporter. Panégyriste habile, railleur socratique, philosophe aimable, critique supérieur, homme de plaisir, homme de cour et toujours libre, Horace se permet jusqu'au cynisme, la seule chose en ce grand poëte qu'il soit facile et défendu d'imiter. Comment égaler sa précision sublime, profonde ou piquante? Comment le suivre dans sa course, lorsqu'il franchit les intermédiaires, et va d'idée en idée par des nuances fugitives, par des mouvements rapides, quelquefois par des transitions soudaines? Son traducteur, doué d'un très-bon esprit, n'accepterait pas de louanges exagérées. Nous n'osons pas dire, et nous ne croyons pas qu'il ait vaincu toutes les difficultés d'une telle entreprise : il en est peut-être d'insurmontables; il en est plusieurs qu'il a surmontées. C'est dans les satyres et dans les épîtres qu'il nous semble avoir le mieux saisi les beautés d'Horace; mais partout il a déployé les ressources d'un talent exercé, partout cette facilité qu'il faut avoir pour oser écrire, et dont il faut se défier pour bien écrire, cette clarté sans laquelle il n'y a point de style, et cette correction continue, qualité rare et cependant nécessaire, du moins si l'on veut acquérir une réputation qui soit admise par les gens de lettres.

Plusieurs genres de petits poëmes nous présentent des noms que nous avons déjà vus figurer en d'autres parties de la littérature, ou que nous verrons bientôt reparaître avec éclat dans la poésie dramatique. Quelques épîtres de M. Ducis[1] ont embelli nos séances; on y reconnaît l'indé-

[1] M. 1816.

pendance qui lui est propre, la libre imagination d'un poëte peintre, et jusqu'à l'empreinte vigoureuse d'un génie tragique. Une épître de M. Fontanes [1] à M. Boisjolin, sur les paysages, se fait remarquer par une manière large et de très-heureux détails. Les lecteurs ont accueilli *les Souvenirs, la Mélancolie, le Mérite des femmes*, productions brillantes, publiées successivement par M. Legouvé [2]. Il serait difficile de porter plus loin l'élégance du style et la mélodie de la versification. D'ingénieux apologues de M. Arnault [3] ont obtenu, à juste titre, les applaudissements d'un nombreux auditoire. Entre plusieurs que nous pourrions citer, qui ne se rappelle cette belle fable du *Chêne et des Buissons*, l'un des meilleurs ouvrages que l'on ait composés dans ce genre après La Fontaine? c'est aussi avec succès que M. Ginguené [4] s'est mis au rang de nos fabulistes : plusieurs de ses apologues ont été publiés dans la Revue ou dans le Mercure de France. Il en est beaucoup qui n'ont point paru. La plupart sont comptés avec une précision piquante; quelques-uns ont un grand sens. En un genre que notre inimitable La Fontaine n'a pas rendu moins difficile, l'esprit et l'enjouement de M. Andrieux [5] ont animé des narrations charmantes, parmi lesquelles le conte excellent du *Meunier sans Souci* nous semble mériter la première place. Enfin l'ouvrage qui a fait connaître M. Raynouard [6], *Socrate au temple d'Aglaure*, unit la sagesse du style à la richesse de l'ordonnance; et nos suffrages unanimes, en

---

[1] Voy. p. 263. — [2] Id. p. 278. — [3] M. 1834. — [4] Voy. p. 123. — [5] M. 1832. — [6] M. 1836.

lui décernant un prix de poésie, n'ont fait que prévenir les suffrages publics. Au reste, en ces diverses compositions si resserrées dans leur cadre, on voit, ainsi que dans les grands poëmes et les bons ouvrages en prose de l'époque actuelle, briller et dominer partout les opinions d'une saine philosophie, cachet profond du dix-huitième siècle, et marque certaine de l'influence qu'il conservera, sinon sur tous les esprits, du moins sur tous les esprits distingués.

On peut associer à cet éloge les discours en vers de M. Millevoye [1] et de M. Victorin Favre [2]. Le premier, deux années de suite, a remporté le prix de poésie. Doué d'un sens droit, d'un goût pur et d'une oreille délicate, il développe un vrai talent dans un âge où d'heureuses dispositions seraient déjà dignes de louanges. Le second, plus jeune encore, n'a pas autant d'égalité dans le style ; mais son imagination est rapide, et ses idées ont souvent de l'éclat. Deux fois en concurrence avec M. Millevoye, la première année il a mérité l'accessit. Ses progrès ont été sensibles l'année suivante, et nous avons même regretté de ne pouvoir lui décerner un second prix. Mais ce regret n'a pas été long ; les fonds du prix ont été faits par M. de Champagny, alors ministre de l'intérieur. Dans ce dernier concours, M. Bruguières du Gard [3] s'est distingué par une pièce de vers très-bien écrite, et que nous avons cru devoir honorer d'une mention. M. Millevoye, le même dont nous venons de parler, vient de donner au

---

[1] M. 1816 : le *Poëte mourant ;* la *Chute des feuilles,* etc. — [2] M. 1831. — [3] M. 1823.

public un recueil de ses poésies. Il est dans ce recueil un nouvel ouvrage qui mérite beaucoup d'estime à plusieurs égards : c'est un petit poëme intitulé *Belzunce* ou *la peste de Marseille*. On y désirerait plus de variété, une ordonnance plus imposante, des épisodes plus touchants et mieux conçus : mais on y trouve de la gravité, de l'élégance, de l'harmonie, d'énergiques tableaux. La poésie d'ailleurs exerce le plus beau de ses droits lorsqu'elle chante les héros de l'humanité. De ce nombre est assurément Belzunce, qui, dans les plus terribles circonstances, remplit avec un zèle sans bornes les devoirs sacrés de l'épiscopat. N'oublions pas que le respectable évêque de Marseille obtint, dans le dernier siècle, les hommages poétiques de Pope et de Voltaire ; car les philosophes savent louer les ministres de la religion, quand les ministres de la religion savent pratiquer la vertu.

On a remarqué des pensées fines, des traits piquants, des vers bien tournés dans les satires et les épîtres attribuées à M. de Frenilly, mais imprimées sans nom d'auteur. Les épigrammes de M. Pons de Verdun, recueillies en un petit volume, n'ont pas obtenu moins de succès. Presque toutes dans le genre du conte, elles sont gaies, sans être offensantes, seul éloge impossible à donner aux épigrammes de M. Le Brun, qui, dans ce genre, eut bien peu d'égaux, et ne fut inférieur à aucun modèle. Dans la poésie légère, genre aimable, mais où l'on est aisément médiocre, il n'est permis de citer que ceux qui excellent. Les réputations y sont rarement durables. Pavillon, La Fare et cent autres ont disparu : Chaulieu, Gentil-Bernard surnageront, grâce à quelques pièces charmantes. Vers la fin du dix-huitième siècle, au naturel orné de Gresset, à la grâce exquise de Voltaire, Dorat fit succéder une afféterie qui fut depuis trop imitée. Plusieurs, dans ce dernier temps, ont cru devoir y joindre les calembours, esprit faux et subalterne, au-dessous duquel il n'y a rien, mais qui suffit à certains lecteurs. Heureusement il existe encore en France un public de choix, qui sait apprécier l'esprit véritable, et qui a besoin de le trouver : c'est de ce public qu'il faut satisfaire la délicatesse. C'est pour lui que M. de Boufflers et M. de Parny, conservant le seul ton convenable à la poésie légère, y maintiennent encore cette politesse élégante qui fait le charme des écrits, comme elle fait celui de la société.

Quelques traducteurs en vers méritent d'être cités. L'un d'eux, M. Boisjolin [1], doit même être compté parmi nos talents les plus purs. Sa traduction de *la Forêt de Windsor* est un des bons ouvrages de l'époque. Toutes les beautés de Pope y sont rendues ; la copie n'est pas inférieure à l'original, et, nous ne craignons pas de le dire, un poëte en état d'écrire ainsi jouirait d'une réputation étendue, s'il avait produit davantage. M. Tissot [2] a voulu enrichir notre poésie des Bucoliques de Virgile. Plusieurs avaient échoué dans cette tentative, et Gresset plus complétement que tout autre. Une foule de passages qu'il semblait impossible de rendre avec grâce, ont paru céder aux efforts du nouveau traducteur ; et son travail,

---

[1] M. 1831. — [2] Voy. plus haut, p. 210.

perfectionné comme il vient de l'être, et comme il peut l'être encore, ne sera pas indigne d'être consulté par les élèves des écoles publiques. Nous croyons cependant qu'il a réussi bien davantage à traduire les *Baisers de Jean Second*. Là, surtout, M. Tissot est remarquable par une versification toujours facile, et qui n'est jamais négligée. Les dispositions qu'annonce M. Mollevaut [1] réclament des encouragements littéraires. Il a traduit en vers toutes les élégies que nous a laissées Tibulle, et qui sont restées les modèles du genre. Nous n'affirmerons pas que le traducteur ait pleinement réussi dans son entreprise ; mais sa jeunesse doit donner beaucoup d'espérance. Plus ses talents se formeront, plus il sentira combien il doit travailler encore pour atteindre à cette poésie élégante, harmonieuse et tendre, pleine de mollesse et d'abandon, supérieure aux meilleurs vers de Quinault, égale au style charmant de la Bérénice de Racine.

Nous avons déjà remarqué que la plupart des bons romans de l'époque ont été composés par des dames. Il en est aussi quelques-unes à qui nous devons des vers agréables. Les noms de madame de Beauharnais [2] et de madame de Bourdic [3] rappellent des succès mérités dans la poésie. En marchant sur leurs traces, madame de Beaufort s'est placée près d'elles. Un discours sur *les Divisions des gens de Lettres*, et plus encore une *Épître aux femmes*, honorent l'esprit et la raison de madame Constance de Salm [4]. Qui pourrait oublier madame Verdier [5], si connue

---

[1] M. 1844. — [2] M. 1813. — [3] M. 1802. — [4] M. 1845. — [5] M. 1813.

par une idylle charmante sur *la Fontaine de Vaucluse ?* Il y a beaucoup de traits heureux dans le recueil des poésies de madame Dufresnoy [1], surtout dans ses Élégies, où elle semble avoir pris M. de Parny pour modèle. C'est déjà une preuve de goût. Les pièces intitulées *le Serment*, *l'Abandon*, d'autres encore offrent des preuves de talent. On ne peut citer avec un intérêt médiocre les six Élégies que madame Babois a publiées sur la mort de sa fille. Le style en est constamment pur, la versification d'une douceur exquise : cette poésie vient du cœur, et du cœur d'une mère. Ce sont des chants de douleur, un objet adoré les remplit ; toutes les idées sont de tendres souvenirs, et tous les vers sont des larmes. Nous sommes donc loin de partager l'opinion de quelques hommes difficiles, qui croient devoir interdire aux femmes la culture de la poésie et des lettres. L'hôtel de Rambouillet eut des travers dont Molière fit justice ; mais ce n'est pas le talent qu'il prétendit tourner en ridicule, l'ennemi de toute affectation aurait aimé le naturel élégant de la Princesse de Clèves. Deux femmes célèbres furent injustes envers Racine ; elles eurent grand tort, aussi bien que Fontenelle [2], lorsque, dans une misérable épigramme, il dénigrait à la fois Esther et Athalie : ses Éloges et son Histoire des Oracles n'en sont pas moins au rang de nos meilleurs livres. Ainsi, malgré des jugements hasardés, madame de Sévigné reste le modèle du genre épistolaire ; et, pour expier sans doute le mauvais sonnet contre Phè-

[1] M. 1825. — [2] M. 1757.

dre, madame Deshoulières nous a laissé trois idylles pleines de grâce et de sensibilité. Blâmons des préventions particulières que rien n'excuse ; mais ne les combattons point par des préventions générales qui seraient encore moins excusables. Aujourd'hui, plus que jamais, on doit applaudir aux femmes qui aiment et qui cultivent la littérature. Que par le charme des écrits et des entretiens elles exercent sur les mœurs une utile influence ! Elles sont douées d'une imagination souple et facile, d'une extrême délicatesse dans la manière de sentir. Ne leur contestons pas la faculté d'écrire comme elles sentent, et le droit d'être inspirées comme elles inspirent.

———

M. Demogeot dans son *Histoire de la Littérature française* [1], signale pour la poésie, une sorte de *renaissance* vers l'année 1823. A cette époque, paraît un nouveau recueil périodique : *La Muse française*, qui reçoit des pièces de vers de jeunes écrivains dont les noms seront bientôt illustres.

Ce n'est pas précisément un réveil, car la chaîne des poëtes français n'a pas été un seul instant interrompue ; mais de nouvelles directions d'idées, qu'expliquent suffisamment les nombreuses révolutions que la France a subies depuis 1789.

M. de Lamartine qui vient de publier ses *Méditations* en 1820, et M. Victor Hugo, ses *premières Odes*, 1822, sont les poëtes du parti monarchique et religieux ; Casimir Delavigne, auteur des *Messéniennes* (1818), et Béranger, le poëte national, qui élève la

[1] Page 588.

chanson à la hauteur de l'ode (1815, 1821, 1825, 1828, 1833), représentent l'opinion libérale.

M. de Lamartine brille par une abondance intarissable il écrit avec la même facilité en prose et en vers : *Nouvelles Méditations*, 1823; *Harmonies poétiques et religieuses*, 1829; *Jocelyn*, 1835; la *Chute d'un Ange*, 1838; *Recueillements poétiques*, 1839, etc.

M. Victor Hugo, plus nerveux, mais plus heurté dans la forme, publie successivement ses *Odes et Ballades*, 1824; *les Orientales*, 1829; *les Feuilles d'Automne*, 1831; *les Contemplations*, 1856; *la Légende des Siècles*, 1859, etc., etc. [1]; il est considéré comme le chef de l'*École romantique*, qui compte dans ses rangs : M. le comte Alfred de Vigny [2] (*Poëmes antiques et modernes*, 1826); M. Sainte-Beuve [3] (*Poésies de Joseph Delorme*, 1829; *Consolations*, 1830); Alfred de Musset [4] (*Contes d'Espagne et d'Italie*, 1830; *Octave, Raphaël*, 1831; *le Spectacle dans un Fauteuil*, 1833; *Rolla*, 1835; *Lettre à Lamartine*, *les Nuits*, *l'Espoir en Dieu*, 1840, etc.)

Émile Deschamps [5] (*le Jeune Moraliste du* XIXe *siècle*, 1826; *Études françaises et étrangères*, 1829; *Poésies des Crèches*, 1852), etc.

Antony Deschamps [6] (*Résignations*, 1839, etc.).

En parlant des poëtes élégiaques, nous sommes ramenés naturellement à André Chénier (né 1762, m. sur l'échafaud, 1794), que son frère Marie-Joseph ne nomme pas dans son *Tableau de la littérature*, par un sentiment de réserve qui a été mal interprété. Ses œuvres qui indiquent un véritable génie poétique, ont été publiées en 1826 par les soins de H. de Latouche.

Après André Chénier, nous devons nommer encore une fois Millevoye [7], puis Hégésippe Moreau [8] (*le Myosotis*, 1838); Brizeux [9] : l'auteur de *Marie*, 1836; Dovalle [10] (*la Bergeronnette*); M. Ant.

---

[1] Il sera question plus loin de ses *Drames*. — [2] Voy. p. 256. — [3] Id. p. 133. — [4] Né 1810, m. 1857. — [5] Né 1791. — [6] Voy. p. 274. — [7] Voy. plus haut. — [8] Né 1810, m. 1838. — [9] Né 1806, m. 1858. — [10] Né 1807, m. 1829.

de Latour [1] (*la Vie intime*, 1833); Laprade [2] (*Odes et poëmes*, 1844; *Poëmes évangéliques*, 1852; *les Symphonies*, 1855; *Idylles héroïques*, 1858).

Dans le genre satyrique, après M. Auguste Barbier [3], que ses *Iambes*, 1832, ont placé aux premiers rangs, nous mentionnerons M. Barthélemy [4] (*la Némésis*, 1831, 1832); M. Viennet [5] (*Épître aux Muses*, 1822; *les Romantiques*, 1824; *Épître aux Chiffonniers sur les crimes de la presse*, 1827), etc.

Citons encore le joli poëme de la *Gastronomie*, 1806, de Berchoux [6], à côté duquel il faut placer *la Physiologie du Goût*, 1825, de Brillat-Savarin [7].

Nous devons quelques fables charmantes à Aubert [8], Arnault [9], Lebailly [10], Tripier Lefranc [11], Louis Ratisbonne [12], qui, cependant, sont restés bien loin de La Fontaine et même de Florian.

Enfin, parmi les femmes qui se sont le plus distinguées dans ces derniers temps comme poëtes, nous nommerons madame Sophie Gay [13] et sa fille Delphine (madame de Girardin [14]); madame Desbordes-Valmore [15]; madame Tastu [16]; madame Louise Colet [17]; madame Anaïs Ségalas [18] et la jeune Élisa Mercœur [19], qui nous a été trop tôt ravie.

---

[1] Voy. p. 259. — [2] Né 1812. — [3] Né 1805. — [4] Voy. p. 273. — [5] Id. p. 281. — [6] M. 1838. — [7] M. 1826. — [8] M. 1814. — [9] Voy. p. 299. — [10] M. 1832. — [11] Son fils *Justin Tripier Lefranc* a publié, en 1859, une biographie très-intéressante de M. Gabriel Delessert. — [12] Voy. p. 274. — [13] Née 1776, m. 1852, auteur de *Léonie de Montbreuse*, 1813, et de quelques pièces de théâtre : *le Marquis de Pomenars*, 1819, *le Chevalier de Canolle*, 1836, etc. — [14] Née 1804, m. 1855. — [15] Née 1786, m. 1859. — [16] Née 1795. — [17] Née 1810. — [18] Née 1813. — [19] Née 1809, m. 1836.

CHAPITRE X.

LA TRAGÉDIE.

Les deux genres de la poésie dramatique sont plus importants et plus étendus dans notre littérature, que tous les autres genres de poésie pris ensemble. La seule tragédie présente trois modèles illustres. Corneille eut un génie sublime : il sut créer; il est grand. Racine eut un talent admirable : il sut embellir; il est parfait. Voltaire eut un esprit supérieur : il étendit les routes de l'art; il est vaste. Après ces noms classiques, d'autres noms peuvent être cités avec honneur : Crébillon, Thomas Corneille, Lafosse, Guimond de la Touche, Lefranc, Lemière, du Belloi, Laharpe, ont obtenu des succès mérités. Mais les obstacles nombreux dont la carrière est semée arrêtèrent souvent et les maîtres et les élèves, et, pour nous borner aux premiers, les cris envieux qu'à travers le bruit de sa gloire Voltaire entendit durant soixante ans, s'élèvent encore sur sa tombe. Avant Voltaire, une cabale puissante et trop célèbre détermina Racine à briser sa lyre. Avant Racine, d'indignes rivaux, osant être jaloux du fondateur de notre scène, outragèrent cet homme éloquent et profond dont le genre influa sur tous les génies de son siècle. L'art du dénigrement s'est perfectionné chez les censeurs de profession; mais les moyens sont restés les mêmes. On opposait autrefois Sophocle à Corneille, Corneille à Racine, Corneille et Racine à Voltaire. Aujourd'hui, grâce à la richesse toujours croissante de notre théâtre, l'envie, toujours plus riche, oppose à chaque réputation contemporaine toutes les renommées consacrées, à chaque ouvrage tous les chefs-d'œuvre de la scène, à chaque année deux siècles d'une gloire incontestable sans doute, mais qui, chaque année, fut contestée. Le dénigrement est facile, la vraie critique ne l'est pas. C'est elle que nous avons tâché de prendre pour guide. Par elle, nous continuerons à nous abstenir d'une censure amère qui peut offenser et ne peut instruire, et d'une louange exagérée, indigne de plaire à des hommes dignes de louanges.

Un poëte célèbre, M. Ducis [1], fixera nos premiers regards. Le succès d'Hamlet le fit connaître, il y a déjà quarante années. Le succès de Roméo et Juliette attira sur lui l'attention publique, et le théâtre retentissait encore des applaudissements donnés aux scènes fameuses d'OEdipe chez Admète, quand M. Ducis obtint l'honneur mémorable de remplacer Voltaire à l'Académie fran-

[1] Voy. p. 298.

çaise. On doit comprendre dans la même époque le Roi Léar et Macbeth, qui suivirent immédiatement OEdipe. *Othello*, la cinquième tragédie que M. Ducis ait imitée de Shakespeare, appartient à l'école actuelle. Cette pièce a paru sur la scène avec deux catastrophes différentes. Il faut en convenir, le dénoûment heureux que M. Ducis a cru devoir préférer, paraît contraire au ton général de l'ouvrage, et plus encore au caractère d'Othello. D'un autre côté, le premier dénoûment semblait trop dur. On ne s'accoutumait pas à voir le jaloux Othello tuer Hédelmone, après une longue explication. Ce n'est pas ainsi qu'Orosmane, dans l'accès de sa jalousie, immole une amante adorée, et Voltaire, en adoptant la catastrophe de la pièce anglaise, s'était bien gardé d'en imiter les incidents, la couleur et l'exécution. Mais Zaïre est le plus intéressant des chefs-d'œuvre. En laissant cette belle tragédie à la place élevée qu'elle occupe, soyons justes pour l'ouvrage de M. Ducis. La terreur y est fortement soutenue; on y trouve des scènes profondes, des effets nouveaux, d'énergiques détails; on remarque surtout les beaux vers où la sombre tyrannie du gouvernement de Venise est peinte avec une vérité si effrayante. En composant la tragédie d'*Abufar*, M. Ducis n'a suivi d'autre guide que son imagination, et son imagination l'a bien conduit. Quelle fidélité dans le tableau des mœurs arabes! quelle chaleur impétueuse dans la passion de Pharan! combien Saléma est touchante! quel intérêt dans les situations! quelle brillante originalité dans le style! Là, plus richement que partout ailleurs, M. Ducis a déployé l'étendue de son talent poétique. Trois de ses anciens ouvrages ont reparu sur la scène avec des changements considérables, *OEdipe*, *Macbeth* et *Hamlet*. OEdipe n'est plus chez Admète : il est à Colone, ainsi que dans la pièce de Sophocle, et la double action a disparu. Peut-être l'unité n'est-elle pas encore assez complète ; Thésée peut-être, est trop occupé de son jeune fils Hippolyte, que le spectateur ne voit point, et l'idée de refaire dans un songe tout le récit de Théramène ne paraît pas des plus heureuses. Mais le public a vivement senti comme autrefois les beautés répandues en foule dans les rôles d'OEdipe, d'Antigone et de Polynice, et ces beautés sont du premier ordre. Il en est d'égales dans Macbeth : le rôle principal en est rempli ; le rôle de Frédégonde en offre aussi beaucoup, et l'auteur l'a enrichi, durant l'époque actuelle, de cette terrible scène de somnambulisme qu'il n'avait osé tenter autrefois. Le rôle intéressant du jeune Malcolm est également nouveau dans la pièce, et nous croyons qu'elle est aujourd'hui, dans son ensemble, la meilleure tragédie de M. Ducis. Malgré les changements, Hamlet pourrait essuyer plus de reproches. L'amour du héros pour Ophélie est tiède et dépourvu d'effet ; son délire est plus sombre qu'imposant, et l'on est en droit de trouver un peu monotone une frénésie qui dure quatre actes ; mais on ne doit qu'admirer, lorsqu'on entend le prince danois, tenant en main l'urne funèbre où sont renfermées les cendres de son père, interroger une mère criminelle. Voilà un dialogue pathétique, des traits de maître, une scène vraiment supérieure, et il faut bien qu'elle le soit, puisque, malgré l'identité des situations, elle n'est point éclipsée par la superbe scène de Sémiramis et de Ninias. Il est donc juste de reconnaître en M. Ducis un des plus grands talents qui nous restent. Il serait possible de désirer qu'il fût plus régulier dans ses plans ; mais ses plans sont toujours animés par d'énergiques peintures et de vigoureux détails. S'il imite souvent les compositions étrangères, aux beautés qu'il emprunte il ajoute des beautés égales. Imiter ainsi, c'est inventer. Aucun poëte n'a mieux approfondi les sentiments de la nature ; chez aucun, la tendresse filiale ne parle de plus près au cœur d'un père : il fait couler de vertueuses larmes, il fait jouer avec force le ressort puissant de la terreur, et dans la partie essentielle de la tragédie, dans l'art d'émouvoir, c'est un véritable modèle, que le siècle qui commence, et qui se félicite de le posséder encore, présente à la postérité.

Il y a dix-sept ans, M. Arnault [1], très-jeune alors, fit représenter sa première tragédie de *Marius à Minturnes*. Le caractère fortement tracé du héros, des traits énergiques, la belle scène du Cimbre, la simplicité de l'action, la noblesse élevée du style, assurèrent à l'ouvrage un brillant succès. M. Arnault, l'année suivante, ne craignit point d'essayer un sujet d'une excessive difficulté, celui de *Lucrèce*. L'auteur a trop étudié son art pour ne pas condamner lui-même aujourd'hui l'amour de Lucrèce pour Sextus, et certes, dans une tragédie pareille, il ne

[1] V. p. 299 : *Germanicus*, 1817.

sacrifierait plus à cet esprit de galanterie que Voltaire a signalé tant de fois comme le vice radical de notre ancien théâtre. Le délire simulé de Brutus, sous la tyrannie de Tarquin, porte un caractère bien autrement tragique. Ce n'était pas une entreprise vulgaire que de peindre ce vieux fondateur de la plus illustre des républiques, cachant tout l'avenir de Rome dans les replis de son âme profonde, et jouissant avec délices d'un avilissement passager qui assure la liberté de sa patrie. Cette conception forte et neuve mérite de rester au théâtre, et M. Arnault ne saurait apporter trop de soins à perfectionner l'ouvrage où il a su l'exécuter. La tragédie de *Cincinnatus* présente, pour ainsi dire, l'âge d'or de la république romaine ; et, ce qui est bien honorable pour l'auteur, cette pièce, où triomphe une liberté sage qui n'est autre chose que l'empire des bonnes lois, fut composée dans le temps horrible où triomphait parmi nous un despotisme sanguinaire, paré du nom de liberté. Dans *Oscar*, l'amour furieux et jaloux, l'amour vraiment tragique est aux prises avec l'amitié. L'énergie des passions s'y déploie, et la scène de Dermid et de Fillan est remarquable par des traits du plus beau dialogue. Mais de tous les ouvrages de l'auteur, celui qui a le plus complétement réussi, sans en excepter Marius, c'est la tragédie des *Vénitiens*. Et comment ne pas rendre justice aux scènes touchantes de Blanche et de Montcassin, aux nobles développements du rôle de Cappello, surtout à l'effet d'un cinquième acte aussi original que tragique ! En général, M. Arnault cherche toujours et trouve souvent des idées nouvelles ;

ses compositions lui appartiennent ; son style est nourri de pensées. Il est dans la force de l'âge, et ce qu'il a fait garantit ce qu'il est en état de faire encore. Il convient peut-être à des censeurs bassement jaloux de vouloir obscurcir tout succès auquel ils ne sauraient prétendre ; mais il est de l'honneur des gens de lettres, il est même de l'intérêt du public de prêter aux vrais talents un appui nécessaire à leur dignité comme à leurs progrès.

Peu de temps après le Marius de M. Arnault, parut la tragédie de *la Mort d'Abel*, composée par M. Legouvé[1]. Cette heureuse imitation de Gessner ne pouvait manquer d'obtenir un grand succès. On y remarque à la fois la couleur aimable du rôle d'Abel, la couleur sombre et tragique du rôle de Caïn, l'extrême simplicité du plan, l'élégante pureté de la diction, beaucoup de beautés et peu de défauts. La tragédie d'*Épicharis et Néron* n'a pas eu moins d'éclat au théâtre. Ce n'est point ici le Néron naissant de Britannicus, un tyran qui va choisir entre le crime et la vertu : c'est Néron tout entier, dans la perfection de sa tyrannie, et par là même dans une situation moins dramatique. Mais les rôles d'Épicharis et du célèbre Lucain jettent de l'intérêt dans la pièce, et la terreur est portée au plus haut point dans la catastrophe. Loin de son palais qu'il a déserté, Néron, réfugié dans un humble asile, y reçoit sans cesse, et coup sur coup, des nouvelles de plus en plus effrayantes, jusqu'au moment où

---

[1] V. p. 278. On doit à son fils, né 1807, la tragédie de *Guerrero*, 1845, les drames de *Louise de Lignerolles*, 1838, d'*Adrienne Lecouvreur*, 1849, et plusieurs comédies en collaboration avec E. Scribe.

il se tue pour échapper à la mort des esclaves. L'agonie dure un acte entier : c'est beaucoup ; mais l'horreur que le personnage inspire soutient l'attention des spectateurs; ils jouissent de la longueur même de ses remords et de ses tourments ; c'est Néron qui meurt. Après avoir peint dans *Fabius* l'austérité des armées romaines, et cette discipline inflexible qui lui soumit trente nations, M. Legouvé, remontant jusqu'à ces tragiques familles dont les crimes et les malheurs retentissent depuis vingt siècles sur toutes les scènes, a traité dans *Étéocle et Polynice* un sujet désigné par Boileau comme indigne de l'épopée, et qui peut-être n'est guère plus convenable au théâtre. Racine, il est vrai, l'avait choisi, mais dans sa jeunesse, quand il n'était pas Racine encore, et qu'il n'avait pas approfondi le grand art qui lui doit sa perfection. M. Legouvé n'a pas craint des difficultés qu'il a su franchir en partie ; il a distingué par des nuances bien saisies les deux personnages principaux, quoiqu'ils soient à peu près également odieux. Une action sagement conduite, et des scènes fortement dialoguées, rendent sa pièce recommandable. En faisant paraître OEdipe dans les deux derniers actes, comme on le voit intervenir dans les Phéniciennes d'Euripide, il a trouvé le moyen de répandre quelque intérêt sur un sujet ingrat, et plus terrible que tragique. Le même poëte, essayant la tragédie moderne, n'a pas cru que le sujet de *la Mort de Henri IV* fût impossible à traiter. Sa pièce a réussi, mais elle a essuyé de nombreuses critiques. On a surtout reproché à l'auteur d'avoir trop légèrement impliqué dans l'assassinat de Henri IV le duc d'Épernon, la cour d'Espagne, et jusquà la reine Marie de Médicis. Les réponses de M. Legouvé sont dignes d'examen. A-t-il outre-passé toutefois les priviléges du théâtre, au moins à l'égard de Marie? Qu'il nous soit permis de laisser la difficulté indécise. En pénétrant au cœur de l'ouvrage, ne serait-on pas obligé d'avouer que le personnage de Henri IV exigeait une touche plus ferme et plus franche? Des querelles de ménage, pour être conformes à la vérité historique, atteignent-elles la hauteur de la tragédie et d'un héros consacré par de si chers souvenirs? On pouvait agiter ces questions avec la politesse qui devrait toujours distinguer des écrivains français, et la mesure convenable, en jugeant les productions d'un homme de mérite ; mais il fallait en même temps savoir apprécier l'habileté dont l'auteur a fait preuve, soit dans l'action générale, soit dans les diverses parties de son ouvrage ; les ressources qu'il a déployées dans les scènes difficiles, les morceaux éloquents qu'il a semés dans le beau rôle de Sully; enfin, cette versification mélodieuse que nous avons déjà remarquée dans ses petits poëmes, et que, loin des illusions du théâtre, les lecteurs aiment à retrouver encore dans les tragédies qu'il a publiées.

Plusieurs années avant les temps dont nous traçons le tableau littéraire, M. Lemercier [1], touchant à l'extrême jeunesse et presque à l'enfance, avait essayé le genre tragique. Il y a quinze ans, ces essais renouvelés promirent davantage : on entrevit même dans *le Lévite d'Éphraïm*

---

[1] V. p. 281; a donné *Frédégonde et Brunehaut* en 1820 ; *Richard III et Jeanne Shore*, en 1823 ; *les Martyrs de Souli*, en 1825, etc.

quelques lueurs d'un beau talent qui se révéla bientôt, et brilla de tout son éclat dans la tragédie d'*Agamemnon*. Là, nul incident inutile ; la marche est à la fois rapide et sage ; Eschyle et Sénèque sont imités, mais avec indépendance. Le caractère artificieux et profond d'Égisthe, les agitations de Clytemnestre qui résiste avec faiblesse, et succombe à l'ascendant du crime ; le rôle naïf d'Oreste adolescent et bien plus encore les scènes pleines de verve de la prophétesse Cassandre, ont déterminé les suffrages publics en faveur de cette pièce, regardée par les connaisseurs comme un des ouvrages qui ont le plus honoré la scène tragique à la fin du dix-huitième siècle. Depuis, et même dans *Ophis* qui d'ailleurs est loin d'être sans beautés, M. Lemercier semble inférieur à lui-même. Il vient de faire imprimer une tragédie non représentée. Son héros principal est *Baudouin*, comte de Flandre, celui qui, durant les croisades de Philippe-Auguste, osa fonder à Constantinople l'éphémère empire des Latins. Il y a de grands traits dans cet ouvrage, moins, il est vrai, dans les rôles de Baudouin et de son épouse, que dans ceux du Vénitien Dandolo et d'Athanasie, sainte et prophétesse. Cette Cassandre chrétienne et la pièce entière produiraient peut-être au théâtre un effet imposant et religieux, si d'habiles acteurs étaient secondés par un auditoire attentif. Elle contient pourtant des choses hasardées ; l'auteur s'en permet dans presque toutes ses productions. Il faut tout dire : on lui reproche d'avoir contracté des habitudes de style que les spectateurs et les lecteurs ne sauraient prendre aussi vite que lui. A force de vouloir être neuf, il a, dit-on, dans le choix des mots et des tournures, une recherche plus pénible qu'originale. Nul n'est plus en état que M. Lemercier de peser ces observations, et d'y faire droit s'il y trouve quelque justesse. Doué d'un esprit étendu, brillant et facile, il n'a qu'à redevenir naturel, assuré qu'il lui est impossible d'être vulgaire. A ce prix, de nouveaux succès l'attendent, et la scène française doit compter sur lui, puisqu'il a fait Agamemnon [1].

Bien différent, en ce point, du poëte dont nous venons de parler, c'est dans la maturité de l'âge que M. Raynouard [2] a donné sa première et jusqu'à présent sa seule tragédie connue, *les Templiers*. En traitant l'histoire moderne après Voltaire et quelques autres, il ne pouvait choisir un sujet qui fût plus heureux. Non-seulement il faisait justice d'un grand abus du pouvoir, ce qui plaît toujours aux hommes rassemblés, mais il célébrait des victimes révérées encore en Europe par des sociétés nombreuses; il rendait hommage aux vertus d'un ordre qui s'est survécu à lui-même par une influence toujours cachée, mais toujours puissante et prolongée jusqu'à nos jours, du moins, s'il faut en croire des historiens accrédités, d'illustres philosophes, et spécialement Condorcet. La tragédie de M. Raynouard a excité de vifs applaudissements et des censures non moins vives. Mais des critiques passionnés, qu'irrite l'approbation générale, n'ont pu servir ni l'auteur ni l'art. Pour reprendre utilement

---

[1] V. la note de la page 316. — [2] Né 1761, m. 1836. *Les États de Blois*, 1810.

les défauts, on doit sentir les beautés et les faire sentir. La marche de la pièce est quelquefois un peu lente ; mais elle n'offre point d'écart. Le style n'est pas exempt de sécheresse, mais il est presque toujours correct; il n'abonde pas en tours poétiques, il est plein de pensées énergiques et saines ; on désirerait quelquefois plus d'élégance, jamais plus de force et de précision. Si la scène de Ligneville et les formes du récit rappellent des pièces déjà connues sur la scène tragique, on ne peut contester à l'auteur un trait superbe de ce même récit, et, dans les différents actes, plusieurs traits d'un dialogue nerveux et rapide, des tirades animées, beaucoup de chaleur et de mouvement. On a généralement senti l'inutilité du rôle de la reine ; celui du chancelier n'est guère plus utile, et c'était bien assez d'un ministre persécuteur. Il serait même à souhaiter que le personnage intéressant du connétable fût lié plus intimement à l'action. En regardant de près Philippe le Bel, il faut bien le dire encore, à travers des touches indécises, on cherche, sans la trouver, la physionomie de ce prince remarquable, qui distingua si bien le temps où il devait braver la cour de Rome, et le temps où il pouvait la gouverner en l'invoquant ; qui sut calculer tout son règne ; qui, despotique et populaire, fit à la fois du bien et du mal, non par inclination, mais par intérêt, et ne choisit des vertus et des vices que ce qui pouvait lui être utile. Mais quelle dignité imposante, et souvent quelle noble éloquence dans les discours du grand maître ! Quelle heureuse idée que celle du jeune Marigny, associé secrètement à ces templiers dont son père a juré la ruine, osant prendre leur défense au fort du péril, révélant son secret quand il ne peut plus que partager leur infortune, se dévouant pour eux, mourant avec eux, et commençant, par cet héroïque sacrifice, le châtiment de son père coupable ! Voilà un personnage bien inventé, jeté au milieu de l'action ; voilà des incidents qui produisent un intérêt puissant sur tous les cœurs, parce qu'il est fondé sur la morale ; et cette belle conception tragique, la partie la plus recommandable de l'ouvrage, suffirait seule pour justifier l'éclatant succès qu'il a obtenu dans sa nouveauté.

Nous avons à parler encore de trois pièces, puisqu'elles ont réussi d'une manière marquée : l'*Abdélasis* de M. de Murville [1], représenté pour la première fois il y a seize ans, et remis au théâtre l'année dernière, tient plus du roman que de la tragédie. Le quatrième acte offre cependant des situations fortes, trop fortes même pour l'ensemble de la pièce ; mais on peut, et par conséquent on doit louer dans cet ouvrage la pureté de la diction, la douceur et l'harmonie des vers. Ces qualités sont au moins aussi remarquables dans le *Joseph* de M. Baour-Lormian [2]. Une froide intrigue d'amour, une froide conspiration, déparent, il est vrai, cette tragédie. Joseph ne doit être occupé que de son père et de sa famille ; Siméon n'a pas besoin de conspirer pour être odieux. Mais le petit rôle de Benjamin respire la candeur la plus aimable ; l'entretien de cet enfant avec Joseph est d'un in-

---

[1] M. 1815. — [2] V. p. 269 : *Mahomet II*, 1811.

térêt plein de charme, et cette scène bien conçue, bien écrite, supérieurement jouée, n'a pas contribué médiocrement au succès de la pièce entière. Une scène entre Joseph et Siméon mérite aussi d'être distinguée. Au reste, ce sujet a toujours réussi. On voit, par une lettre de Mme de Maintenon, que le Joseph de l'abbé Genest, représenté à la cour, en concurrence avec le chef-d'œuvre d'Athalie, le fit tomber pour la seconde fois, longtemps après la mort de Racine. Il ne faut pas trop s'en étonner : les courtisans n'étaient point assez connaisseurs pour apprécier les beautés sévères d'Athalie. Joseph présente une fable heureuse, pathétique, facile à suivre, facile même à traiter. La pièce est faite dans la Genèse, et mieux que dans toutes les tragédies composées, soit pour le collége, soit pour le théâtre. Lorsqu'on veut tirer un sujet de la Bible, les petites inventions modernes ne peuvent que nuire à la vérité du ton général. Le vrai talent consiste à tout emprunter du modèle. C'est ce qu'a senti parfaitement, et ce qu'a fait deux fois notre immortel Racine. Ce grand poëte avait trop de goût pour allier des couleurs disparates, et trop de véritable génie pour inventer mal à propos.

L'*Artaxerce* de M. Delrieu [1] vient d'obtenir aux représentations un succès que la publication de la pièce a diminué, mais qui n'en est pas moins légitime à beaucoup d'égards. C'est une imitation d'un célèbre opéra de Métastase. Quelques scènes de fadeur, regardées en Italie

[1] M. 1836.

comme nécessaires au genre du drame lyrique, ont été supprimées avec raison par l'auteur français. Il est fâcheux qu'en récompense il ait ajouté deux premiers actes aussi froids qu'inutiles, qui servent d'introduction à la tragédie, ou plutôt qui forment eux-mêmes une tragédie préliminaire. Jamais la duplicité ne fut si évidente, et jamais elle ne fut moins excusable ; car le sujet, tel qu'il est traité dans la pièce originale et dans les trois derniers actes de la copie, offre des incidents plus multipliés qu'aucun des chefs-d'œuvre de la scène française, inférieure toutefois à la scène grecque pour la simplicité des compositions. Artaxerce n'est pas d'un effet médiocre. Les rôles de l'ambitieux Artaban et de son vertueux fils Arbace, offrent un contraste aussi frappant que bien soutenu ; et ce qui vaut mieux encore, du jeu de ces deux caractères naissent les principales situations, entre autres la scène du jugement, et la scène non moins belle qui dénoue la pièce. Le ressort est des plus tragiques, et cette conception de maître honore le génie de Métastase. M. Delrieu a risqué de légers changements, dont quelques-uns sont heureux. Qu'Arbace arrache des mains de son père le glaive teint du sang de Xercès, voilà qui est noble et bien trouvé. Qu'à l'exemple de Cléopâtre dans Rodogune, Artaban boive le poison qu'il avait préparé pour un autre usage, voilà qui est conforme aux mœurs de ce personnage atrocement intrépide. Mais qu'Artaxerce porte l'amitié jusqu'à tirer secrètement de prison Arbace, condamné par son propre père comme assassin du père d'Artaxerce, voilà qui dépasse toutes les convenances. C'est d'ailleurs faire d'Artaban un conspirateur maladroit, qui se laisse gagner de vitesse, et ne sait pas même prendre ses mesures pour sauver un fils qu'il a condamné à mort, et qu'il prétend couronner. Le poëte italien joint au mérite de l'invention le mérite non moins rare d'un style aussi noble qu'harmonieux. Pourquoi M. Delrieu ne l'a-t-il pas imité en tout? Pourquoi sommes-nous contraints d'avouer que sa pièce est écrite avec une extrême sécheresse? Cependant, à la suite de cette tragédie, il a publié des notes où l'on apprend qu'il est fort supérieur à Métastase. Un jour il aura quelque peine à relire ces notes étranges : peut-être même aura-t-il le bon esprit de les supprimer, quand l'étude lui aura fait sentir qu'on ne doit ni gâter, ni surtout dénigrer les modèles, et que, pour s'assurer des louanges durables, il faut les mériter et les attendre.

Les tragédies les plus remarquables de ces vingt dernières années se distinguent par une action simple, souvent réduite aux seuls personnages qui lui sont nécessaires, dégagée de cette foule des confidents aussi fastidieux qu'inutiles, de ces épisodes qui ne font que retarder la marche des événements et distraire l'attention des spectateurs, de ces fadeurs érotiques si anciennes sur notre théâtre, introduites, par la tyrannie de l'usage, au milieu de quelques chefs-d'œuvre, prodiguées par les prétendus élèves de Racine, fréquentes dans les sombres tragédies de Crébillon, signalées par Voltaire, et désormais bannies de la scène comme indignes de la gravité du cothurne. Le caractère philosophique, imprimé par ce grand homme à la tragédie, s'est également conservé dans le choix de quelques sujets et dans la manière de les traiter. C'est encore à l'exemple de Voltaire que l'on a tenté les diverses routes de l'histoire moderne. On ne s'est pas même borné, comme lui, à des époques générales, on a retracé des événements mémorables, on a exposé les excès du fanatisme et les abus du pouvoir avec cette vérité sévère qui convient à la tragédie historique. Nous avions déjà des modèles de cette vérité dans plusieurs pièces tirées de l'histoire ancienne ; mais, il faut l'avouer, l'histoire moderne est bien plus difficile à traiter au théâtre. C'est peu que les mœurs en soient moins poétiques : une religion tout autrement grave que le polythéisme, en voulant former un pouvoir séparé du pouvoir civil, ou pour mieux dire, un pouvoir suprême, en agissant sur l'universalité des choses humaines, n'aime pourtant pas à figurer avec elles sur la scène qui les représente. Comment donc traverser le moyen âge, rempli, durant cinq siècles, des guerres du sacerdoce et de l'empire? Comment peindre le seizième siècle où, depuis Louis XII jusqu'à Henri IV, depuis Jules II jusqu'à Sixte-Quint, l'Europe entière est agitée par des religions rivales et par les discordes sanglantes qu'elles n'ont cessé de produire? Pour les monarques, pour les ministres, ils ont été vertueux ou méchants. Ne faut-il pas les faire parler, les faire agir comme ils ont parlé, comme ils ont agi? Contredira-t-on tous les historiens, pour flatter la mémoire d'un mauvais prince? Mais quelle estime obtiendront les ouvrages faits dans cet esprit? Ne produira-t-on sur la scène que les personnages consacrés par la vénération publique? Mais, sans parler des contrastes si indispensables dans les ouvrages dramatiques, de quelque genre qu'ils soient, c'est vouloir écarter de la tragédie non-seulement ce qu'il y a de plus moral, mais ce qu'il y a de plus tragique, le spectacle de la vertu courageuse aux prises avec le crime puissant. Si l'on eût jadis observé ces ménagements étranges, nous n'aurions pas la mort de Pompée, Rodogune, Héraclius, Nicomède, Britannicus, Athalie, Mérope et Mahomet. Que peint la tragédie? des passions. Quelles passions? celles des hommes qui furent à la tête des États. Que résulte-t-il de ces passions? des crimes et des malheurs. De là découlent la terreur et la pitié : hors de là point de tragédie. Elle fut telle chez les Grecs, telle parmi nous, telle en Angleterre : sa nature ne saurait changer ; mais l'esprit du dernier siècle et les progrès de la raison humaine ont encore augmenté l'importance du plus grave des genres de poésie. Il faut donc, pour le bien traiter, surtout aujourd'hui, réunir beaucoup de choses dont la réunion n'est pourtant pas facile : le talent d'écrire en vers avec une dignité simple, énergique et touchante, l'étude continuelle du cœur humain, une connaissance profonde de l'histoire, de la morale, de la politique, la haine des préjugés, l'amour de la vérité, le désir inaltérable et le droit de servir sa cause [1].

[1] Chénier (né 1764, m. 1811), avait donné *Charles IX*, 1789, *Henri VIII*, *la Mort de Calas*, 1791, *Gracchus*, 1794, *Fénelon*, 1792, *Timoléon*, 1794. Ses poésies lyriques, ses épîtres, ses satires sont justement admirées. Voyez la notice placée en tête de ce volume.

La tragédie classique si maltraitée par la nouvelle-école, qui voulait la remplacer par le drame, a encore eu de beaux jours ; il suffisait qu'elle fût interprétée par Talma (m. 1826), ou par mademoiselle Rachel (m. 1858).

Casimir Delavigne[1] (né 1793, m. 1843), donnait, en 1819, *les Vêpres siciliennes*; en 1821, *le Paria*; en 1828, *Marino Faliero*; en 1832, *Louis XI*; en 1833, *les Enfants d'Édouard*; en 1835, *Don Juan d'Autriche*; en 1840, *la Fille du Cid*, etc.

Alexandre Soumet (m. 1845) : *Clytemnestre*, 1820 ; *Saül*, 1821 ; *Jeanne d'Arc*, 1825 ; *Jeanne Grey*, 1844.

De Jouy [2] : *Sylla*, 1822 ; *Bélisaire*, 1825 ; *Julien dans les Gaules*, 1827, etc.

M. P. Lebrun [3] (né 1785) ; *Marie Stuart*, 1820.

Ancelot [4] (m. 1854) : *Louis IX*, 1819 ; *Fiesque*, 1824 ; *Maria Padilla*, 1838, etc.

Liadières [5] (m. 1858) : *Conradin et Frédéric*, 1820 ; *Jean Sans Peur*, 1821 ; *Jeanne Shore*, 1824 ; *Waldstein*, 1829, etc.

M. Viennet [6] : *Clovis*, 1820 ; *Arbogaste*, 1842, etc.

Draparnaud (m. 1833) ; *Louis le Débonnaire*, 1822, *Maxime ou Rome livrée*, 1823 ; *la Clémence de David*, 1825.

---

[1] V. p. 305 ; a fait représenter *les Comédiens*, 1820 ; *l'École des Vieillards*, 1823 ; *la Princesse Aurélie*, 1828 ; *la Popularité*, 1838, etc. — [2] V. p. 136, avait donné *Tippo-Saëb* en 1813, a écrit pour Spontini les opéras de *la Vestale* et de *Fernand Cortez*; pour Rossini, *Moïse* et *Guillaume Tell*; *les Amazones* et *les Abencerrages*, pour Chérubini; *les Bayadères*, pour Catel, etc. — [3] Auteur d'un poëme intitulé : *Voyage en Grèce*, 1828 ; a donné *Ulysse*, en 1813 ; *Pallas, fils d'Évandre*, en 1822, *le Cid d'Andalousie*, 1825. — [4] A donné aussi quelques comédies et un grand nombre de vaudevilles. — [5] Auteur de *la Tour de Babel*, 1845, et des *Bâtons flottants*, 1851. — [6] V. p. 281.

Lœuillard d'Avrigny [1] (m. 1823); *Jeanne d'Arc*.

Arnault fils (né 1787) : *Régulus*, 1822; *Pierre de Portugal*, 1823; *le Dernier jour de Tibère*, 1828; *Gustave-Adolphe* 1830; *la Conjuration des Pazzi*, etc.

Guiraud (m. 1847); *Pélage*, 1820, *les Machabées*, 1822; *le Comte Julien*, 1823; *Virginie*, 1827.

Brifaut (m. 1857); *Jeanne Grey*, 1814; *Ninus*, 1814; *Charles de Navarre*, 1820.

M. Fr.-A. Arnault (né 1819) *Chatterton mourant*, tragédie en un acte, 1846; ce qui rappelle : *Une famille au temps de Luther*, 1836, de Casimir Delavigne, et *Selma*, 1859, de M. Viennet.

Alexandre Dumas : *Caligula*, 1837.

Madame de Girardin [2] a écrit deux tragédies pour mademoiselle Rachel : *Judith*, 1843, *Cléopâtre*, 1847.

Enfin M. Ponsard (né 1814) semblait, en 1843, inaugurer une ère nouvelle par sa tragédie de *Lucrèce*, suivie d'*Agnès de Méranie* et d'*Ulysse*; mais il s'est borné à donner le drame de *Charlotte Corday*, 1850, et deux comédies : *l'Honneur et l'Argent*, 1853, et *la Bourse*, 1856.

M. Autran (né 1813) a fait jouer en 1848 *la Fille d'Eschyle*, jugée digne d'un prix *Montyon*.

M. Jules Lacroix (né 1809), s'est fait remarquer par une traduction littérale de *l'OEdipe-Roi*, de Sophocle, et par deux drames en vers : *le Testament de César*, 1849, et *Valeria*, 1851, en collaboration avec M. Maquet.

M. Léon Halevy (né 1802) a traduit en vers les chefs-d'œuvre dramatiques grecs; *les Euménides* (1860); il a fait représenter, en 1829, une tragédie : *le Czar Demetrius* [3].

---

[1] Auteur de plusieurs opéras comiques. — [2] V. p. 307. On lui doit plusieurs comédies : *l'École des Journalistes*, 1840; *Lady Tartufe*, 1853; *la Joie fait peur*, 1854, etc. — [3] M. Léon Halevy est auteur de plusieurs drames, comédies et vaudevilles.

Nous devons aussi deux tragédies à M. Ernest Legouvé (voir page 314); *Guerrero ou la Trahison*, 1845, et *Médée*, 1856; mais il s'est surtout distingué par son drame de *Louise de Lignerolles*, en collaboration avec M. Dinaux (Goubaux), et par ses pièces d'*Adrienne Lecouvreur*, 1849, de la *Bataille de Dames*, 1851, des *Contes de la reine de Navarre*, 1851, et des *Doigts de fée*, 1858, en collaboration avec Eugène Scribe.

CHAPITRE XI.

LA COMÉDIE.

Corneille[1], qui créa parmi nous tout l'art dramatique, a laissé un modèle dans la haute comédie. En effet, si l'on peut reprocher plusieurs défauts à la pièce du *Menteur*, du moins le caractère principal est-il admirablement traité. Un génie non moins étonnant, Molière[2], à qui nul philosophe n'est supérieur, à qui nul poëte comique n'est égal, porta tous les genres de comédie à leur perfection. Loin de lui, à des intervalles plus ou moins grands, se font remarquer ses successeurs. On aimera toujours la gaîté ingénieuse et brillante de Regnard[3], la finesse originale de Dufresny[4], l'habileté de Destouches[5], la force comique de Lesage[6] qui, seul, atteignit presque Molière dans le chef-d'œuvre de Turcaret. Plus tard, Piron[7] et Gresset[8], par deux beaux ouvrages, soutinrent la

[1] M. 1684. — [2] M. 1673. — [3] M. 1709. — [4] M. 1724. — [5] M. 1754. — [6] M. 1747. — [7] M. 1773. — [8] M. 1777.

comédie dans son éclat. Mais, de leur temps même, on la vit mélancolique avec Lachaussée [1], minaudière avec Marivaux [2]. Ces défauts réussirent, ou plutôt passèrent, grâce aux qualités qui les rachetaient. On négligea cette remarque, et les défauts furent contagieux, bientôt même exagérés. Lachaussée n'avait été qu'attendrissant, on devint sombre ; et le style précieux de Marivaux fut surpassé par un jargon ridicule. Telle était parmi nous la comédie, il y a trente ou quarante ans. Bien peu d'auteurs surent éviter à la fois deux écueils également dangereux.

M. Cailhava [3] qui doit être compté dans ce très-petit nombre, a continué de rester fidèle aux principes de la vraie comédie. C'est dans le commencement de l'époque actuelle qu'il a fait représenter les *Ménechmes grecs*. C'était une tentative assez hardie, que d'offrir de nouveau sur la scène un sujet traité par Regnard avec la verve inépuisable qui distingue les productions de ce charmant poëte comique. M. Cailhava, néanmoins, a complétement réussi, en suivant de plus près les traces de Plaute, quant à l'action, mais en refondant presque tous les caractères de la pièce latine. Le public s'est empressé de rendre justice à la peinture piquante des mœurs de la Grèce, à la vérité des situations, au naturel du dialogue, au mérite rare d'une gaîté franche qui ne dégénère pas en bouffonnerie. Les connaisseurs ont retrouvé dans cet ouvrage le mérite qu'ils avaient senti dans le Tuteur dupé, comédie qui a fondé la réputation de l'auteur, et

---

[1] M. 1754. — [2] M. 1763. — [3] M. 1813.

qui tient son rang parmi les bonnes pièces d'intrigue composées durant le cours du dernier siècle. M. Laujon[1], l'un des meilleurs chansonniers français, d'ailleurs avantageusement connu par les opéras d'Églé, de Silvie, d'Ismène et Isménias, et plus encore par la jolie comédie lyrique de l'Amoureux de quinze ans, a mérité sur la scène française un succès flatteur. Sa petite comédie du *Couvent* brille de cette fraîcheur, et, pour ainsi dire, de cette jeunesse d'esprit qui le fait remarquer encore. Il s'est toujours occupé depuis, il s'occupe aujourd'hui même de nouveaux ouvrages, et le public sourit avec bienveillance à l'heureux enjouement d'un vieillard qui a conservé l'habitude d'être aimé, en ne perdant pas celle d'être aimable. Quand M. Laya[2] donna au théâtre sa comédie de *l'Ami des Lois*, déjà l'anarchie menaçante allait se perdre dans cette tyrannie qui fut exercée au nom du peuple; mais le talent lui-même a besoin de beaucoup de temps pour bien écrire, et surtout pour bien écrire en vers français; la pièce paraît avoir été composée trop vite. Quoi qu'il en soit, l'auteur y fit preuve d'une noble audace, et de ce genre d'éloquence qu'une noble audace est sûre de donner. Aussi l'Ami des lois fut-il accueilli par la faveur publique; car, en ce genre, un nombreux auditoire applaudit toujours au courage dont il ne court point les risques. Peu de temps après, M. François (de Neufchâteau)[3] attira sur lui une honorable persécution, en répandant des idées saines et

---

[1] M. 1811. — [2] M. 1833. — [3] V. p. 294.

vraiment philosophiques dans sa comédie de *Paméla*. Cette pièce obtint à juste titre un succès qui s'est constamment soutenu ; elle intéresse vivement les spectateurs ; elle est conduite avec art, elle est de plus très-bien versifiée : c'est, comme on sait, une imitation de Goldoni qui lui-même avait imité le beau roman de Richardson. Mais, si la forme de l'ouvrage et l'ordonnance de ses diverses parties appartiennent à l'auteur italien, les détails ont été bien embellis par l'auteur français. Toujours égal à Goldoni pour la composition des scènes, M. François lui est toujours supérieur pour l'exécution. Voilà comme il est difficile et comme il est bon d'imiter.

Ici, nous trouvons à la fois trois poëtes comiques dignes d'une attention spéciale. Le plus jeune des trois, M. Andrieux [1], s'était fait connaître avant les deux autres ; mais puisque les ouvrages de Fabre d'Églantine [2], se présentent les premiers dans les temps que nous parcourons, c'est par lui que nous allons commencer. Fabre, alors âgé de plus de trente ans, donna, sans aucun succès, deux grandes comédies en vers. Il fut dénigré d'abord ; et, ce qui est pire, il était à peu près oublié, quand *le Philinte de Molière* parut. Moins on avait espéré de l'auteur, et plus le succès de sa nouvelle comédie fut éclatant. Si l'on en croit J.-J. Rousseau dans sa lettre sur les spectacles, le Philinte du Misanthrope n'est pas seulement un homme poli, c'est un égoïste. Il n'est pas sûr que cette remarque ait beaucoup de justesse ; et Molière, en traçant le carac-

---

[1] V. p. 299. — [2] M. 1794.

tère d'un personnage, ne proposait point d'énigme à deviner. Mais tel est l'ascendant des écrivains supérieurs : quelques mots hasardés par l'auteur d'Émile ont fait concevoir une belle comédie. Laharpe trouve un excès de vanité dans l'idée même de la pièce. Laharpe aurait dû mieux s'y connaître, et le reproche est injuste. L'auteur ne fait pas un nouveau Misanthrope, comme d'autres ont fait un nouveau Tartufe ; il se donne pour imitateur, il adopte les principaux personnages de Molière ; il se met à sa suite, et non pas en concurrence avec lui. Comment Laharpe ne l'a-t-il pas senti ? Pourquoi veut-il affaiblir les éloges qu'il est forcé de donner à la comédie du Philinte ? On devine aisément ses motifs. Elle avait deux grands torts à ses yeux ; c'était l'ouvrage d'un de ses contemporains, et cet ouvrage avait réussi. Le style en est plein de défauts, sans doute : quelquefois énergique, il est plus souvent dur, incorrect et bizarre. Mais si la pièce était bien écrite, après les chefs-d'œuvre de Molière, toujours seul sur le trône où l'a placé son génie, quelle haute comédie serait comparable au Philinte ? Depuis cent années, la scène comique offre-t-elle un rôle aussi brillant, aussi noble, aussi bien soutenu que le personnage d'Alceste ? N'est-ce pas une situation fortement conçue que celle de Philinte puni de son égoïsme par la fraude même qu'il tolérait si paisiblement quand il n'y voyait que le mal d'autrui ? La plénitude et la simplicité de la fable annoncent-elles un esprit vulgaire ? Le même genre de mérite brille encore, mais d'un moindre éclat, dans les autres productions de Fabre d'Églantine. Le *Convales-*

cent de qualité abonde en force comique. *L'Intrigue épistolaire*, dont les incidents et les détails ne prouvent pas un goût difficile, offre en récompense un dialogue rapide, une gaîté continue, qui rachètent bien des défauts, du moins à la représentation. La comédie des *Précepteurs*, ouvrage posthume et que l'auteur ne croyait point avoir achevé, présente une conception philosophique et des scènes originales. Ces diverses productions sont également déparées par un mauvais style. Il y a plus : Fabre affectait cette diction singulière, et l'avait réduite en système ; il écrivait d'ailleurs très-vite, secret infaillible pour mal écrire. Mais on ne saurait lui contester une imagination féconde, de l'art dans les compositions, de la vigueur dans la peinture des caractères, et malgré tout ce qu'on peut lui reprocher, les critiques équitables placeront toujours l'auteur du Philinte de Molière parmi nos vrais poëtes comiques.

On a vu paraître, dans la même époque, une comédie célèbre de Collin d'Harleville[1] ; et déjà ce poëte avait affermi sa réputation par trois succès. *L'Inconstant*, son premier ouvrage, offrait, quant au fond du sujet, quelques rapports avec l'Irrésolu. Mais si la pièce de Destouches[2] n'est pas aussi faible d'intrigue que celle de Collin, si les personnages accessoires y sont beaucoup moins négligés, il s'en faut bien que le personnage principal y soit peint d'aussi vives couleurs. L'Inconstant n'est pas seulement très-comique, il est encore très-

---

[1] M. 1806. — [2] V. p. 328

aimable; et ce rôle, un des mieux conçus qu'il y ait au théâtre, est en même temps, pour le style, ce que l'auteur a produit de plus brillant. L'*Optimiste* et *les Châteaux en Espagne* étincellent de traits charmants; l'auteur y a prodigué ces détails heureux dont il savait enrichir ses ouvrages; mais on y désirerait dans les situations plus de cette force comique, mérite éminent des pièces de caractère, et que les deux sujets semblaient appeler. Ce fut alors que Fabre d'Églantine se mit en concurrence ouverte avec Collin d'Harleville. D'abord, sous le titre du *Présomptueux*, il refit les Châteaux en Espagne, et la lutte ne lui fut point avantageuse. Bientôt, dans la préface du Philinte de Molière, préface indigne d'une telle pièce, il se permit d'attaquer, sans aucune mesure, et la comédie de l'Optimiste, et jusqu'aux intentions morales de l'auteur. A cette hostilité, si convenable aux détracteurs par état, mais si étrange de la part d'un homme de mérite, Collin répondit, comme les vrais talents peuvent seuls répondre, par un excellent ouvrage. Plusieurs qualités manquaient à ses premières productions: rien ne manque au *Vieux Célibataire*; le caractère principal est supérieurement dessiné; l'artificieuse gouvernante est d'une vérité parfaite; chacun des personnages accessoires est ce qu'il devait être; l'intérêt, la force comique animent les différentes situations; le style est élégant, le dialogue ingénieux et vif, l'effet général complet. Enfin, le Vieux Célibataire occupe un rang élevé parmi les comédies du dix-huitième siècle, et, sans contredit, la première place entre les comédies de Collin d'Harleville. Les ouvrages que l'auteur a composés depuis sont loin de mériter autant d'éloges. Toutefois, dans les *Mœurs du jour*, son talent se réveille encore, mais à de longs intervalles. Son style, d'ailleurs plein de naturel et de grâce, s'affaiblissait depuis quelque temps par une manière expéditive, et qui n'était pas exempte d'incorrection ; ses vers, souvent dépourvus de césure, ne conservaient plus, des formes de notre poésie, que la rime et le nombre des syllabes. Nous faisons cette remarque pour les jeunes gens qui ne l'imitent que trop en ce point, le seul où il soit aisé de l'atteindre et plus aisé de le surpasser. Les maladies, et les chagrins par qui les maladies deviennent incurables, nous l'ont enlevé trop tôt ; le sort dont il ne jouissait pas, mais dont il était digne, un sort heureux l'aurait conservé sans doute à l'amitié qui le regrette, et à la scène française qu'il aurait pu longtemps honorer.

Si quelque poëte comique devait se croire un rival à craindre pour Collin d'Harleville, c'est assurément M. Andrieux [1] : mais il a préféré d'être ou plutôt de rester son ami, car il l'était presque dès l'enfance : il l'a constamment aidé de ses conseils, de ses talents même, au point d'écrire une scène entière de l'Optimiste, et ce n'est pas la moins bien écrite. M. Andrieux, dans son coup d'essai, la petite pièce d'*Anaximandre*, s'était distingué de très-bonne heure par cette diction pure, élégante et facile qu'il a toujours conservée. *Les Étourdis* firent sa

[1] V. p. 299, a donné *le Manteau*, en 1820.

réputation : ce fut à bien juste titre, et, depuis les Folies amoureuses, il serait peut-être impossible de citer une seule comédie en trois actes qui réunisse, au même degré que les Étourdis, le charme d'une versification brillante, la gaité du dialogue, l'originalité des caractères et la piquante variété des situations. Plus récemment, dans une petite pièce agréable et morale, et lorsque des clameurs violentes s'élevaient contre la philosophie, M. Andrieux s'est honoré lui-même en sachant honorer la mémoire du philosophe Helvétius. Dans *le Souper d'Auteuil*, c'est à Molière qu'il rend hommage ; une intrigue légère, mais intéressante, anime la pièce, égayée souvent par les distractions du bon La Fontaine et par les saillies plaisantes de Lulli. Le ton de cet ouvrage et du précédent, et le choix heureux des sujets, devraient éclairer quelques auteurs modernes qui, n'ayant pas étudié les convenances du théâtre, y présentent des écrivains médiocres, comme des talents supérieurs, ou, ce qui est pire encore, y travestissent, sans le vouloir, des hommes supérieurs en hommes médiocres, et vont jusqu'à leur prêter l'ignoble esprit des calembours. Dans la comédie en cinq actes, intitulée *le Trésor*, M. Andrieux n'a point dégénéré. Une scène de vente a paru surtout fortement comique ; elle ne surpasse pas néanmoins la première scène, écrite en vers excellents, et l'une des plus belles expositions que puisse offrir notre théâtre. Les qualités distinctives du talent de M. Andrieux sont la finesse et le badinage élégant. Chez les Grecs, Thalie était à la fois Muse et Grâce ; c'est un avis donné aux poëtes comiques, et personne ne l'a mieux entendu que M. Andrieux. Il ne court point après les détails agréables, mais il les trouve à volonté ; toujours plaisant, jamais bouffon ; toujours ingénieux, jamais bel-esprit. Il a composé des comédies qui ne sont pas connues encore ; on doit souhaiter qu'il les donne bientôt et qu'il en compose de nouvelles ; il faut des productions telles que les siennes pour maintenir au théâtre la pureté de la langue et du goût.

Un digne ami des deux poëtes qui viennent de fixer notre attention, M. Picard[1], les a suivis d'assez près dans la carrière. Vingt-cinq comédies qu'il a fait représenter avant l'âge de quarante ans, prouvent son extrême facilité. Toutes ne sont pas d'une égale force, et l'habitude de composer rapidement peut même avoir influé sur l'exécution du plus grand nombre. Beaucoup ont réussi cependant, et leur succès n'est point usurpé, car elles présentent des idées originales, des peintures vraies, des ridicules bien saisis. A la tête de ses comédies en vers, nous croyons devoir placer *Médiocre et Rampant*, *le Mari ambitieux*, et surtout *les Amis de Collége*, pièce moins importante que les deux autres, du moins quant au fond du sujet, mais plus remarquable par le mérite d'une versification soignée. Ses meilleures comédies en prose nous paraissent être *le Contrat d'union*,

---

[1] M. 1828 ; a donné *les Deux Philibert* en 1816, *les Deux Ménages* en 1822 avec Wafflard, (m. 1824), et Fulgence, auteurs du *Voyage à Dieppe*, 1821, et *les Trois quartiers*, 1827, avec Mazères, né 1796, auteur du *Jeune Mari*, 1826, de *Chacun de son côté*, 1828, et collaborateur d'Eugène Scribe.

la *Petite Ville* et *les Marionnettes,* ouvrage frivole en apparence, mais en effet très-philosophique. Il faut ajouter à cette liste, déjà considérable, deux petites pièces fort jolies, *les Ricochets* et *M. Musard.* Nous l'avons assez fait entendre, en général les vers de l'auteur sont peu travaillés. Dans sa prose même, d'ailleurs si naturelle et si rapide, on voudrait trouver moins rarement de ces mots forts qui dessinent une scène, ou qui peignent un caractère, et dont Turcaret offre le modèle. On pourrait aussi lui reprocher d'aimer trop à faire justice des ridicules subalternes et d'épargner les classes élevées, chez qui pourtant les ridicules ne sont pas plus rares que les vices. Ce n'était pas la pratique de Molière ; il est vrai que son génie n'était resserré par aucune entrave. Au reste, la gaîté, l'invention, l'art d'observer, l'intention prononcée de corriger les mœurs et le talent difficile de bien développer le but moral sans refroidir la comédie ; telles sont les qualités essentielles d'un auteur comique, et M. Picard les réunit. Aujourd'hui donc qu'il voit sa réputation établie et ses talents récompensés, s'il parvient à moins produire en travaillant davantage, on peut lui garantir, sans trop de hardiesse, des succès encore supérieurs à ceux qu'il a justement obtenus.

Nous serons courts en parlant de Demoustier[1], car nous ne pouvons risquer son éloge. Il a donné trois comédies en vers, *Alceste à la campagne, le Conciliateur* et *les Femmes.* La première est complétement oubliée,

---

[1] M. 1801 : auteur des *Lettres à Emilie sur la Mythologie.*

et l'on n'a plus rien à dire sur cette faible suite du *Misanthrope*; les deux dernières, grâce au jeu des acteurs, sont encore écoutées au théâtre, plutôt avec indulgence qu'avec plaisir. On estime l'exposition du Conciliateur; mais une fable obscure et mal tissue, de fades madrigaux, de froides épigrammes, des rôles sans effets, des scènes inutiles, déparent le reste de la pièce. La comédie des Femmes a les mêmes défauts, et mérite des reproches plus graves. Quel est le sujet de cet ouvrage? Un jeune homme entouré de cinq ou six femmes qui sont aux petits soins pour lui, qui viennent le regarder dormir, et qui lui font tour à tour de tendres déclarations; son oncle, séducteur de profession, survient, reconnaît deux ou trois femmes qu'il a trompées, et s'explique avec elles en les persifflant. Est-ce bien dans la bonne compagnie que Demoustier avait observé ces mœurs singulières? Quant au style, jamais il n'est naturel, quoiqu'il soit toujours facile, et souvent même beaucoup trop. L'auteur a de l'esprit sans doute, mais rarement celui qu'il faut avoir. Il fait sans cesse des portraits, mais il ne peint pas, il enlumine : heureusement il est le dernier qui ait voulu conserver au théâtre un genre insipide et faux, que plusieurs beaux esprits du dix-huitième siècle avaient pris mal à propos pour la comédie.

Un sujet agréable et des scènes intéressantes ont fait réussir *la Belle Fermière*, ouvrage de mademoiselle Candeille[1]. Ce n'est pas sans succès que Flins[2] a donné sa

---

[1] Morte en 1834. — [2] M. 1806.

Jeune Hôtesse, imitée de Goldoni. Cependant, malgré quelques vers bien tournés, on sent que l'auteur français n'a pas toujours assez d'esprit pour le besoin qu'il a d'en montrer. La petite pièce à tiroir qu'il avait donnée au commencement de la révolution, sous le nom du *Réveil d'Épiménide*, était plus ingénieuse et mieux écrite. Chéron, mort préfet de la Vienne[1], nous a laissé une comédie de caractère, intitulée *le Tartufe de mœurs*. Quand elle fut représentée, d'abord sous le titre plus modeste de *l'Homme à sentiments*, l'auteur négligea d'avertir que sa pièce était une copie de l'École de la médisance, comédie célèbre de M. Shéridan[2], et la meilleure qui ait paru en Angleterre depuis Congrève et Fielding. En donnant Paméla, M. François avait cru devoir manifester les obligations qu'il avait à Goldoni; cette fois pourtant la copie était bien supérieure à l'original. Ici M. Shéridan est loin d'être égalé par son copiste : la pièce française est en vers; mais la prose nerveuse et concise de l'auteur anglais vaut mieux que des vers traînants et vides. Chéron a supprimé, il est vrai, quelques hardiesses; mais il attiédit les effets comiques; il énerve la vigueur des scènes, il décolore les détails et tous les bons mots disparaissent, car il n'y a plus de bons mots où il n'y a plus de précision. Cette imitation faible a pourtant réussi; en effet, les situations restent, et l'empreinte originale est si forte, qu'elle perce encore à travers les voiles d'un style vague et d'un dialogue insignifiant.

[1] M. 1807. — [2] M. 1816.

Comment l'auteur, qui, sous d'autres rapports, était un homme de beaucoup de mérite, a-t-il rappelé, dans le nouveau titre de sa pièce, le chef-d'œuvre de tous les théâtres comiques, *Tartufe?* Un Anglais n'avait pas eu cette imprudence : un Français, au lieu de provoquer le parallèle, aurait dû le fuir avec une crainte respectueuse, et l'écrivain dont nous parlons, doué d'une raison très-saine, était plus en état que personne de sentir les dangers d'une concurrence impossible à soutenir, même pour les talents du premier ordre.

On ne doit pas oublier ici les ouvrages de M. Duval [1]. La petite pièce des *Héritiers* et celle des *Projets de Mariage* annonçaient un auteur comique. Sa manière a paru perfectionnée dans la Jeunesse de Charles II, improprement nommée *la Jeunesse de Henri V*. Ce singulier sujet avait déjà tenté l'auteur ingénieux du Tableau de Paris; mais M. Mercier avait écrit à l'anglaise, avec une liberté qui excédait de beaucoup les bornes prescrites au théâtre français. M. Duval a mérité par d'heureux efforts le succès dont jouit sa pièce. En traitant de nouveau le sujet, il lui a donné de la décence, mais sans lui ôter de comique; sa fable est conduite avec art, l'intérêt croît de scène en scène, et, ce qui vaut encore mieux dans une comédie, l'ouvrage est gai d'un bout à l'autre. En lisant *le Tyran domestique*, il est permis d'y blâmer une versification pénible; il est juste d'y louer quelques développements du caractère principal, et surtout la marche de la pièce.

[1] M. 1842; a donné *la Jeunesse de Henri V*, en 1812; *la Manie des grandeurs*, en 1817; *la Fille d'honneur*, en 1819, etc.

C'est là que réussit toujours M. Duval. Estimable dans plusieurs parties de l'art, il est habile dans une partie importante, la combinaison du plan.

Deux petites comédies de M. Roger [1], *le Tableau* et *l'Avocat,* sont dignes de louanges à un autre égard ; la seconde est encore une imitation de Goldoni [2]. Toutes deux sont faibles d'intrigue, mais remarquables par un style correct et une versification facile.

L'auteur de la tragédie d'Agamemnon, M. Lemercier [3], s'est essayé plusieurs fois dans le genre de la comédie. L'idée de son *Pinto* est singulière. Présenter sous le point de vue comique, et dans la partie secrète, une de ces révolutions qui changent les états, telle est l'intention de l'auteur. Peut-être l'événement choisi ne s'y prêtait pas beaucoup. Le Portugal délivré de ses oppresseurs avec tant de courage et d'activité ; une révolution durable et complétement faite en quelques heures ; une seule victime, Vasconcellos ; la multitude agissante, et soudain le calme rendu à cette multitude redevenue corps de nation : tout cela ne paraissait guère susceptible de ridicule. La duchesse de Bragance, qui parut si digne du trône que son époux lui dut en partie ; le brave Almeida, véritable chef de l'entreprise, et qui, bien plus que Pinto, en détermina le succès ; le cardinal de Richelieu la favorisant de loin, non pour servir la nation portugaise, mais pour affaiblir la monarchie espagnole ; des noms, des caractères, des motifs, des résultats d'un tel ordre,

---

[1] M. 1842. — [2] M. 1793. — [3] V. plus haut, p. 281 et 316.

étaient dignes de la tragédie. Aussi, dans l'ouvrage dont nous parlons, la scène où Pinto vient rassurer les conjurés saisis d'une terreur panique, et donne le signal de l'attaque, est de beaucoup la meilleure, précisément parce qu'elle est tragique : elle est tragique parce qu'elle est essentielle au sujet. En ces derniers temps le même écrivain, dans sa comédie de *Plaute,* a imité quelques scènes de Plaute lui-même. Mais une conception ingénieuse, et qui appartient à M. Lemercier, c'est de représenter le poëte comique conduisant une intrigue réelle, faisant agir des personnages, et les peignant à mesure qu'ils agissent. L'esclave d'un meunier fonde la comédie latine. Le mérite de cette peinture originale n'a point échappé à l'attention des connaisseurs. Plus récemment encore, une action simple, un intérêt doux, des vers naturels, le talent d'une actrice charmante, ont fait applaudir *l'Assemblée de Famille,* comédie en cinq actes de M. Ribouté [1]. Il n'y a de force ni dans l'intrigue, ni dans le comique, ni dans le style; mais c'est un premier ouvrage, et le brillant succès qu'il a obtenu doit encourager l'auteur à marcher hardiment dans une carrière où ses premiers pas ont été si heureux

Le ton faux et maniéré qui défigura longtemps la comédie, a cessé d'être en honneur durant cette époque. Tous les auteurs que nous avons nommés, tous, excepté Demoustier, ont contribué plus ou moins à ramener le goût égaré loin de sa route. Trois poëtes, cependant,

[1] M. 1834.

MM. Andrieux, Collin d'Harleville et Fabre d'Églantine, ont exercé à cet égard une influence spéciale. Nous nommons ici M. Andrieux en première ligne, et cela est juste ; il a écrit avant les deux autres, comme nous l'avons déjà remarqué. Ses Étourdis sont même antérieurs à l'année mémorable qui est notre point de départ. Il est assez difficile de concevoir comment et pourquoi l'on avait introduit sur la scène comique tant de madrigaux en dialogue, tant de recherche dans les pensées, tant d'affectation dans les termes. La comédie peint la société ; il y a plus : dans les pièces infectées de ce jargon que nous avons dû blâmer sans réserve, on a voulu peindre la société choisie ; on ne pouvait la représenter sous des couleurs plus infidèles. C'est par le naturel des pensées et des expressions que brille l'esprit véritable, surtout quand il est cultivé. Le ton de l'hôtel de Rambouillet, si en vogue à Paris et à la cour sous la régence d'Anne d'Autriche, fut relégué dans les provinces dès que Molière eut donné sa comédie des Précieuses. Sous Louis XIV, et longtemps après lui, le bon esprit de la société fut perfectionné sans cesse, et le bel-esprit, en paraissant sur la scène, devait appartenir aux caricatures. Les tentatives en sens contraire ne peuvent abuser les spectateurs d'un goût délicat. Certains discours que Marivaux, Boissy, Dorat et autres, font tenir aux personnages les plus intéressants de leurs pièces, seraient d'un effet très-comique dans la bouche d'un marquis ridicule ou d'une soubrette déguisée ; il est à présumer que ces écrivains trouveront désormais peu d'imitateurs. Le changement qui s'est opéré ne tient pas seulement aux efforts de plusieurs talents réunis : ce galimatias précieux qui séduisait jadis une partie du public, ne serait aujourd'hui ni compris, ni supporté. Les mœurs sont devenues plus fortes, et ce n'est point par l'excès d'ornements, que le goût pourrait de nouveau se corrompre. L'idée que nous indiquons sera développée dans les considérations générales qui termineront cet ouvrage. En un mot, la comédie a regagné des qualités qu'elle avait perdues, le naturel et la gaîté ; il lui reste à regagner encore la profondeur dans le choix des sujets et la hardiesse dans l'exécution. L'essentiel est de peindre les mœurs : le mieux possible est de les corriger, ou, dans un sens plus juste et pourtant plus étendu, de les refaire par la vérité des peintures et l'énergie du ridicule. C'est l'art suprême ; mais il est si difficile, qu'à peine a-t-il été pratiqué depuis le maître de la scène comique.

En parlant des poëtes tragiques et même de nos principaux romanciers, nous avons eu l'occasion de citer un assez grand nombre de comédies ; pour compléter le tableau esquissé par Chénier, il nous faudrait refaire l'histoire générale du théâtre français.

Nous nous contenterons d'ajouter à nos indications précédentes [1], la mention des auteurs les plus renommés de notre temps et de leurs œuvres principales :

Casimir Bonjour (m. 1856); *la Mère rivale*, 1821 ; *les Deux Cousines*, 1823, etc.

[1] Voyez pages 256, 314, 326, 327, 341, etc.

Merville (m. 1853); *la Famille Glinet*, 1818 ; *les Quatre Ages*, 1822, et la jolie comédie des *Deux Anglais*, 1817.

Delaville (m. 1845); *le Folliculaire*, 1820 ; *le Roman*, 1825 ; *les Intrigants*, 1831, etc.

M. d'Épagny (né 1787); *Luxe et Indigence*, 1824 ; *Dominique ou le Possédé*, 1831.

M. Étienne Arago [1] : *les Aristocraties*, etc.

M. Camille Doucet (né 1812); *un jeune Homme*, 1841 ; *les Ennemis de la Maison*, 1850 ; *le Fruit défendu*, 1857, etc.

M. Pailleron, *le Mur mitoyen*, 1862, etc.

M. Jules Barbier (né 1822); *le Poëte*, 1847 ; *Bon gré, Mal gré*, 1849 ; etc., et son collaborateur, M. Michel Carré (né 1819) : *Scaramouche et Pascariel*, 1847 ; *Van Dyck à Londres*, 1848, avec M. Narrey (né 1825).

M. Émile Augier (né 1820); *la Ciguë*, 1844 ; *un homme de Bien*, 1845 ; *l'Aventurière*, 1848 ; *Gabrielle*, 1849 ; *la Pierre de Touche et Philiberte*, 1853 ; *le Gendre de M. Poirier*, 1855 ; *la Jeunesse*, 1858, et en collaboration avec M. Édouard Foussier (né 1824) ; *Ceinture dorée*, 1855 ; *les Lionnes pauvres*, 1858 ; *un beau Mariage*, 1859, etc.

Plus anciennement, Étienne (m. 1845); *Brueys et Palaprat*, 1807 ; *les Deux Gendres*, 1810 ; *l'Intrigante*, 1813 ; et les opéras comiques de *Joconde*, 1814, de *Jeannot et Colin*, 1814, etc.

Dupaty (m. 1851) ; *la Prison militaire*, 1803 ; *Picaros et Diego*; *les Voitures versées* ; *la Leçon de Botanique*, etc.

Eug. Scribe [2] : *Valérie*, 1823 ; *le Mariage d'Argent*, 1827 ; *Bertrand et Raton*, 1833 ; *la Camaraderie*, 1837 ; *le Verre d'Eau*, 1842 ; *mon Étoile*, 1853, etc., etc.

M. Empis (né 1795) ; *un jeune Ménage*, 1838 ; *l'Agiotage*, avec Picard ; *la Mère et la Fille*, 1830, avec M. Mazères [3].

---

[1] Né 1803; a donné un grand nombre de pièces de théâtre, dont plusieurs sont restées au répertoire; son frère Jacques Arago (né 1790) et son neveu Emmanuel (né 1812) ont écrit quelques vaudevilles. — [2] Voyez p. 256 et 327. — [3] V. p. 338.

Alexandre Dumas père : *Mademoiselle de Bellisle*, 1839 ; *un Mariage sous Louis XV*, 1841 ; *les Demoiselles de Saint-Cyr*, 1843, etc.

Alexandre Dumas fils (né 1824) ; *la Dame aux Camélias*, 1852 ; *Diane de Lys*, 1853 ; *la Question d'Argent*, 1857 ; *le Fils naturel*, 1858 ; *le Père prodigue*, 1859.

Madame Ancelot (née 1792) : *Marie ou les Trois Époques*, 1836, etc.

Madame Achille Comte (madame Laya), *un Veuvage*, 1842, *Lucile*, 1844, etc.

M. Léon Laya (né 1810) : *l'Étourneau*, 1844 ; *les Jeunes gens*, 1855 ; *le Duc Job*, 1859, etc.

M. Alexandre de Lavergne (né 1808) ; *Mademoiselle Aïssé*, en colloboration avec M. Paul Foucher (né 1810).

M. Jules de Prémaray (né 1819) : *les Droits de l'Homme*, 1849 ; *les Cœurs d'Or*, 1854, etc.

M. Gustave Vaez (né 1812) ; *le Voyage à Pontoise*, etc.

M. Francis Wey (né 1812) ; *Stella*, 1852, etc.

M. Gustave de Wailly (né 1804) : *le Mort dans l'embarras*, 1825 ; *la Folle*, 1827 ; *le Mari à la Campagne* et *la Femme à la Maison*, etc.

M. Sardou : *les Intimes*, 1862.

Citons enfin les charmants proverbes de Théodore Leclercq (m. 1851) ; *Un Caprice ; Il faut qu'une porte soit ouverte ou fermée*, etc. d'Alfred de Musset [1] ; *le Village, le Cheveu blanc*, d'Octave Feuillet [2], etc.

---

[1] Voyez p. 256 et 306. — [2] Voyez p. 257.

CHAPITRE XII.

LE DRAME, LES DEUX SCÈNES LYRIQUES.

Coup d'œil sur les moyens de soutenir l'art dramatique.

Malgré quelques scènes attendrissantes répandues de loin en loin dans les comédies que Térence a imitées de Ménandre et d'Apollodore, on peut affirmer que les anciens, sévères sur les limites des genres, ignorèrent toujours ce que parmi nous on est convenu d'appeler drame. On en peut dire autant des Italiens, qui refirent tous les arts chez les modernes. Les Espagnols, les Anglais, Lopez de Véga, Shakespeare, mêlèrent les deux genres dramatiques dans chacun des deux. Des Espagnols nous vint la tragi-comédie, dont l'action n'était pas toujours héroïque : témoin le Clitandre de Corneille. Depuis le Cid et le Menteur, les limites de la tragédie et de la comédie furent respectées durant plus d'un siècle : enfin la satiété des chefs-d'œuvre fit chercher de nouvelles formes, et les deux genres furent mêlés encore, attendu qu'il est plus facile de tout confondre que d'inventer. Lachaussée[1], talent estimable, mais qui manquait tout à la fois d'élévation et de gaîté, fit des comédies larmoyantes, que l'abbé Desfontaines voulait appeler *Romanédies* : là commence le drame. C'est un drame que le Sidney de Gresset[2], ouvrage plus fort de style, mais plus faible de conception que les pièces de Lachaussée. Nanine et l'Enfant prodigue tiennent de près à cette famille ; l'Écossaise en fait partie : c'est là le chef-d'œuvre du genre. Le Père de famille de Diderot[3] n'est guère moins digne d'éloges. Il y a beaucoup d'effet dans le Philosophe sans le savoir, de Sedaine[4]. Le mérite si rare d'une versification toujours élégante place à un rang élevé la Mélanie de Laharpe[5], la mieux conçue, la mieux exécutée, la meilleure à tous égards des productions de cet écrivain.

En donnant, au commencement de l'époque actuelle, le drame intitulé *la Mère coupable*, ou *l'Autre Tartufe*, Beaumarchais[6] commit, avant Chéron[7], la faute que nous venons de remarquer dans le chapitre précédent, et dont le premier exemple fut donné par Dorat[8], à la tête d'une pièce aujourd'hui inconnue, les Prôneurs ou le Tartufe littéraire. Lorsque Beaumarchais fit représenter l'Autre Tartufe, on sentit l'inconvenance de ce titre ambitieux, et le nom de la Mère coupable a prévalu. Quant à l'ouvrage, il est d'un grand effet ; les caractères y sont fortement dessinés, l'action rapide, l'intérêt puissant. Cette pièce énergique et neuve, où tout appartient

---

[1] M. 1754. — [2] M. 1777. — [3] M. 1784. — [4] M. 1797. — [5] M. 1803. — [6] M. 1799. — [7] M. 1807. — [8] M. 1780.

à l'auteur, vaut bien mieux que son Eugénie ; et l'on y voit partout les traces de ce talent original qu'il avait diversement déployé, soit dans son Barbier de Séville et dans plusieurs parties de son Figaro, soit dans les éloquents mémoires qui fondèrent sa célébrité. Cet écrivain remarquable est plein de mauvais goût sans doute ; mais il est en même temps plein d'esprit, de verve et d'imagination. Il avait jeté sur la société des regards étendus et profonds. Une vie orageuse avait mis son caractère à l'épreuve ; et, malgré ses nombreux ennemis, il doit laisser un honorable souvenir fondé sur des ouvrages très-distingués, comme aussi sur le noble usage qu'il fit de sa fortune, en élevant avec tant de frais un monument immortel à la gloire de Voltaire et par conséquent à la gloire nationale.

Après la Mère coupable, quelques autres drames ont obtenu des succès plus ou moins brillants. Le public a été fortement ému aux représentations des *Victimes cloîtrées*, ouvrage de M. Monvel [1], auteur de l'intéressante comédie de l'Amant bourru, d'une foule de productions agréables, et l'un des plus grands acteurs qui aient brillé sur la scène française. C'est encore M. Monvel qui a composé avec M. Duval [2] un drame intitulé *la Jeunesse du duc de Richelieu*, ouvrage dont le sujet pathétique est puisé dans les mémoires de ce courtisan plus fameux qu'illustre. M. Bouilly [3] a cru pouvoir consacrer au théâtre un trait de bienfaisance, ou peut-être une erreur de l'abbé

---

[1] M. 1811. — [2] M. 1842. — [3] M. 1840.

de l'Épée. L'événement célébré par l'auteur a causé deux procès. Le premier jugement a été cassé par un jugement contraire ; quant à la pièce elle a été vivement applaudie, car elle est touchante, et cela suffit au tribunal des spectateurs. C'est à des tribunaux plus graves qu'appartiennent les discussions juridiques.

Le théâtre allemand, non moins irrégulier que le théâtre anglais est beaucoup moins riche en beautés énergiques et profondes : il en offre néanmoins plusieurs dans les pièces de M. Goëthe [1], de Lessing [2], de Klopstock [3]. Déjà nous avions en français douze volumes de pièces allemandes. Les partisans de ces singuliers ouvrages ont fait depuis vingt ans de nouvelles tentatives pour en inspirer le goût au public de France. On a traduit Schiller [4] entier ; mais on ne s'est point borné à ce travail utile : on a transporté sur notre scène son drame des Voleurs ; il a réussi même, et un tel succès n'a pu que nuire à l'art dramatique. Les drames de M. Kotzebue, bien inférieurs encore à Schiller, n'ont pas été dédaignés. Qui ne connaît la vogue assez longue de *Misanthropie et Repentir!* Il faut le dire cependant, ces pièces vulgaires, où la familiarité basse est prise pour la naïveté, une morale rebattue et fastidieuse pour la philosophie, le bavardage sentimental pour l'éloquence passionnée, rappellent et ne surpassent point les mélodrames qui figurent convenablement sur nos théâtres subalternes. Qu'il nous soit donc permis de donner peu d'importance à ces pro-

---

[1] M. 1832. — [2] M. 1781. — [3] M. 1803. — [4] M. 1805.

ductions germaniques ¹, et de passer à deux ouvrages originaux, plus dignes de nous arrêter, quoiqu'ils ne semblent pas destinés à la représentation.

M. de Lacretelle ² a publié, dans le recueil de ses œuvres, un drame intitulé *le Fils naturel*. La pièce que Diderot avait composée sous le même titre, est loin d'égaler le Père de famille. Le sujet semble avoir été mieux conçu par M. de Lacretelle. La noble énergie de plusieurs caractères et la force des situations produisent des scènes éloquentes ; peut-être même cet ouvrage ne serait-il pas d'un effet vulgaire au théâtre, si l'auteur le resserrait de moitié et pouvait l'assujettir aux formes régulières de la scène française. M. Bernardin de Saint-Pierre ³ vient de faire imprimer un drame dont le sujet est *la mort de Socrate*. Les derniers moments d'un sage opprimé n'ont rien qui soit fort théâtral ; mais c'est un admirable sujet d'étude. Les traditions des élèves de Socrate et de l'école académique sont habilement fondues dans quatorze scènes. L'imagination brillante et le rare talent de l'auteur embellissent tout l'ouvrage. C'est dans ce goût et de ce style que Platon lui-même aurait pu l'écrire, s'il avait écrit en français.

Quinault ⁴, vrai fondateur de la scène lyrique, y transporta le merveilleux de la mythologie ancienne et de la féerie moderne. Il mérita, par un style plein de grâce et de correction, l'honneur d'être nommé à la suite des grands poëtes de son siècle. Après lui, Fontenelle, Lamotte, Labruyère, et surtout Bernard, cultivèrent avec

¹ M. 1819. — ² M. 1824. — ³ M. 1814. — ⁴ M. 1688.

succès le genre que l'auteur d'Armide avait porté à sa perfection. Quelques opéras représentés durant notre époque peuvent encore obtenir des places parmi les productions littéraires. Celui de tous qui nous paraît le plus digne d'éloges, soit pour la composition, soit pour le style, est l'*Adrien* de M. Hoffmann [1], puisque les tragédies lyriques de M. Guillard [2] sont d'une époque antérieure. Le *Trajan* de M. Esménard [3] offre assez souvent des vers bien tournés, plusieurs même qui en rappellent d'autres mieux tournés encore ; mais l'action ne marche point, et l'intérêt se fait chercher dans cet opéra beau pour les yeux. On ne peut adresser le même reproche à *la Vestale* de M. de Jouy [4]. Cette pièce, écrite avec pureté, composée avec art, soutenue d'ailleurs par un sujet heureusement choisi, présente au second acte et partout un intérêt vif et des situations vraiment dramatiques. *Sapho*, représentée sur un autre théâtre, appartient toutefois au même genre, et ne saurait être oubliée : on doit cet ouvrage à madame Constance de Salm [5]. Une femme qui cultive avec succès la poésie française, avait le droit de chanter une femme dont les fragments lyriques sont comptés entre les beaux monuments de la poésie grecque.

Sous la régence du duc d'Orléans, lorsque la gaîté française éclatait dans les écrits et même dans les actions, le Vaudeville, si ancien parmi nous, prenant des formes dramatiques, s'établit modestement au préau de la foire. Le théâtre où il parvint à se maintenir, non sans beau-

---

[1] Voy. p. 135. — [2] M. 1814 : *OEdipe à Colonne, Iphigénie en Tauride.* — [3] Voy. p. 289. — [4] Voy. p. 136. — [5] Voy. p. 303.

coup de difficultés, fut appelé l'Opéra-Comique. Lesage et Piron ne dédaignèrent pas de contribuer à ses succès. Panard suivit ces hommes célèbres; Favard [1] et ensuite M. Laujon [2] vinrent plus tard. Quand l'Opéra-Comique, réuni à la Comédie Italienne, fut mis au rang des grands théâtres, tous deux l'ornèrent encore, l'un par quelques jolies pièces tirées des Contes Moraux de Marmontel ou des contes charmants de Voltaire; l'autre par l'Amoureux de quinze ans, intéressant ouvrage dont nous avons déjà saisi l'occasion de faire l'éloge. Marmontel [3] enrichit cette scène lyrique de petites comédies agréablement versifiées. Sedaine [4], qui ne savait pas écrire, mais qui savait peindre, y présenta des tableaux variés et nombreux. D'Hèle [5] s'y fit remarquer par l'art de nouer et de dénouer une intrigue comique. Dans les Trois Fermiers et dans Blaise et Babet, M. Monvel [6] peignit avec une ingénieuse naïveté les mœurs et les passions villageoises. Nina et Camille de M. Marsollier [7] durent leurs succès à des situations pathétiques. Le ton de la comédie noble distingua Euphrosine et Stratonice de M. Hoffmann [8], ouvrages conçus, écrits avec sagesse, et dignes d'être embellis par la superbe musique de M. Méhul. Durant notre époque, les trois derniers écrivains que nous venons de nommer ont mérité de nouveaux applaudissements par des productions nouvelles, et M. Duval [9], auteur du *Prisonnier*, s'est placé près d'eux. Depuis longtemps le vaudeville ne reparut plus sur cette scène, qui lui doit son origine. Il

---

[1] M. 1792. — [2] M. 1811. — [3] V. p. 196. — [4] M. 1797. — [5] M. 1780. — [6] M. 1811. — [7] M. 1817. — [8] V. p. 135. — [9] V. p. 342.

y a vingt-cinq ans, M. Piis[1] et M. Barré[2] l'y rétablirent avec assez d'éclat. La Veillée villageoise, les Vendangeurs, les Amours d'été, offrent des tableaux pleins de vérité et d'agrément. Toutefois le vaudeville a cédé l'opéra-comique aux comédies mêlées d'ariettes. Il est aujourd'hui en possession de plusieurs théâtres d'un ordre inférieur, et dont le répertoire n'entre pas dans le cadre où nous sommes contraints de nous renfermer.

C'est avec plaisir que nous avons rendu justice à des auteurs estimables. Nous apprécions des ouvrages qui ont exigé beaucoup d'esprit ou beaucoup de sensibilité ; mais l'intérêt de l'art nous ordonne en même temps de rappeler une opinion de Voltaire dont l'autorité ne saurait être invoquée trop souvent en matière de goût. Ce conservateur des saines théories, ce modèle successeur des modèles, craignit pour le théâtre national le succès naissant des comédies mêlées d'ariettes. Il sentit que l'habitude d'écouter, d'accueillir, de composer des pièces sans développements, nuirait aux productions plus sévères où doit se trouver une étude approfondie de l'art dramatique. Il prévit que le nouveau genre serait bientôt maître des théâtres de province, pépinière des théâtres de Paris ; que les chanteurs se multiplieraient, mais que les acteurs deviendraient rares, et que l'espoir d'un succès facile enlèverait à la déclamation des talents qui auraient soutenu l'éclat de la scène française. Comme un tel objet lui semblait intéressant pour notre gloire litté-

---

[1] M. 1832. — [2] M. 1832.

raire, il en parle dans plusieurs ouvrages, il y revient dans une foule de lettres ; et, depuis la mort de ce grand poëte, une expérience de trente ans n'a que trop vérifié ses conjectures.

Encouragés par son exemple, nous terminerons la partie relative aux ouvrages dramatiques par des observations qui ne sont pas sans importance. Le gouvernement a supprimé dans Paris quelques tréteaux qui corrompaient à la fois les mœurs et le goût ; on a senti généralement la sagesse de cette mesure indispensable. Le Théâtre Français maintenant réclame une attention éclairée. Les chefs-d'œuvre de la scène existent ; mais les moyens d'exécution ne suffisent plus. Un grand acteur reste à la tragédie. Dans les deux genres, dans la comédie surtout, le public applaudit encore à quelques talents précieux, mais qui sont déjà clair-semés. Plusieurs vieillissent ; quelques-uns songent à la retraite, et l'on entrevoit peu d'espérances prochaines, après des pertes si nombreuses et si faiblement réparées. Il semble donc nécessaire que l'école de déclamation soit dans une activité plus sensible. Ce n'est rien encore : il est surtout essentiel que le goût de la tragédie et de la comédie soit ranimé par des moyens efficaces sur les différents théâtres de France. Une vogue momentanée, des applaudissements de commande, des réputations de journaux, ne suffisent pas pour donner du talent à des acteurs, à des actrices qui n'en sauraient même acquérir ; mais c'est assez pour les faire recevoir. Des places ne sont plus vacantes, et pourtant ne sont pas remplies. Autrefois dix grands talents paraissaient ensemble sur la scène française. Où s'étaient-ils formés? sur les théâtres de province. Ces théâtres étaient de véritables écoles : car on n'y cultivait que les genres importants, et ces écoles nombreuses maintenaient dans Paris la déclamation théâtrale à ce haut degré de perfection qu'elle avait atteint. Pour y remonter, il faut reprendre la même route. Nous avons donné quelque étendue à cet article; mais les lecteurs éclairés ne regarderont pas comme étranger à la littérature un objet lié si intimement à l'art dramatique.

Quant à cet art considéré en lui-même, veut-on qu'il se soutienne? Veut-on même qu'il fasse des progrès? Il faut lui donner beaucoup de latitude. Écrire en ayant peur de soi, reculer devant sa pensée, chercher, non ce qu'il y a de mieux, mais ce qu'il y a de plus sûr à dire, travailler pour exprimer faiblement ce qu'on a senti avec force; après tout cela, redouter encore et les obstacles certains et les délations probables, au moins de la part de ces écrivains subalternes qui nuiraient gratuitement, quand ils ne nuiraient pas pour vivre : c'est un tourment qu'il est impossible de supporter longtemps, et le silence absolu vaut mieux. Dans un tel état de choses, les talents se tairaient; il y aurait toujours beaucoup d'ouvrages, mais des ouvrages d'écoliers; le théâtre serait sans éclat, et ce n'est point à la vraie littérature qu'il faudrait imputer cette décadence. Le cercle des idées ne sera jamais ni trop étroit pour la médiocrité, ni trop étendu pour le génie. Des esprits timides, abusant d'un peu d'influence, interdiront-ils à la tragédie les grands intérêts et les passions politiques ; à la comédie, le droit d'apercevoir et de peindre les travers de la ville et de la cour? Des élégies dialoguées, des farces insignifiantes, voilà ce qui restera pour les deux genres. Est-ce bien là ce qu'il faut aux Français du dix-neuvième siècle? De tels spectacles seront-ils dignes de la gloire nationale dont le gouvernement est le dépositaire et le soutien? Si notre théâtre, sous Louis XIV, n'avait pas joui d'une liberté qui lui est nécessaire, nous aurions Campistron et Dancourt, mais non pas Corneille et Molière. Telles sont les réflexions que nous croyons devoir énoncer avec une respectueuse confiance. Il n'est pas de genre d'écrire auquel on ne puisse les appliquer ; mais elles intéressent plus directement le théâtre, partie éminente de notre littérature, qui a perfectionné tant d'autres parties, et qui, plus que tout le reste, a rendu notre langue classique chez les diverses nations de l'Europe.

Aujourd'hui le drame a détrôné la tragédie. Shakespeare [1], Schiller [2], Goëthe [3], ne comptent plus que des admirateurs. *Le Théâtre* de Kotzebue a été traduit par Weiss et Jauffret, et plusieurs de ses pièces : *Misanthropie et Repentir, les Deux Frères*, etc., ont été transportés sur la scène française. OEhlenschlager, *le Corneille* et *le Molière* du Danemarck (né 1778,

[1] Traduit par Letourneur, 1776 ; par Guizot, de Barante, et A. Pichot, 1821 ; par M. Francisque Michel, 1840 ; par Benjamin Laroche et par M. François-Victor Hugo, 1860. — [2] Traduit par M. Marmier et par M. de Barante, 1821. — [3] Traduit par M. Marmier ; Faust, par Gérard de Nerval, 1827, par H. Blaze, 1840, par A. Stapfer, 1828 ; Wilhelm Meister, par M. Toussenel, 1829, et par la baronne de Carlowitz, etc.

m. 1850), est en même temps considéré dans le Nord comme le chef des romantiques; M. Marmier nous a fait connaître son *Corrége*, 1834; et M. Lefebvre Deumier a publié, en 1854, une étude intéressante sur l'auteur lui-même.

En France, Victor Hugo avait appliqué ses théories nouvelles dans *Hernani*, 1830; *Marion Delorme*, 1831; *le Roi s'amuse*, 1832; *Lucrèce Borgia* et *Marie Tudor*, 1833; *Angelo*, 1835; *Ruy Blas*, 1838; *les Burgraves*, 1843.

Alexandre Dumas fit représenter : *Henri III et sa cour*, 1829; *Stockholm, Fontainebleau et Rome*, 1831; *Antony*, 1831; *Charles VII chez ses grands vassaux*, 1831; *Térésa*, 1832, *la Tour de Nesle* (avec Fr. Gaillardet), 1832; *Angèle*, 1833; *Catherine Howard*, 1834; *Don Juan de Marana*, 1836; *Kean*, 1836; *Paul Jones*, 1838; *l'Alchimiste*, 1839; *Lorenzino*, 1842; *Louise Bernard*, 1843, etc., etc.

M. Alfred de Vigny donna *Othello*, 1829; *la Maréchale d'Ancre*, 1830; *Chatterton*, 1835 et 1837.

M. Autran (né 1813) : *la Fille d'Eschyle*, 1848.

On doit à Frédéric Soulié [1] : *Roméo et Juliette*, imité de Shakespeare, 1828; *Christine à Fontainebleau*, 1829; *la Famille de Lusigny, Clotilde*, 1832; *la Closerie des Genêts*, 1846, etc.

Goubaux (né 1795, m. 1859), a donné en collaboration avec M. Beudin (né 1796), et avec Victor Ducange (m. 1833) : *Trente ans ou la Vie d'un Joueur*, 1827; *Richard d'Arlington*, 1832; *Clarisse Harlowe*, 1832; avec M. Legouvé [2], *Louise de Lignerolles*, 1838, avec Eugène Sue [3], *Latréaumont*, 1840; *la Prétendante*, 1841.

Nous nommerons encore M. Paul Foucher [4], Escousse et Lebras (morts ensemble en 1831). M. Victor Séjour (né 1816); M. Mocquart (né 1791); M. Michel Masson, auteur des *Contes de l'atelier* (né 1800); baron Taylor (né 1789), etc. etc.

Le mélodrame a pris rang dans le répertoire du second ordre,

[1] V. p. 255. — [2] V. p. 314. — [3] V. p. 255. — [4] V. p. 347.

sous la plume de Guilbert de Pixérécourt (m. 1844) ; de M. Anicet Bourgeois (né 1806) ; de M. d'Ennery (né 1811), de M. Charles Deslys (né 1820), etc., etc.

Dans le grand opéra et l'opéra comique, après les auteurs cités par Chénier [1] et par nous-même [2], nous devons mettre aux premiers rangs : Planard (m. 1853) : *Marie*, 1826 ; *le Pré aux Clercs*, 1832 ; *l'Éclair*, 1835, etc. Eugène Scribe [3] : *la Neige*, 1823 ; *la Dame Blanche*, 1835 ; *la Muette de Portici*, 1828 ; *Fra Diavolo*, 1830 ; *Robert le Diable*, 1831 ; *la Juive*, 1835, *le Cheval de Bronze*, 1835 ; *les Huguenots*, 1836 ; *l'Ambassadrice*, 1837, *le Domino noir*, 1841 ; *l'Étoile du Nord*, 1854, etc. ; Théaulon (m. 1841) : *le Petit Chaperon rouge*, etc. ; M. de Saint-Georges (né 1801) : *les Mousquetaires de la Reine*, 1846 ; *le Val d'Andorre*, 1848 ; *Pierre de Médicis*, 1860, etc. ; Jules Barbier [4] et Carré (né 1819) : *les Noces de Figaro*, 1858 ; *le Pardon de Ploërmel*, 1859, etc., etc.

Dans un ordre différent, Eugène Scribe s'est montré véritablement créateur ; grâce à lui, la comédie-vaudeville n'est point déplacée dans le tableau de notre littérature. La plupart de ses pièces sont des petits chefs-d'œuvre : *le Nouveau Pourceaugnac ; le Solliciteur ; les Deux Précepteurs*, 1817, et depuis, *Michel et Christine, l'Héritière, Simple Histoire, la Chanoinesse, le Mariage de raison* et tant d'autres, attestent les ressources inépuisables de ce charmant esprit. Parmi ses nombreux collaborateurs, citons Bayard (m. 1853) : *Marie Mignot, un Fils de Famille ;* Mélesville (Duveyrier) (né 1803) : *Michel Perrin*, 1834 ; *Oscar*, 1842, etc. Germain Delavigne (né 1790) : *la Somnambule*, 1819 ; *le Diplomate*, 1827, etc. ; H. Dupin (né 1791) : *la Mansarde des Artistes*, 1828, etc. ; Varner (né 1784, m. 1853) : *le Précepteur dans l'Embarras*, etc. Carmouche (né 1797) : *Trilby*, 1829, etc. Xavier (Saintine) : *l'Ours et le Pacha*, 1827, etc. N'ou-

---

[1] V. p. 331, 353 et 355. — [2] V. p. 326, 327, 347, 353, etc. — [3] V. p. 256. — [4] V. p. 346.

blions pas à d'autres époques : Desaugiers, le chansonnier (m. 1827) : *M. Vautour, le Dîner de Madelon*, etc.; Brazier (m. 1836) : *le Savetier et le Financier*, etc.; Dumersan (m. 1849) : *le Soldat Laboureur, les Anglaises pour Rire, les Saltimbanques*, etc. Théaulon : *le Bénéficiaire, M. Jovial, le Père de la Débutante*, etc.; M. Dumanoir (né 1806) : *les Vieux Péchés*, 1833, etc.; M. Dartois (né 1788) : *M. Champagne*, 1818; *Angeline*, 1823, etc. M. Dupeuty (né 1798) : *le Hussard de Felsheim*, 1827; *Léonide ou la Vieille de Suresne*, 1824 et 1852; Charles Desnoyers, (né 1814 : *Un fils de Famille*, 1853, etc. M. de Courcy (né 1800) : M. Siraudin (né 1814); Louis Desnoyers, *Derville* (né 1805), et enfin le fécond M. Clairville (né 1811) : *la Propriété c'est le vol*, 1848, etc.

RAPPORT

SUR

LE GRAND PRIX DE LITTÉRATURE [1]

DOUZIÈME GRAND PRIX

DE PREMIÈRE CLASSE

A L'AUTEUR DU MEILLEUR OUVRAGE DE LITTÉRATURE QUI RÉUNIRA AU PLUS HAUT DEGRÉ LA NOUVEAUTÉ DES IDÉES, LE TALENT DE LA COMPOSITION ET L'ÉLÉGANCE DU STYLE [2].

La classe a vu avec surprise l'Examen critique des historiens d'Alexandre, par M. de Sainte-Croix, désigné comme digne du prix de littérature. Le Gouvernement a institué des prix décennaux pour chacun des principaux

---

[1] Un décret impérial daté d'Aix-la-Chapelle, 24 fructidor an XII, instituait les prix décennaux. Un second décret, daté des Tuileries, 28 novembre 1809, fixait la première distribution des prix au 9 novembre 1810. Les auteurs désignés par les jurys pour être couronnés furent Lagrange, Laplace, Berthollet, Pinel, Montgolfier, Delille, Raynouard, Jouy, Laharpe, Rulhières, Tissot, Coraï, Sédillot, de Sacy, Chézy, etc. Mais les prix ne furent point distribués.

[2] Cet article, adopté sans aucun changement par la classe de littérature française, a été rédigé par Chénier.

genres dont se compose la littérature en général. L'histoire est loin d'avoir été négligée, puisque, indépendamdamment du prix d'histoire, on a fondé un prix de biographie. La classe n'a donc pu partager l'opinion du jury sur la nature des ouvrages qui doivent concourir pour le prix de littérature proprement dite. Il est question, sans doute, des grands ouvrages de poétique, de rhétorique, de critique littéraire, tels que le traité des Études, de Rollin; les Éléments de Littérature, de Marmontel; et, dans un ordre supérieur, l'Essai sur les Éloges, de Thomas. L'ouvrage de M. de Sainte-Croix n'est point de ce genre. Il n'était dans l'origine qu'un Mémoire sur les Historiens d'Alexandre. C'est sous cette forme qu'il parut il y a quarante ans, après avoir obtenu un prix à l'Académie des inscriptions et belles-lettres. Il est devenu depuis un très-gros livre : l'auteur l'a divisé en six sections. La première traite des anciens historiens, de ceux même qui sont antérieurs à l'époque d'Alexandre, ou qui n'ont jamais parlé de lui : elle se termine par quelques détails sur les traditions orientales relatives à ce conquérant. La seconde et la troisième embrassent son histoire entière, d'après les récits de Diodore, d'Arrien, de Plutarque, parmi les Grecs; de Quinte-Curce et de Justin, parmi les Latins. Il s'agit, dans la quatrième, du témoignage de l'Écriture et des écrivains juifs sur Alexandre. La cinquième et la sixième sont consacrées, l'une à la chronologie, l'autre à la géographie de ses historiens; le livre est complété par un appendice sur les historiens du moyen âge. Si cet examen critique n'est pas considéré comme une dissertation trop longue, c'est une histoire, et, si l'on veut même, une histoire raisonnée d'Alexandre, quoiqu'on y trouve plus d'érudition que de critique, et beaucoup moins d'idées que de citations. Mais en lui supposant tout le mérite que l'on y désire trop souvent, la classe pense qu'il ne saurait concourir à aucun égard pour le prix de littérature. Est-il digne de concourir pour le prix de biographie? c'est à une autre classe qu'il appartient de discuter cette question.

Si le choix fait par le jury semble singulier, on est forcé de remarquer dans son rapport un oubli bien plus étrange. Il n'y est pas dit un mot du Lycée de Laharpe : c'est assurément un ouvrage de littérature, et le plus considérable en son genre que l'on ait encore écrit en français. Très-distingué par son mérite, il l'est aussi par un succès d'éclat; et des motifs que nous aurons l'occasion d'indiquer en l'analysant, le font jouir d'une réputation supérieure à son mérite même. Le silence du jury semble donc inexplicable; on ne saurait y soupçonner une inadvertance; puisqu'elle aurait duré dix-huit mois. Tout l'ouvrage a été publié durant l'époque déterminée par le décret; et si le fait avait paru douteux aux membres du jury, une minute, un coup-d'œil, la date des premiers volumes, leur suffisaient pour le vérifier. D'un autre côté, il est difficile de concevoir qu'on ait écarté ce livre comme trop défectueux; que, bien loin de le juger digne du prix, on n'ait pas même cru devoir l'honorer d'une mention. La crainte d'avoir à blâmer quelques parties de l'ouvrage a-t-elle pu motiver le silence absolu? Non, sans doute. On blâme certaines parties jusque dans les chefs-d'œuvre, et dans les chefs-d'œuvre en tout genre : dans le Paradis perdu, dans la Jérusalem délivrée, peut-être dans l'Énéide ; dans les plus belles tragédies de Corneille, et dans quelques tragédies de Racine ; dans le Télémaque, dans l'Émile, dans l'Esprit des Lois. Des productions très-inférieures, quoique dignes encore de beaucoup d'estime, ne sauraient donc prétendre à des éloges sans restriction. Les meilleurs ouvrages donnent matière à de nombreuses critiques ; mais les seuls bons ouvrages peuvent résister aux critiques sévères ; ajoutons qu'eux seuls les méritent. Le dernier décret relatif aux prix décennaux nous trace la route que nous devons suivre. C'est donc avec une scrupuleuse franchise que nous allons examiner le Lycée de Laharpe, n'ayant aucun besoin d'affaiblir ce que nous croyons la vérité, puisque le résultat de notre examen sera de réclamer, en faveur de cette production importante, une justice que l'on a négligé de lui rendre.

ANALYSE DU LYCÉE DE LAHARPE.

LITTÉRATURE ANCIENNE.

Des seize volumes qui composent le Lycée de Laharpe, les trois premiers seulement sont consacrés aux deux littératures de la Grèce et de Rome. Après une faible introduction sur l'art d'écrire, ou plutôt sur quelques idées élémentaires qui en font partie, l'auteur développe et commente la Poétique d'Aristote, presque toujours d'après Batteux, qu'il suit avec une extrême confiance. Boileau, guide plus sûr, le dirige dans l'analyse du Traité du Sublime de Longin. Laharpe compare ensuite les langues anciennes à la langue française. Ce chapitre, peut-être hors de sa place, contient des remarques fort judicieuses; mais il éclaircit trop peu de questions, et, sans être sévère, on pourrait y désirer plus de méthode et de profondeur.

Le quatrième chapitre embrasse tous les grands poëmes de l'antiquité. D'abord en des considérations générales sur l'épopée, l'auteur réfute avec beaucoup de sens plusieurs paradoxes de La Motte. Il examine ensuite l'Iliade, et paie à cette brillante création du génie d'Homère le tribut d'admiration qu'elle mérite. Il est moins juste envers l'Odyssée, dont il exagère les défauts, et dont il ne sent pas les beautés aussi bien qu'Horace. Il indique une partie de celles de l'Énéide, et n'oublie d'ailleurs ni les reproches trop justes que l'on a faits au héros de Virgile, ni ceux que l'on a prodigués à la composition des six derniers livres de son poëme. Malgré quelques bonnes réflexions, il faut l'avouer, l'article est sec, insuffisant, peu digne du chef-d'œuvre qui en est l'objet. L'article de Lucain vaut beaucoup mieux; il est même très-bien rédigé. Seulement on est surpris qu'après avoir à peine accordé neuf ou dix pages à l'examen de l'Énéide, l'auteur en consacre vingt-cinq à la Pharsale, dont il traduit en vers de très-longs passages. Il s'exprime, à l'égard de Stace, avec une supériorité que M. Luce de Lancival a trouvée beaucoup trop dédaigneuse. Quoi qu'il en soit, les deux pages qui concernent Stace et Silius Italicus ne font connaître ni la marche ni les détails de leurs ouvrages. Dans la dernière section du chapitre, Laharpe analyse tour à tour ce qui nous reste d'Hésiode, les Métamorphoses d'Ovide, le poëme de Lucrèce, celui de Manilius, et n'analyse point les Géorgiques.

L'art dramatique chez les anciens remplit les deux chapitres suivants. L'Essai sur les Tragiques grecs, ouvrage de la jeunesse de Laharpe, se trouve ici avec des changements heureux ; mais il serait à désirer que l'auteur eût corrigé davantage les Imitations en vers qu'il a cru devoir y mêler : elles semblent fort inférieures à ses imitations de la Pharsale, soit qu'il les ait moins travaillées, soit qu'on approche plus aisément de Lucain que de Sophocle et d'Euripide. Au reste, c'est avec un goût éclairé qu'il apprécie le génie et les ouvrages d'Eschyle et de ses deux illustres successeurs. Plus court et non moins judicieux dans l'examen des tragédies de Sénèque, sans négliger leurs beautés, il signale leurs nombreux défauts. De même, en passant au genre de la comédie, il énonce sur Aristophane, sur Plaute, sur Térence, des opinions qui depuis longtemps étaient admises chez tous les vrais littérateurs. Il dit un mot de Ménandre, et cite en partie l'éloge qu'en fait Plutarque ; il aurait pu y joindre l'éloge plus remarquable encore qu'en fait Quintilien : mais il eût mieux valu traduire en vers quelques-uns des fragments qui nous sont restés de ce célèbre poëte comique. Il y en a de précieux, et Laharpe les eût très-bien rendus ; car ils sont du genre tempéré, celui qui convenait le mieux à son talent, témoin les vers de Mélanie.

Il lui était difficile au contraire d'atteindre à la poésie élevée, et l'on en voit plus d'une preuve lorsque, dans les derniers chapitres de ce premier livre, il examine successivement l'ode, l'églogue, la fable, la satire, l'épître et l'élégie chez les anciens. Il essaie de traduire en vers le début de l'ode que Pindare adresse au roi Hiéron ; mais ce début est dithyrambique, et l'on sait que Laharpe n'excellait pas dans le dithyrambe. Il n'est ni plus heureux ni plus fidèle en imitant quelques odes d'Horace et la première élégie de Tibulle. Comme critique, il mérite presque toujours des louanges : et si nous sommes contraints d'avouer que son article sur la poésie pastorale est un peu vide, nous nous empressons d'ajouter qu'en traitant des autres genres, il est beaucoup plus instructif. Sur les trois satiriques latins, par exemple, et sur ces poëtes plus doux qui ont fait soupirer l'élégie, ses jugements paraissent incontestables. Ils nous sont transmis, il est vrai, depuis leurs contemporains ; mais, s'il les répète après beaucoup d'autres, beaucoup d'autres les répèteront après lui.

Le second livre a pour objet l'art oratoire, que Laharpe appelle l'éloquence, en confondant deux idées très-distinctes, puisque l'éloquence peut se trouver et se trouve en effet hors des orateurs, dans quelques philosophes, tels que Platon et J.-J. Rousseau ; dans les grands historiens de l'antiquité, dans les grands poëtes de toutes les nations. Laharpe a négligé ou plutôt écarté la Rhétorique d'Aristote ; mais il analyse avec beaucoup de soin les Institutions oratoires de Quintilien, livre excellent dont il fait sentir tout le mérite. Il ne donne pas moins d'attention aux trois ouvrages que Cicéron a composés sur la rhétorique. Des préceptes il en vient aux exemples ; il rend compte des discours de Démosthène, particulièrement des Philippiques et de l'Oraison pour la Couronne. Il n'oublie pas la harangue d'Eschine, harangue si belle, et pourtant si inférieure à la réponse de Démosthène. Le plus fécond et le plus varié des orateurs, Cicéron, l'occupe longtemps. Le critique examine tour à tour les Verrines, les Catilinaires, les discours pour Muréna, pour le poëte Archias, pour le tribun Sextius, et cette Milonienne, admirable en toutes ses parties ; il traduit aussi quelques fragments de ces discours contre Antoine, où Cicéron, trop accusé de timidité par des écrivains modernes, fit éclater à tant de reprises un courage qu'il paya de sa vie. L'article est terminé par une apologie du discours pour Marcellus. Le dictateur César était juge exclusif en cette cause, et Cicéron lui prodigue des louanges que le critique veut justifier ; mais on a lieu de s'étonner que Laharpe oublie complètement un autre discours bien supérieur, plus digne d'un vieillard consulaire et du père de la patrie, le discours prononcé, devant le même dictateur, pour la défense de Ligarius, discours animé, rapide, inspiré, le plus pathétique et le plus entraînant peut-être que nous ait laissé l'antique éloquence.

Dans un appendice que l'auteur avait lu aux Écoles Normales, il s'étend de nouveau sur Démosthène et sur Cicéron. Il y soutient aussi, contre l'avis de plusieurs personnes éclairées, que, vers la fin du moyen âge, l'érudition a plutôt accéléré que retardé les progrès des langues et des littératures modernes. A l'appui de son opinion, il a raison de citer comme érudits le Dante, Pétrarque et Bocace; mais il n'a pas raison d'ajouter ces lignes étranges : « On sait qu'ils florissaient tous au quatorzième siècle, » au temps de la prise de Constantinople, quand tout ce » qui restait des lettres anciennes reflua vers l'Italie. » On ne sait rien de tout cela sans doute. On sait au contraire que Mahomet II prit Constantinople en 1453, par conséquent au milieu du quinzième siècle, et non pas au quatorzième : on sait de plus que Pétrarque et Bocace étaient morts près de quatre-vingts ans avant cette époque : on sait encore que la mort du Dante lui est antérieure de plus de cent trente ans. Voilà beaucoup de méprises en peu d'espace; et puisqu'il s'agit d'érudition, peut-être le suffrage de l'auteur a d'autant plus de poids qu'il est plus désintéressé : mais on peut manquer à la chronologie, et ne pas blesser les règles du goût; cet appendice en fournit la preuve. Un dernier chapitre est consacré aux deux Pline, et les fait très-bien connaître. A considérer l'ensemble, malgré des omissions entre lesquelles nous n'avons remarqué que les principales, malgré les erreurs singulières que nous avons relevées à regret, ce second livre est fort estimable; et c'est ce qu'il y a de plus judicieux, de plus substantiel, de mieux fait, à tous égards, dans le Cours de littérature ancienne.

Le troisième livre concerne l'histoire, la philosophie et la *littérature mêlée* : c'est l'expression même de l'auteur. Les premiers noms qui paraissent sont ceux d'Hérodote et de Thucydide ; mais on voit avec peine que des historiens d'un tel ordre n'ait inspiré que deux pages insignifiantes. L'article de Xénophon n'est pas meilleur : celui de Plutarque est sans caractère ; il n'y a pas d'article pour Arrien, l'un des principaux historiens d'Alexandre, et le nom de Polybe est à peine prononcé. Le critique est moins superficiel sur les historiens latins. Il apprécie avec justesse Salluste et Tite-Live, et son style, qui n'est d'ordinaire qu'abondant, clair et correct, prend de la couleur et de l'énergie dans quelques lignes sur Tacite ; mais on cherche en vain un article sur les Commentaires de César, et cette omission n'est pas facile à concevoir de la part d'un littérateur qui veut bien placer Quinte-Curce entre les historiens du premier ordre, et qui d'ailleurs n'oublie ni Justin, ni Florus, ni Cornélius Nepos, ni Suétone, historiens si éloignés du rang de César. L'appendice où l'auteur compare les formes des historiens anciens et celles des historiens modernes, pouvait et devait être beaucoup plus approfondi. Disons plus : les questions qu'il présentait n'y sont pas traitées, et la traduction de quelques belles harangues latines est tout ce qu'on peut y remarquer d'intéressant.

Trois philosophes seulement ont des articles étendus : Platon parmi les Grecs, Cicéron et Sénèque entre les

Latins. L'article de Platon fatigue de temps en temps, et peut-être ne tenait-il qu'à l'auteur d'y être un peu moins grave. On lit avec beaucoup plus de plaisir l'analyse des ouvrages philosophiques de Cicéron, soit que Laharpe l'ait soignée davantage, soit que des rêveries pompeuses et des subtilités scolastiques ne puissent attacher le lecteur autant qu'une philosophie sans sophismes et sans mystères. Le critique attaque dans Sénèque l'homme public, l'homme privé, l'écrivain, le philosophe. Tout l'article est un violent plaidoyer, et ce plaidoyer tient deux cents pages, où Laharpe a mis dans chaque ligne l'accent de la haine personnelle; Sénèque n'était pourtant pas son contemporain, mais Diderot l'était. Il venait de publier l'Essai sur la vie et les écrits de Sénèque : aussi Laharpe ne l'a-t-il pas moins maltraité que Sénèque lui-même. Il se permet, en le réfutant, les mots d'*impudence* et de *mensonge ;* et, comme Naigeon était l'ami et l'éditeur de Diderot, Naigeon a sa part des injures que Laharpe distribue avec une prodigalité déplorable. Le court chapitre de la *littérature mêlée* n'a rien qui puisse nous arrêter : on y remarque à peine quelques notions incomplètes sur les romans grecs et latins, ou du moins sur Daphnis et Chloé, sur l'Ane d'Or, et un article assez vulgaire sur Lucien, qui pouvait en fournir un très-piquant. Tel est le Cours de littérature ancienne. Nous avons rendu justice au mérite continu du second livre. Le reste est fort inégal : il y a beaucoup à reprendre, et beaucoup à louer.

LITTÉRATURE FRANÇAISE.

DIX-SEPTIÈME SIÈCLE.

La littérature française durant le dix-septième siècle est l'objet de la seconde partie, qui s'ouvre par une introduction sur l'*État des Lettres en Europe, depuis la fin du siècle qui a suivi celui d'Auguste jusqu'au règne de Louis XIV*. Cette introduction, sans être aussi riche qu'elle pourrait l'être, est pourtant bien supérieure à celle du Cours de littérature ancienne ; mais, à une certaine époque, l'auteur y a jeté des déclamations qui en ralentissent la marche, et dont un goût délicat n'est pas moins blessé qu'une raison sévère. Dans le premier chapitre, après quelques pages sur les commencements de notre littérature, l'auteur examine assez rapidement Clément Marot, dont le badinage élégant et naïf n'a pas vieilli ; Ronsard, qui après lui voulut en vain refaire la langue ; Malherbe, qui sut la polir ; Racan et Maynard, élèves de Malherbe, mais restés inférieurs à leur maître ; quelques beaux esprits qui vinrent ensuite, tels que Voiture, Sarrazin, Benserade ; et enfin la troupe nombreuse, mais infortunée, des poëtes épiques du dix-septième siècle. Ce chapitre est judicieux, et même plusieurs choses y doivent être spécialement remarquées. Il y a bien du goût, par exemple, dans les observations relatives à Ronsard, et plus encore dans celles qui regardent le P. Lemoine, versificateur audacieux et bizarre, dont les éditeurs des Annales poétiques avaient prétendu faire un grand poëte.

Le second chapitre est considérable : on y retrouve sur nos vieux auteurs tragiques des notions déjà rassemblées dans beaucoup de livres, et ensuite un grand nombre de critiques sur les tragédies de Pierre Corneille ; ces critiques feraient plus de plaisir sans un commentaire qui leur est fort supérieur, et dont elles forment elles-mêmes un commentaire. Le chapitre, encore plus étendu, sur les tragédies de Racine, est digne de beaucoup d'éloges : c'est, à tous égards, un excellent travail. Le résumé sur Corneille et Racine offre encore de très-bonnes réflexions, mais l'auteur est partial : ce n'est pas en faveur de Corneille, et, comme il ne sait pas douter, quelquefois il croit résoudre les questions qu'il tranche. Les autres poëtes tragiques du dix-septième siècle sont examinés à leur tour, mais avec moins de développements ; et si tout n'est pas également soigné dans ce chapitre, les analyses du Venceslas de Rotrou, de l'Absalon de Duché, du Manlius de Lafosse, ont un mérite remarquable.

Le chapitre sur Molière ne vaut pas celui sur Racine ; il est moins plein qu'il n'est long, et contient beaucoup d'idées communes, de temps en temps même des idées fausses sur des points de quelque importance. Presque tout l'article du Misanthrope est employé à réfuter une opinion de J.-J. Rousseau. Si l'on en croit ce philosophe éloquent, mais chagrin, Molière a eu tort de donner *un personnage ridicule* à un homme de bien tel qu'Alceste. Laharpe, comme il le dit lui-même, *argumente en forme* contre Rousseau ; il croit l'argumentation nécessaire, et cela pour prouver que Molière a eu raison de rendre

Alceste ridicule. Mais est-il bien sûr que Molière ait eu cette intention ? Dans les scènes avec l'homme au sonnet, *avec les bons amis de cour*, avec Arsinoé, le ridicule est-il bien du côté d'Alceste ? On rit de ses boutades, sans doute ; mais est-ce à ses dépens que l'on rit ? On peut le trouver exagéré ; mais l'élévation de son caractère, de son esprit, de son langage, la sincérité de sa passion, la fermeté avec laquelle il en triomphe, n'excluent-elles pas tout ridicule ? L'apologie n'eût-elle pas choqué Molière, au moins autant que la critique ? Et Montausier, charmé qu'on voulût bien le reconnaître dans le personnage du Misanthrope, n'avait-il pas mieux entendu la pièce que Laharpe ?

Dans l'examen des auteurs comiques, contemporains ou successeurs de Molière, Regnard, ce poëte plein d'esprit, de sel et de gaîté, tient la place éminente qui lui est due. Laharpe est un peu abondant sur Boursault, un peu succinct sur Dufresny, et n'accorde qu'une page à Dancourt. Il donne quelque attention à la Mère Coquette de Quinault, comédie où d'assez jolis détails annonçaient un talent qui, depuis, s'est développé dans un autre genre. Ce même Quinault remplit à lui seul le chapitre relatif à l'Opéra. Le critique y développe presque toujours l'opinion de Voltaire sur ce poëte ingénieux et naturel ; mais il la développe avec art. Comme il veut louer, il a soin d'écarter les fadeurs qu'il pourrait trouver en grand nombre, et rassemble très-bien les morceaux d'élite. En terminant ce chapitre agréable à lire, il apprécie en peu de pages les opéras de Fontenelle, ouvrages dépourvus de talent poétique, mais qui jouirent d'une réputation qu'ils ont depuis très-justement perdue.

Si, à l'égard de Quinault, Laharpe s'est montré complaisant, en récompense il est très sévère à l'égard de J.-B. Rousseau. Ce n'est pas qu'il méconnaisse les grandes beautés que ce poëte illustre a semées dans ses Odes et dans ses Cantates ; mais il multiplie les critiques de détail, et ce chapitre avait excité de vives réclamations, même lorsqu'il n'était encore qu'un article de journal. En le lisant néanmoins d'un œil attentif, on sent que pour le fond des choses, Laharpe a trop souvent raison. Il n'en est pas de même pour la forme ; et l'on peut surtout lui reprocher de s'être arrêté avec affectation sur les Épîtres et les Allégories, ouvrages pénibles, bizarres, dès longtemps repoussés par les connaisseurs, et, sous plus d'un point de vue, trop peu digne d'un poëte du premier ordre, pour mériter un examen détaillé. Dans le chapitre sur Boileau, Laharpe ne partage pas les préventions que Fontenelle et beaucoup d'autres étaient parvenus à répandre contre *le Maître en l'art d'écrire ;* il réfute même très-vivement un écrivain pseudonyme, qui prétendit les renouveler, lorsque l'Académie de Nîmes couronna l'Éloge de Boileau, composé par M. Daunou. Il rend justice à cet éloge, qui, dès-lors très-estimable et maintenant perfectionné, forme le discours préliminaire de la dernière édition des Œuvres de Boileau : mais si Laharpe reproduit les opinions du panégyriste, il est bien loin de l'égaler, soit pour le choix et la distribution des idées, soit pour la concision, l'harmonie et les belles formes du style. Le chapitre sur la Fontaine donne lieu à une observation du même genre. Les détails en sont de bon goût, mais on les voudrait plus piquants : on y trouve rarement des défauts, mais les beautés n'y sont pas moins rares ; et le lecteur se rappelle sans cesse un Éloge de La Fontaine, où Champfort a mieux exprimé des pensées plus ingénieuses, et rassemblé plus d'idées en moins d'espace.

Vergier, conteur faible, et Sénecé qui eut un peu plus de talent, fournissent quelques pages au critique. Enfin, dans le chapitre sur l'Idylle et sur la Poésie légère, on distingue les articles qui concernent Segrais, madame Deshoulières et Chaulieu. Là se termine le premier livre, où la *Poésie* tient à elle seule trois volumes assez considérables. Un seul volume renferme le second livre, et suffit à tous les genres d'écrire en prose. Quoique la prose ait en effet moins fortement contribué que la poésie à la gloire littéraire du dix-septième siècle, l'énorme différence que l'auteur semble y reconnaître est exagérée. Il a plutôt suivi son penchant, qu'il n'a songé à établir une proportion convenable entre les diverses matières distribuées dans son ouvrage. Quatre chapitres forment le second livre. L'art oratoire, que Laharpe appelle toujours *l'Éloquence*, se présente en première ligne après la Poésie. En appréciant tour à tour Pélisson, Bossuet, Fléchier, Massillon, l'auteur, selon son habitude, transcrit de fort beaux morceaux. Il y ajoute de saines réflexions ; mais combien, dans l'Essai sur les Éloges, ces mêmes articles sont-ils plus courts, plus brillants et plus instructifs ? Le chapitre de l'Histoire est d'une stérilité affligeante. Rien de plus nul que l'article sur Mézeray, si ce n'est pourtant l'article sur Vertot. Saint-Réal, qui porta plus d'une fois le roman dans l'Histoire, amène du moins quelques observations judicieuses. Bossuet, comme historien, n'obtient de l'auteur qu'une demi-page. L'article de Fleury est beaucoup moins écourté, sans être beaucoup meilleur. Le cardinal de Retz tient ici plus d'espace qu'eux tous : ses *Mémoires* y sont vantés à très-juste titre ; mais on s'étonne qu'un livre aussi amusant n'ait pu inspirer qu'une aussi triste analyse.

Dans le chapitre de la *Philosophie*, ce qu'il y a de plus faible est la section de *Métaphysique*. L'article de Descartes est insignifiant ; il paraît fait d'après les notes d'un éloge célèbre de ce philosophe, et non d'après la lecture de ses ouvrages. L'article de Malebranche n'est rien du tout ; car Thomas n'avait pas fait l'éloge de Malebranche. Ce qu'il y a d'étrange, c'est que Pascal, qui, certes, méritait un examen prolongé, n'est pour ainsi dire qu'entrevu ; après avoir lu ce qui le concerne, on cherche l'article de Pascal. Celui de Bayle est plus soigné, quoique bien superficiel encore. L'Analyse du Traité de Fénelon sur l'existence de Dieu laisse peu de choses à désirer. L'on trouve dans la section de *Morale* des observations fort sensées sur le Télémaque et sur quelques autres ouvrages de ce même Fénelon, sur les Caractères de La Bruyère, et sur le livre où La Rochefoucauld a peut-être calomnié la nature humaine. L'article de Saint-Évremond prouve que l'auteur avait lu d'un œil attentif cet écrivain qu'on ne lit plus guère. *La Littérature mêlée* occupe le dernier chapitre, où les romans de madame de La Fayette et les ouvrages d'Hamilton sont appréciés avec justesse. En parlant de madame de Sévigné, l'auteur cherche plus l'effet qu'il ne le trouve. Il n'y a rien sur madame de Maintenon dont les Lettres élégantes et curieuses ne méritaient pas cet oubli.

LITTÉRATURE FRANÇAISE.

DIX-HUITIÈME SIÈCLE.

La troisième partie est consacrée au dix-huitième siècle, et tient neuf volumes ; encore l'éditeur regrette-t-il beaucoup que Laharpe n'ait pas eu le temps de la compléter. Toutefois, les quatre ou cinq premiers méritent seuls quelque examen. Le long chapitre sur la Henriade est excellent, et fait grand honneur au critique. On ne pouvait réfuter avec plus de force et de sagacité les jugements passionnés des Fréron, des La Beaumelle, des Clément ; et jamais on n'a mieux apprécié ce beau poëme, inférieur pour la composition générale aux épopées héroïques de l'Italie et de l'Angleterre, mais supérieur à ces mêmes épopées pour le goût, l'élégance, l'éclat du style, et supérieur à tous les poëmes connus pour la philosophie tolérante, humaine, et souvent sublime, qui embellit ses brillants détails.

Le critique est beaucoup trop sévère à l'égard du

poëme de Fontenoy. Si ce poëme est surchargé de noms propres, on n'en trouvait point assez à Versailles, lorsqu'on en trouvait trop à Paris; et Voltaire s'est vu contraint de céder à des considérations sans nombre. Il n'a fait qu'une gazette élégante, soit; mais, dans les gazettes d'un tel ordre, on reconnaît encore un grand poëte. Laharpe ne rend pas même une justice complète au Poëme de la Loi naturelle. Que l'Essai sur l'Homme soit plus étendu, plus travaillé, cela est incontestable; mais Pope, dans son ouvrage, développe une thèse métaphysique empruntée à Shaftesbury qui l'avait empruntée à Leibnitz. Voltaire consacre le sien à la morale éternelle; il y expose en vers harmonieux les vérités qui réunissent les écoles, et non les subtilités qui les divisent. Ici, par une transition fort brusque, se présente un poëme plus considérable, mais qui assurément n'a rien de grave. Laharpe est loin de convenir que Voltaire s'y soit montré l'égal de l'Arioste. Peu satisfait d'en blâmer l'ensemble, et surtout la conception, plein d'une rigueur plus édifiante qu'équitable, il s'efforce d'en rabaisser les beautés poétiques, sans oser pourtant les contester; il se souvient, il se repent de l'avoir autrefois célébré dans son Éloge de Voltaire. Il l'avait beaucoup loué sans doute, et même en phrases de très-mauvais goût : c'est là ce dont il aurait dû se repentir. Quant au poëme de la Guerre de Genève, Laharpe le repousse avec une âpreté d'expressions que le goût penche à condamner, mais que la justice absout. Ce n'est qu'à de longs intervalles qu'on peut reconnaître un moment Voltaire dans cette production doublement indigne de lui. Sa conscience a lutté contre sa haine. En attaquant le génie malheureux, son propre génie s'est senti glacé.

Racine le fils, habile élève du plus grand maître, vient ensuite. Les beautés austères et souvent élevées de son poëme de la Religion sont très-bien appréciées par le critique. Le cardinal de Bernis, qui, après avoir fait des poésies badines, et même des poésies galantes, nous a donné un nouveau poëme de la Religion, reçoit ici fort peu de louanges; Bernard n'en obtient pas assez. Laharpe rend justice à Gresset, dont la facilité fut si brillante; à Malfilâtre, enlevé trop tôt à la poésie française, et qui s'était formé sur le goût antique; au style harmonieux, noble et soutenu de Saint-Lambert, dans l'élégant poëme des Saisons; à quelques détails bien terminés qui embellissent le trop long poëme que Rosset a composé sur l'Agriculture; aux parties estimables du poëme de la Peinture, ouvrage qui honore Lemierre, et qui restera, malgré de nombreux défauts, parce qu'il renferme aussi des beautés nombreuses, et plusieurs d'un assez grand ordre. Laharpe s'exprime un peu durement sur les Fastes du même Lemierre. Ce poëme, il est vrai, n'est heureux ni pour le plan, ni pour la diction; mais, avec une partialité répréhensible, Laharpe en cite exclusivement les deux plus mauvais vers, et ne fait qu'indiquer le beau morceau sur le clair de lune, lui qui transcrit plus de douze mille vers dans son Cours de Littérature. Le faible poëme de Dorat sur la Déclamation théâtrale est jugé comme il devait l'être; et même, en examinant les Mois de Roucher, Laharpe est rigoureux sans être injuste : mais les formes de son langage violent toutes les convenances. Comment ce poëme qu'il déchire l'arrête-t-il plus longtemps que vingt autres poëmes ensemble? Quel plaisir trouve-t-il à prolonger, durant cent quarante pages, non-seulement des chicanes minutieuses, mais les plus ignobles injures? Comment les mots *déraison*, *délire*, *absurdité*, *niaiserie*, *bêtise*, tombent-ils à chaque instant de sa plume? Ce ton convient-il à la vraie critique! Est-ce là le style de Quintilien?

Nous aimons à retrouver un littérateur instruit et plein de goût dans les deux volumes suivants, que remplit l'examen raisonné des tragédies de Voltaire. Les analyses de Zaïre, d'Alzire, de Mérope, de Trancrède, sont particulièrement remarquables. Dans l'analyse de Mahomet, peut-être Laharpe n'a-t-il bien saisi ni quelques intentions de Voltaire, ni même une observation très-fine de J.-J. Rousseau; mais nous avons ici trop de choses à louer pour insister sur de légers reproches. Un excellent ton de critique, des réflexions instructives sur l'art tragique, sur la poésie, sur la langue française, quelquefois même des discussions approfondies, recommandent ces deux volumes. Si l'on y réunissait l'Examen de la Henriade et l'Examen des tragédies de Racine, on formerait un ouvrage classique, et cet ouvrage aurait bien peu de fautes. On pourrait même y joindre ce qui commence le onzième volume : la critique du Théâtre de Crébillon. Les formes de cette critique n'ont rien qui blesse la décence, et le fond n'en est pas trop sévère. L'auteur n'est que juste envers un poëte doué de quelque génie, mais inégal, incorrect, et qu'il est difficile de lire, malgré les louanges dont le comblèrent l'ignorance et l'envie, tant que Voltaire occupa la scène tragique et les fatigua de sa gloire.

Plusieurs tragédies d'auteurs moins célèbres sont encore analysées avec soin : l'Inès de La Motte, par exemple ; la Didon de Le Franc, l'Iphigénie en Tauride de Guymond de Latouche, le Gustave de Piron, et même le Guillaume Tell de Lemierre, pièce que le critique désigne comme la meilleure du poëte après Hypermnestre. Dans l'article relatif à Dubelloy, si Laharpe a raison de relever les défauts du Siége de Calais, et de Gaston et Bayard, d'un autre côté il paraît trop peu sentir le mérite de Gabrielle de Vergy, dont le cinquième acte est intolérable, il est vrai, mais dont les quatre premiers actes présentent des situations du plus vif intérêt, et quelques détails fort pathétiques. Les huit premières sections du chapitre de la comédie embrassent Destouches, Piron, Gresset, Le Sage, Marivaux, Boissy, La Chaussée, Voltaire, Diderot, Saurin, vingt autres ; et, par une disproportion singulière, la neuvième section, plus longue à elle seule que tout le reste, ne comprend que Fabre d'Églantine et Beaumarchais. L'auteur juge Beaumarchais avec bienveillance, parle de ses Mémoires encore plus que de ses pièces de théâtre, et s'étend même sur sa vie. Fabre est, au contraire, fort maltraité : il faut bien louer son Philinte ; mais, après des louanges sobres et succinctes, Laharpe se dédommage par de longues injures sur l'Intrigue épistolaire et sur les Précepteurs. En examinant tout ce chapitre, on n'y voit rien d'approfondi. Le Glorieux y est proclamé la première comédie du siècle. Turcaret, que Laharpe croit pourtant louer beaucoup; Turcaret, la seule comédie où l'on ait presque atteint Molière, y descend au niveau des pièces du second ordre, après l'Homme du jour, et tout à côté du Mariage fait et rompu. Ce jugement n'est pas du nombre des opinions que l'auteur répète, et ne sera guère répété.

En général, toutes les fois que Laharpe traite du genre de la comédie, il ne s'élève pas au-dessus des critiques médiocres; mais il tombe au-dessous d'eux dans le douzième volume, où, sauf un article sur les tragédies de Marmontel, il n'est question que de l'opéra et de l'opéracomique au dix-huitième siècle, à commencer par Danchet, et à finir par Anseaume. On voit que le volume est incomplet : il a toutefois près de six cents pages. Le volume suivant offre la même surabondance. Le critique y réfute, en cent pages, des erreurs de La Motte, de Fontenelle et de Trublet; erreurs déjà réfutées cent fois, et qui méritaient à peine un souvenir de quelques lignes; il examine ensuite non moins prolixement les Odes de La Motte, celles de Lefranc, celles de Voltaire, et de plusieurs autres poëtes. En passant à l'Épître, il analyse avec un peu d'humeur les Discours philosophiques de Voltaire; enfin, l'éditeur nous avertit que Laharpe n'a pas eu le temps de traiter de la satire, de la fable, de l'élégie, de l'idylle, des poésies légères durant le dix-huitième siècle; et, dans la crainte apparemment que le volume ne paraisse trop court, le complaisant éditeur le grossit de cinq ou six fragments qui ne se lient pas entre eux, qui se lient moins encore à l'ouvrage, et qui sont loin de l'embellir.

Dans ce qui concerne les orateurs, on remarque une sortie outrageante contre Linguet, et une critique détaillée des Sermons de l'abbé Poule, prédicateur qui a mérité beaucoup de réputation, malgré les défauts qu'on peut lui reprocher. Laharpe l'avait jadis fort célébré dans *le Mercure ;* c'est une faute dont il s'accuse, et qu'il répare amplement. Il s'étend peu sur les ouvrages de Thomas, rabaisse une grande partie de l'Éloge de Descartes, et se hâte de rendre justice à l'Éloge de Marc-Aurèle, en y remarquant néanmoins des beautés qui ne sont pas les plus grandes, et des taches qui sont encore des beautés. *Le temps le presse*, dit-il ; le temps ne lui permet de citer que la péroraison de ce chef-d'œuvre ; et les sermons d'un seul prédicateur lui ont fourni cent trente pages d'extraits ou d'observations ! A peine accorde-t-il quinze lignes à l'Essai sur les Éloges : tant ce critique abondant sait être concis, quand il faut louer ses contemporains !

Le chapitre sur l'histoire n'existe pas. L'éditeur y substitue deux fragments de Laharpe : l'un, sur une traduction de Salluste, par le président de Brosses ; l'autre, sur l'Histoire de la décadence de l'Empire romain, par Gibbon. Le chapitre des romans n'est qu'une dissertation fort incomplète sur les principaux romans des nations modernes. Il est suivi de nouveaux fragments sur un roman de Duclos, sur l'Amadis de Gaule, traduit par

Tressan, sur les Incas de Marmontel, sur le Gonsalve de Cordoue, de Florian. D'autres fragments encore, mais sans liaison et sans importance, forment les prétendus chapitres de la littérature mêlée et de la littérature étrangère. On y trouve la vie de Nicolo Franco à côté du Paradis perdu de Milton. Ces articles, faits à la hâte, auraient dû rester dans les journaux pour lesquels ils avaient été composés. Le quatorzième volume est terminé par un double appendice sur le Calendrier républicain et sur la Langue révolutionnaire ; morceaux où le talent de l'auteur est remplacé par une extrême violence.

Cette violence éclate avec plus de fureur dans les deux derniers volumes ; ils ont pour objet la philosophie du dix-huitième siècle, et sont divisés en deux livres : le premier, sur les philosophes ; le second, sur les sophistes. Parmi les philosophes, l'auteur veut bien placer Fontenelle, Montesquieu, Buffon, Condillac, Duclos, Vauvenargues et même D'Alembert. Le meilleur article est celui de Vauvenargues : c'était le plus facile à faire. L'article de Fontenelle est loin d'être assez piquant ; mais le goût sain du critique s'y fait du moins remarquer. L'article de Montesquieu semble fait par un homme qui avait entendu parler de l'Esprit des Lois. Quelques éloges vagues du style de Buffon composent ce qu'il y a de littéraire dans son article. On y parle de l'Histoire naturelle, mais sans caractériser aucune des parties de cet immense ouvrage, ni la Théorie de la terre, ni l'Histoire des quadrupèdes, ni celle des oiseaux, ni celle des minéraux, ni même cette belle Histoire de l'Homme qui suffirait pour immortaliser Buffon, ni ces discours généraux si admirés et si dignes de l'être, ni ces Époques de la Nature, où l'écrivain sublime a si fort embelli les rêves du physicien romancier. Du reste, Laharpe s'occupe à prouver par de longs raisonnements, et même par de petites anecdotes, que Buffon était l'ennemi déclaré des philosophes du dernier siècle : ce que l'on peut croire aisément, sans être obligé d'en conclure que leurs opinions n'étaient pas les siennes. L'auteur loue beaucoup Condillac ; mais on voit qu'il ne le connaît point assez. Un extrait et d'amples citations de l'Origine des connaissances humaines, ouvrage de la jeunesse de ce philosophe, tiennent les trois quarts de son article. Le beau Traité des sensations n'y est guère qu'indiqué. L'auteur passe ensuite aux quatre premiers volumes du Cours d'études ; il s'arrête un moment à l'Art d'écrire, dont il cite un excellent passage ; mais il y néglige des théories neuves qu'il aurait dû apprécier, et des critiques littéraires qu'il aurait eu le droit de relever. Que dans un article aussi étendu, l'on ait complétement oublié d'importants écrits de Condillac, tels que la Langue des calculs, un ouvrage sur l'économie politique, et jusqu'au Traité des systèmes, il y a déjà de quoi s'étonner ; mais, ce qui est à peine concevable, sa Grammaire générale et sa Logique n'y sont pas même nommées. Ce sont pourtant les deux ouvrages qui, avec le Traité des sensations, font ses plus beaux titres de gloire. A la fin de ce premier livre, un court fragment sur les économistes achève de prouver combien l'auteur était étranger aux sciences morales et politiques.

Que dirons-nous du second livre, qui tient un volume et demi? A la tête des sophistes est placé Toussaint, auteur d'un ouvrage aujourd'hui presque inconnu, et qui a pour titre *les Mœurs*. La longue exhumation qu'en fait Laharpe était au moins inutile. L'obscur Toussaint est fort maltraité ; moins pourtant qu'Helvétius et Diderot, ceux de tous les écrivains qui ont le plus échauffé la bile irritable du critique. Il s'épuise contre eux en déclamations amères, et ne ménage plus guère J.-J. Rousseau dans un article, d'ailleurs très court et tout à fait superficiel. Après avoir cité quelques phrases de Rousseau, Laharpe s'écrie : Quel style ! exclamation toute simple en parlant d'un tel écrivain, quand elle est admirative, mais qui est ici dérisoire, et qui par-là même devient plaisante. Il est heureux que Laharpe n'ait pas eu le temps d'examiner dans le même esprit les écrits philosophiques de Voltaire. Déjà l'on est assez fâché pour Laharpe des outrages qu'il ose se permettre contre la mémoire d'un grand homme dont il a été le panégyriste ; qui lui-même avait prêté à Laharpe un si utile appui, quand Laharpe faisait de bons ouvrages, et quand d'autres hommes, non contents de les décrier dans leurs journaux, fermaient le théâtre à Mélanie, et provoquaient des censures religieuses contre l'Éloge de Fénelon.

Ces mêmes hommes sont devenus les ardents panégyristes de Laharpe, quand il a cru devoir accumuler les palinodies, les confessions, les professions de foi, et surtout les imprécations contre ce qu'il appelait le *philosophisme*. Le croira-t-on? Dans le gros volume sur les drames lyriques, en parlant du théâtre de la Foire, il veut que Piron soit aussi un sophiste. Il poursuit la philosophie du dix-huitième siècle jusque dans Arlequin-Deucalion. C'est pourtant à ces attaques sans mesure, et toujours déplacées (car où pourrait être leur place dans un ouvrage de ce genre?) que ce même ouvrage doit les louanges exagérées dont le comblent des écrivains de parti ; mais ce qui lui vaut leur faveur est précisément ce qui le décrédite auprès des juges éclairés dont l'opinion, conforme aux lois invariables de la raison, de la décence et du goût, triomphe des résistances accidentelles, et devient tôt ou tard l'opinion publique. Toutefois un tiers de l'ouvrage ne suffit pas pour faire condamner l'ouvrage entier. Faisons ce qu'aurait dû faire un sage éditeur. Regardons comme non avenus les cinq derniers volumes du Lycée de Laharpe ; oublions-les, pour nous rappeler ce qu'il y a de bon dans le Cours de littérature ancienne, particulièrement tout le second livre, et ce qu'il y a d'excellent dans les sept ou huit premiers volumes du Cours de littérature française. Si l'auteur, aigri dans sa vieillesse, n'écrivait plus qu'en colère, et s'est condamné à la haine, il faut le plaindre : il a dû souffrir. Si, dans ses jugements sur les écrivains dont il était ou dont il croyait être le rival, il a donné trop d'exemples d'une partialité répréhensible, en reconnaissant ses défauts, on doit leur opposer son mérite, et l'on n'a le droit de blâmer ses injustices qu'en restant juste à son égard.

CONCLUSION.

Le Lycée de Laharpe est-il le meilleur ouvrage de littérature qui ait paru durant l'époque déterminée par le décret? à notre avis, aucun ne peut le contre-balancer, soit pour l'importance et l'étendue de l'entreprise, soit pour le mérite de l'exécution. Mais les termes du décret n'en sont pas moins effrayants à l'égard de cet ouvrage même. Il s'agit de réunir au plus haut degré la nouveauté des idées, le talent de la composition, et l'élégance du style. Quant à la nouveauté des idées, il faut en convenir, c'est un mérite que l'on chercherait en vain dans l'ouvrage de Laharpe. Ici toutefois se présente une considération générale. La réunion de la justesse et de l'originalité, si rare en tous les genres d'écrire, l'est particulièrement dans la critique littéraire. Les éléments de littérature de Marmontel, et les Essais de Diderot sur l'art dramatique, offrent des idées neuves, quelquefois ingénieuses, mais souvent aussi très-hasardées, ou tout à fait inadmissibles; et ces écrits n'ont laissé qu'une réputation équivoque. Rollin, dans son Traité des Études, retrace partout des idées connues, mais jamais il n'offense un goût sévère : fidèle aux préceptes de Cicéron et de Quintilien, il se contente de les exposer en rhéteur habile; et son ouvrage est resté. Voltaire est peut-être le seul qui, en fait de critique, ait su être neuf sans être faux. Toute la portée de son esprit se retrouve dans son goût; il étend un art lorsqu'il l'examine, et sa littérature est celle du génie. Si

Laharpe est loin de cette hauteur, on doit au moins lui savoir gré de n'avoir corrompu par aucun alliage la pureté des saines doctrines. Il développe, ainsi que Rollin, des principes à l'épreuve, et, pour ainsi dire, classiques. Il n'en forme pas un traité, mais il les distribue avec méthode. Il en fait un grand nombre d'applications, et quand il ne juge pas ses contemporains, presque toutes sont judicieuses. Le talent de la composition n'est pas étranger à son Cours de Littérature. Sans y faire preuve d'une grande force de conception, il y suit un vaste plan, qu'il n'embrouille pas et qu'il sait remplir. Pour le style, excepté dans les derniers volumes, qui, à tous égards, ont peu de valeur, il a souvent de l'élégance, non toutefois cette élégance exquise, fruit d'un talent supérieur et d'un grand travail, mais celle qui tient au naturel des tours, à la clarté des expressions, au soin constant de repousser le néologisme et toute espèce d'affectation. L'ouvrage est imposant dans son ensemble; et s'il a beaucoup de défauts, plusieurs qualités les rachètent. Un jour on fera mieux peut-être. Nous le désirons, nous l'espérons; mais alors même il sera juste de lui payer un tribut d'estime. Enfin l'art d'écrire est si difficile, qu'en laissant les productions du premier ordre à la place éminente qui leur appartient, les rangs qui viennent ensuite, et même à distance respectueuse, sont encore des rangs élevés.

La classe pense que le Lycée de Laharpe est digne du prix de littérature.

FIN.

TABLE ALPHABÉTIQUE

DES AUTEURS CITÉS.

A

About, 255.
Achard, 256.
Aguesseau (d'), 86, 144.
Aiguillon (d'), 198.
Alembert (d'), 117, 126, 169.
Allard (Mme), 246.
Alletz, 104.
Aubert, 307.
Aulnoy (Mme d'), 257.
Arioste (l'), 264, 266.
Aristote, 72, 73, 86, 109.
Ampère, 133.
Ancelot, 326.
Ancelot (Mme), 348.
Ancillon, 211.
Andrieux, 36, 38, 299, 330, 336, 338, 344, 345.
Anicet-Bourgeois, 360.
Anquetil, 176, 181, 191, 297.
Arago (François), 212.
Arago (Étienne), 347.
Arlincourt (d'), 227.
Arnaud, 116.
Arnauld, 56, 60.

Arnault, 31, 36, 37, 132, 299, 307, 312.
Arnault fils, 326.
Arnault (F.-A.), 327.
Aroux, 274.
Aubignac (d'), 108.
Augier (Émile), 342.
Aurèle (Marc), 110, 144.
Autran, 327.
Avenel, 135.
Azaïs, 73.

B

Babois (Mlle), 304.
Bacon, 43, 56, 64, 68.
Bailly, 150.
Ballanche, 105.
Brillat-Savarin, 307.
Balzac, 137, 217, 255.
Baour-Lormian, 132, 269, 275, 320.
Barante (de), 211, 359.
Barbaroux, 150.
Barbier (Auguste), 307.
Barbier (Jules), 346, 361.

Barchou de Penhoen, 212.
Bargemont (de V.), 106.
Barnave, 29, 148, 150.
Barni, 73.
Barrault, 73.
Barré, 355.
Barrot (Odilon), 151, 152.
Barthe, 151.
Barthélemy (l'abbé), 72.
Barthélemy, 273, 281, 307.
Batteux, 108.
Baudrillart, 105.
Bausset (de), 32.
Bautain, 151.
Bawr (de), 256.
Bayard, 347, 361.
Bayle, 121.
Bazin, 213.
Beauharnais (Mme de), 303.
Beaufort (Mme de), 303.
Beaumarchais, 37, 145, 350.
Beauvais, 28, 138, 139.
Beauzée, 44, 46, 47, 64.
Beccaria, 87, 95.
Becquey, 273.
Beecher Stowe (Mme), 259.
Belloc (Mme), 257.
Bentham, 106.
Béranger, 305.
Berchoux, 307.
Bergasse, 146.
Bernard, 354.
Bernardin de Saint-Pierre, 34, 135, 220, 353.
Bernier, 83.
Berriat Saint-Prix, 106.
Berryer, 151, 152.
Bersot, 73.
Berville, 151.
Bescherelles, 70.
Beudin, 360.
Bexon, 95.
Beyle (Henri), *Stendhall*, 256.

Bignan, 281.
Bignon, 210, 279.
Billault, 151.
Bitaubé, 279.
Blair, 113, 114, 115.
Blanc (Louis), 210.
Blanqui, 105.
Blondeau, 106.
Bodin, 86.
Boëtie (La), 86.
Bodmer, 280.
Boileau, 130, 284, 285.
Bois-Guilbert, 86.
Boisjolin, 302.
Boismont (de), 138.
Boissy, 29.
Bonald (de), 100, 101.
Bonjour (Casimir), 346.
Benoist, 57.
Bossu (le), 108.
Bossuet, 28, 110, 111, 112, 114, 137, 138, 142, 143, 146, 147, 154, 182, 217.
Bossut, 33.
Botta, 212.
Boufflers, 31, 36, 302.
Bougeant, 155.
Bouhours, 44, 108.
Bouillet, 72, 217.
Bouillié (de), 211.
Bouillier, 73.
Bouilly, 39, 257, 361.
Bourdaloue, 110, 111, 112, 138.
Bourdic (Mme de), 303.
Bourguignon, 94.
Bournial (du), 243.
Bozzelli, 104.
Brantôme, 154.
Brazier, 361.
Brébeuf, 271.
Bret, 118.
Bridaine, 111.
Brifaut, 327.

Brizeux, 306.
Broglie (de), 159.
Broglie (de), fils, 134, 213.
Brosses (de), 44, 53.
Brotonne (de), 244.
Bruguière du Gard, 300.
Bruyère (la), 74, 115, 123.
Buffier, 44, 56.
Buffon, 33, 117, 126, 145.
Bulwer (Lytton), 258.
Buloz, 136.
Burnet (Miss), 245.
Butet, 53.
Buzot, 150.
Byron (lord), 280.

C

Cabanis, 25, 64, 65, 79.
Cailhava, 27, 38, 117, 118, 119, 130.
Caillard, 206.
Campenon, 294, 297.
Camus, 29.
Candeille (Mlle), 340.
Capefigue, 211.
Carmouche, 361.
Carnot, 73.
Carré, 106.
Carré (Michel), 347, 361.
Carrel (Armand), 105, 213.
Caro (Annibal), 271.
Castel, 36, 288.
Castera (de), 32, 203, 204.
Catulle, 116.
Cauchois Lemaire, 205.
Cayx, 209.
Cazalès, 150.
Cazotte, 247.
Cervantes, 74, 243.
Chapelier, 29.
Chamfort, 27, 121, 123, 126, 213.
Champagny (de), 213.

Charma, 72.
Charpentier, 133.
Charron, 75.
Chasles, 135, 136.
Chastenay (Mme de), 246.
Chateaubriand, 34, 105, 131, 210, 222, 280.
Chateauneuf, 106.
Chauffard, 294.
Chenedollé, 290.
Chénier, 131, 213, 257, 279, 280, 281, 306, 326.
Chénier (André), 306.
Chéron, 341.
Chevalier (Michel), 73, 106.
Chézy, 363.
Chiari (l'abbé), 250.
Choiseul (de), 198.
Cicéron, 25, 74, 76, 108, 110, 130, 145.
Clairville, 362.
Claudien, 282.
Clément, 275.
Cochin, 144.
Colardeau, 126.
Coleridge, 280.
Colet (Louise), 307.
Collin d'Harleville, 334, 344.
Comines (Ph. de), 153, 181.
Comte (Auguste), 73.
Comte (Charles), 105, 106.
Comte (Mme Achille), 348.
Conde, 212.
Condillac, 24, 45, 47, 50, 51, 55, 57, 64, 68, 71, 85, 111, 156.
Condorcet, 29, 33, 50, 77, 78, 103, 126.
Considérant, 106.
Constant (Benjamin), 152, 256.
Cooper (Fenimore), 258.
Cormenin, 105.
Corneille, 27, 44, 74, 109, 115, 118, 125, 130, 300, 309, 329, 349.

Corneille (Thomas), 308.
Cottin (Mme), 116, 230.
Courcy (de), 362.
Courier (Paul-Louis), 105.
Cournand, 291.
Cournot, 72.
Cousin, 71, 72, 134.
Crébillon, 308.
Crémieux, 152.
Créqui (M^{se} de), 198.
Currer Bell (D.), 158.
Cuvier, 31, 212.
Cuvillier-Fleury, 254.

D

Dacier, 73, 213.
Damas Hinard, 244.
Damiron, 72.
Dangeau, 44.
Daniel, 100, 154.
Danton, 150.
Dartois, 361.
Daru, 36, 212, 297.
Daunou, 29, 133, 211, 213, 377.
Davrigny (Lœillard), 326.
Decourcy, 362.
De Fauconpret, 257.
Defeletz, 135.
Delatour, 259.
Delavigne, 305, 326, 327.
Delavigne (Germain), 361.
Delaville, 347.
Delille, 35, 36, 269, 271, 272, 273, 274, 275, 277, 280, 284, 291, 294, 363.
Delrieu, 321.
Demogeot, 132, 305.
Démosthène, 110.
Demoustier, 339.
Denne-Baron, 282.
Dennery, 360.

Dépagny, 347.
Depping, 213.
Désaugiers, 361.
Desbordes-Valmore, 307.
Descartes, 110.
Deschamps (Ant.), 274, 306.
Deschamps (Émile), 306.
Deshoulières, 305.
Desmarais (Rénier), 44.
Desmoulins (Camille), 150.
Desnoyer (Charles), 362.
Desnoyer (Louis), 362.
Destouche, 329.
Dézobry, 213.
Dickens (Ch.), 258.
D'Hèle, 355.
Diderot, 33, 109, 117, 350.
Didot, 161.
Dinaux (Goubaux), 328.
Disraéli, 258.
Domergue, 25, 45, 46, 47.
Dorat, 302, 350.
Dorion, 281.
Dotteville, 170.
Doucet (Camille), 347.
Dovalle, 306.
Draparnaud, 326.
Droz, 104, 213.
Dryden, 271.
Dubelloy, 308.
Dubois, 72.
Dubos, 106, 155, 177.
Ducange, 256, 360.
Duchatel, 72, 104.
Duchemin, 297.
Ducis, 36, 37, 127, 198, 309.
Duclos, 44, 47, 75, 121, 122, 123, 156, 191, 192, 196.
Ducos (Mme), 247.
Ducray-Duménil, 257.
Dudevant (Mme), George Sand, 254.
Dufaure, 152.
Duffault, 134.

Dufresny, 329.
Dufresnoy (Mme), 304.
Dugas Montbel, 279.
Dulaure, 210.
Dumanoir, 362.
Dumarsais, 44, 46, 56, 121.
Dumas (Alexandre), 255, 347.
Dumas (Alexandre) fils, 348, 360.
Dumas (Mathieu), 210.
Dumersan, 361.
Dumont, 106.
Dunoyer, 105.
Dupanloup, 151.
Dupaty, 88, 146, 347.
Dupeuty, 362.
Dupin aîné, 151.
Dupin (Ph.), 151.
Dupin (H.), 361.
Dupont de Nemours, 26, 90.
Dupuis, 33.
Dureau de la Malle, 167.
Duresnel, 263, 271.
Duval (Alex.), 38, 39, 339, 350, 355.
Duvergier de Hauranne, 72, 106.
Duvivier (Girault), 70.
Duveyrier, 361.

E

Edgeworth (Miss), 258.
Epagny (d'), 347.
Empis, 347.
Enfantin, 73.
Escouffe, 360.
Esmenard, 36, 39, 289, 354.
Estienne (R.), 43.
Estienne (H.), 44.
Etienne, 132, 347.

F

Fabre (Victorin), 36, 300.

Fabre (d'Églantine), 38, 330, 344.
Falloux (de), 151.
Fantin (de Sodoard), 181.
Faucher (Léon), 105.
Fauchet, 150.
Fauconpret (de), 257, 258.
Faugère, 133.
Fauriel, 211.
Faustin Hélie, 106.
Favard, 355.
Favre (Jules), 152.
Fayette (Mme de La), 218, 273.
Fénélon, 44, 76, 109, 110, 128, 143.
Feugère, 133.
Feuillet, 80.
Feuillet (Octave), 257, 348.
Fielding, 114, 247, 253.
Filangieri, 102.
Fiévée, 241.
Flahaut (Mme de), 233.
Fléchier, 111, 137.
Fleury (l'abbé), 108.
Fleury (Cuvillier), 135, 254.
Flins (de), 339.
Fontaine (La), 47, 74, 117, 121, 307.
Fontanes (de), 35, 263, 297.
Fontenelle, 115, 213, 304, 353.
Forbonnais, 88.
Forgues, 258.
Foucher (Paul), 348, 360.
Fourcroy, 33.
Fourier, 106.
Fourrier, 212.
Foussier, 347.
Foy (général), 152.
Fraissinous, 151.
Français, de Nantes, 29.
François de Neufchâteau, 38, 341,
Franck, 72.
Franklin, 92.
Frénilly (de), 301.

Fresse-Monval, 282.
Fréret, 121.
Fréron, 120.
Froissart, 153, 181.
Fulgence, 338.

G

Gaillard, 156.
Gaillardet, 360.
Gallois, 122.
Ganilh, 26, 93.
Garat, 25, 29, 31, 52, 67, 68, 69, 126.
Garnier, 72, 91, 103, 104.
Garnier-Pagès, 152.
Gaslon, 272.
Gassendi, 83.
Gautier, 135.
Gay (Sophie), 307.
Gay (Delphine), 307, 327.
Geffroi, 134.
Genlis (Mme de), 127, 227, 257.
Gensonné, 150.
Gérando (de), 25, 58, 59, 104.
Gerbier, 145.
Géruzez, 132, 150.
Gessner, 37.
Gilbert, 296.
Ginguené, 27, 123, 124, 278, 299.
Girard, 44.
Girardin (E. de), 105, 132.
Girardin (Mme de), 307, 327.
Giraud, 106.
Giraudet, 102.
Glover, 263.
Godefroy, 133.
Godwin, 244.
Goethe, 240, 280, 252, 359.
Gogol, 259.
Goldoni, 341.
Goldsmith, 247, 249.
Gottsched, 280.

Goubaux (Dinaux), 328, 360.
Gourbillon, 274.
Gourgaud, 209.
Gresset, 302, 329, 350.
Grétry, 34.
Guadet, 150.
Gudin, 266, 290.
Guichardin, 74.
Guilbert de Pixérécourt, 360.
Guillard, 39, 354.
Guimond (de la Touche), 308.
Guiraud, 327.
Guiraudet, 190.
Guizot, 72, 133, 152, 207, 359.
Guizot (Mme), 257.

H

Halévy (Léon), 297, 327.
Hall (Mme), 258.
Hallam, 191.
Hamilton, 154, 217.
Hammer (de), 212.
Harris, 49.
Hauranne (Duvergier de), 72, 106.
Haussonville (d'), 211.
Hautefeuille, 106.
Havet, 134.
Hawthorne, 259.
Hécatée, 161.
Hèle (d'), 355.
Hellert, 212.
Helvétius, 57, 85, 125.
Hénault, 155.
Hennequin, 151.
Henri, 186, 213.
Henrion de Pansey, 106.
Hérodote, 158, 160, 162.
Hésiode, 282.
Hobbes, 56, 64.
Hoffmann, 39, 132, 134, 259, 354, 535.

Holme Lee, 258.
Homère, 74, 116, 128, 218, 276, 279.
Horace, 36, 105, 129, 130, 277, 297.
Houssaye (Arsène), 257.
Hugo (Victor), 132, 258, 280, 303, 306, 360.
Hugo (François-Victor), 359.
Humboldt (de), 212.
Hume, 93, 190.

J

Jacques, 72.
Janet, 104.
Janin, 135, 297.
Jay, 135.
Joinville, 153, 181.
Jomini, 209.
Jordan (Camille), 152.
Jouffroy, 72.
Jourdain, 73.
Jouy, 39, 132, 135, 326, 354, 363.
Jullien (Bernard), 70.
Jullien (Antoine), 136.

K

Karamsin, 212.
Karr (Alphonse), 256.
Kératry, 256.
Klopstock, 280, 352.
Koch, 211.
Kock (Paul de), 257.
Kock (Henri de), 257.
Kotzebue, 259, 352, 359.

L

Labitte, 133.
Laboulaye, 106.
Labruyère, 354.

Lacalprenède, 270.
Lacépède, 33.
La Chalotais, 144.
Lachaussée, 330, 350.
Lacordaire, 151.
Lacretelle, 27, 97, 112, 146, 210, 253.
Lacretelle (jeune), 210.
Lacroix (Jules), 297, 327.
Laferrière, 106.
Lafitte (J.), 152.
Lafond (Ch.), 327.
Lafontaine, 47, 74, 117, 121, 307.
Lafontaine (Auguste), 247, 250.
Lafosse, 308.
Laharpe, 27, 122, 125, 126, 127, 128, 174, 308, 350, 363, 366.
Lalane, 288.
Lamartine, 133, 210, 280, 305, 306.
Lambert (Saint), 25, 81, 82, 84, 288.
Lamennais, 72, 151.
Lameth, 150.
Lamoignon, 86, 97.
Lamotte, 270, 296, 353.
Lancival (Luce de), 35, 269.
Lancelot, 47.
Languet, 86.
Laprade (de), 307.
Larcher, 158, 161.
Laroche (Benjamin), 258.
Laromiguière, 50, 71.
Larroque, 73.
Las Cases (de) 209.
Latena, 104.
Latouche, 306.
Latour (de) 307.
Laujon, 38, 329, 355.
Lavallée, 208.
Lavallée (de) 239.
Lavergne (Alex. de), 348.
Lavoisier, 33.
Laya, 330.

— 400 —

Laya (Léon), 348.
Lebailly, 307.
Lebras, 360.
Lebrun, 36, 90, 275, 278, 279, 287, 295, 296, 301.
Lebrun (P.), 326.
Leclercq, 127, 133.
Leclerc (Théodore), 348.
Lefebvre-Deumier, 360.
Lefranc de Pompignan, 296, 308.
Leglay père, 213.
Leglay fils, 213.
Legouvé, 37, 278, 299, 314.
Legouvé (Ernest), 314, 327.
Legraverand, 106, 360.
Leibnitz, 59, 276.
Lemaire, 70, 105.
Lemare, 50.
Lemercier, 37, 281, 316, 342, 344.
Lemière, 126, 290, 308.
Lemoine, 135.
Lemontey, 198.
Lerminier, 106.
Leroux (P.), 72, 73.
Lesage, 218, 339.
Lessing, 352.
Lévêque, 72,
Lévesque, 161, 164, 171.
Lévesque (Maurice), 171.
Lewis, 247.
Liadières, 326.
Lingard, 190.
Linguet, 145.
Littré, 70, 73.
Locke, 56, 61, 65.
Loménie, 133.
Longin, 130, 146.
Loëve Weimars, 259.
Lœillard d'Avrigny, 326.
Louvet, 150.
Lucain, 281.
Lucrèce, 283, 292, 294.

M

Mably, 87, 156, 177.
Macaulay-Graham, 189, 190.
Maccaulay, 191.
Macpherson, 269.
Machiavel, 87, 101.
Magnien, 134.
Mailher de Chassat, 189.
Maine de Biran, 60.
Maistre (de), 105.
Malebranche, 56.
Malesherbes, 97.
Malfilatre, 295.
Malherbe, 43, 217, 295,
Mallefille, 347.
Mallet, 184.
Manuel, 152.
Manilius, 290.
Manzoni, 259.
Maquet, 257, 327, 360.
Marivaux, 219, 330.
Marbois (Barbé), 26, 27, 88, 90.
Marchangy (de), 227.
Marlès, 211.
Marmier, 259, 359.
Marmontel, 25, 31, 51, 60, 61, 62, 76, 109, 122, 191, 196, 197, 217, 355.
Marryat, 258.
Martens, 106.
Martignac (de), 152.
Martin, 73.
Martin (H.), 208.
Marsollier, 39, 355.
Mascaron, 127.
Massillon, 28, 110, 111, 112, 114, 131, 142, 144, 192.
Masson, 261.
Matter, 104.
Mauguin, 151.
Maurepas (de) 198.

Maury, 27, 29, 110, 111, 112, 142, 148, 150.
Maynard, 374.
Mazères, 338, 347.
Mazure, 213.
Melesville, 361.
Melon, 86.
Ménage, 44.
Mercier, 342.
Mercœur (Élisa), 307.
Merlin, 29, 94.
Mérimée, 134, 213, 256.
Mérilhou, 151.
Mézeray, 154.
Méritens (Mme de) Constance Allart, 256.
Merville, 347.
Méry, 281.
Michaud, 211, 288.
Michelet, 208.
Mignet, 209, 213.
Millevoye, 36, 300, 306.
Millin, 135.
Millot, 156
Milton, 35, 265, 271, 274.
Miot, 158.
Mirabeau, 28, 88, 147, 149, 150, 159.
Mocquard, 360.
Molé (comte) 152.
Molière, 27, 109, 115, 117, 118, 130, 218, 329, 375.
Mollevaut, 282, 294, 303.
Monclar, 144.
Montaigne, 43, 75, 86.
Montalembert (de) 151.
Monteil, 211.
Montesquieu, 85, 86, 95, 100, 101, 102, 128, 155, 156, 219, 240.
Montémont (Albert) 70, 257, 258, 297.
Montgaillard (de), 210.
Montholon (de), 209.

Montgolfier (Mlle de), 259.
Montjoye, 240.
Montolieu (Mme de), 249.
Monvel, 39, 351, 355.
Moreau (Hégésippe), 306.
Morel de Vindé, 239.
Morellet, 31, 245, 246.
Morogues (Bigot de), 105.
Mounier, 150.
Mouradgea d'Ohsson, 212.
Mozart, 116.
Muller, 182, 184.
Murville, 57, 74, 320.
Musset (Alfred de), 256, 306, 347.
Musset (Paul de), 256.

N

Naigeon, 33.
Narrey, 347.
Necker, 88, 124.
Nemours (Dupont de), 26, 90.
Newton, 78.
Nicole, 56, 60, 75.
Nisard, 132.
Neufchâteau (François de), 31, 294, 331, 341.
Noailles (duc de) 134.
Nodier, 71, 256.
Norvins (de), 210.

O

Oehlenschlager, 359.
Olivet (L'abbé d') 44, 46.
Ovide, 35, 275, 276, 277, 282.

P

Paganel, 213.
Pailleron, 347.
Palissot, 27, 119, 120, 121.
Panard, 355.

Pardessus, 106.
Parny, 35, 36, 264, 302.
Parceval Grandmaison, 35, 268.
Pascal, 137.
Passerat, 216.
Pastoret, 26, 95.
Patin, 133, 297.
Patru, 44, 144.
Pélisson, 144, 154.
Pellat, 106.
Pellico (Silvio), 259.
Péréfixe, 154.
Perrault, 217.
Perreau, 26, 94.
Perrier (Casimir), 152.
Perrot d'Ablancourt, 161.
Pétetin (A.), 105.
Picard, 38, 338.
Pichot (A.), 136, 359.
Pigault-Lebrun, 240.
Piis (de), 355.
Pindare, 116, 282.
Piron, 329, 355.
Planard, 361.
Plotin, 72.
Planche (Gustave), 135.
Poirson, 209.
Poitevin, 70.
Ponsard, 327.
Pons de Verdun, 301.
Pope, 268, 271, 283, 302.
Portalis, 29.
Porter (Miss), 245.
Pongerville (de), 294.
Poule, 138.
Pouschkine, 259.
Pradt (de), 105.
Prémaray (Jules de), 348.
Prévost-Paradol, 135.
Prévost (L'abbé), 218.
Proudhon, 70.

Q

Quinault, 39, 353, 376.
Quinet, 134, 280.
Quintilien, 108, 129, 162, 167.

R

Racan, 217, 374.
Racine, 27, 109, 115, 122, 125, 130, 295, 304, 308, 309.
Racine fils, 283, 285.
Radcliffe (Mme), 247.
Ragon, 297.
Ratisbonne, 274.
Raux, 291.
Ravaisson, 73.
Ravignan, 151.
Raymond, 70.
Raynal, 157.
Raynouard, 36, 37, 299, 318, 363.
Regnard, 329.
Regnault de Saint-Jean d'Angely, 29.
Regnier, 44.
Reid, 71.
Rémusat, 72, 134.
Renan, 73.
René, 134.
Retz (card. de), 154, 155.
Reybaud (Ch.), 256.
Reybaud (Mme Ch.), 256.
Reynaud, 73.
Ribouté, 344.
Richardson, 74, 114, 219, 247.
Richelieu, 154.
Rigault, 135.
Rivarol, 52.
Robertson, 114, 143, 188.
Robespierre, 150.
Rochefoucauld (de La), 74.
Rœderer, 26, 90.

Roger, 39, 343.
Rolle, 135.
Rollin, 108, 155.
Romey, 212.
Ronsard, 43, 374.
Roscoë, 186.
Rosseeuw Saint-Hilaire, 212.
Rossi, 105.
Royou (Corentin), 207.
Roucher, 103.
Roujoux (de) 191.
Rousseau, 68, 76, 80, 87, 96, 100, 101, 117, 121, 126, 219, 275.
Rousseau (J.-B.), 295.
Royer (de), 152.
Royer-Collard, 71, 152, 207.
Rulhières, 32, 157, 199, 204, 267, 363.

S

Sacy (I. Silvestre de), 170, 213, 363.
Sacy (U. Silvestre de), 135.
Saint-Ange, 35, 275, 276, 277.
Saint-Foix, 240.
Saint-George (de), 361.
Saint-Just, 150.
Saint-Lambert, 25, 81, 84, 85, 288.
Saint-Priest, 212.
Saint-Réal, 154, 155.
Saint-Simon, 73.
Saint-Simon (duc de), 154, 191.
Sainte-Aulaire, 211.
Sainte-Beuve, 133, 306.
Sainte-Croix, 164.
Saintine (Boniface), 256, 361.
Saisset, 72.
Salvandy (de), 152, 227.
Salluste, 163-167.
Sand (Georges), 254.
Sandeau, 255.

Salm (Mme la Princesse de), 303.
Sardou, 348.
Sarrazin (de), 257.
Saurin, 111, 126, 138.
Saulnier, 136.
Say (J.-B.), 26, 91, 92, 105.
Sayous, 132.
Schiller, 188, 247, 280, 352, 359.
Schoell, 211.
Scribe (Eugène), 256, 328, 338, 347, 361.
Scott (Walter), 257, 280.
Sedaine, 350, 355.
Sédillot (J.-J.), 363.
Sédillot (L.-A.), 136, 212.
Ségur (de), 31, 204, 207.
Ségur (Ph. de), 207.
Segrais, 271.
Séjour (Victor), 360.
Ségalas (Anaïs), 307.
Servan, 88, 144.
Sévigné (Mme de), 116, 154, 304.
Seyssel, 154, 161.
Shakespeare, 115, 246, 280, 359.
Sheridan, 341.
Sicard, 15, 31, 47.
Sieyès, 26, 88, 89.
Siméon, 29.
Simon (Jules), 72, 104.
Silvestre de Sacy père, 70, 213, 363.
Silvestre de Sacy fils, 135.
Sismondi, 39, 105, 184, 208.
Smith (Adam), 78, 91, 93, 102, 114.
Smith (Mme Harrison), 259.
Sophocle, 74, 311, 327.
Sollohub, 259.
Soulavie, 195.
Soulié (Frédéric), 255, 360.
Soumet, 281, 294, 326.
Southey, 280.
Souvestre (Émile), 256.

Souza (Mme de), 233.
Stace, 269.
Staël (Mme de), 76, 77, 78, 235.
Stahl (Hetzel), 257.
Stapfer, 359.
Stendhal (H. Beyle), 256.
Sterne, 247, 249.
Stewart (Dugald), 71, 102.
Stowe (Mme Beecker), 259.
Suard, 115, 116, 232.
Süe (Eugène), 255, 360.
Suétone, 173.
Sully, 86, 154.

T

Tacite, 74, 80, 146, 163, 169.
Taillandier (Saint-René), 134.
Taine, 135.
Talleyrand (de), 29, 150.
Target, 29, 145.
Tasse (le), 261.
Tastu (Mme), 307.
Terrasson, 274.
Thackeray, 258.
Théaulon, 361, 362.
Thierry (Aug.), 208.
Thierry (Amédée), 208.
Thiers, 152, 209.
Thiriot, 126.
Thomas, 31, 99, 110, 117, 126, 261, 296.
Thouret, 29, 32, 177.
Thou (de), 154.
Thucydide, 161, 163.
Thurot, 49, 186.
Tibulle, 303.
Tillotson, 111, 114.
Tissot, 210, 302, 363.
Topffer, 257.
Tracy (de), 25, 62, 63, 64.
Treilhard, 29, 145.
Treneuil, 281.

Tourgueneff, 259.
Tressan (de), 216.
Tronchet, 29.
Tripier, 151.
Tripier Lefranc, 307.
Tripier Lefranc (J.), 307.
Trollope (Mistress), 258.
Troplong, 106.
Turgot, 77, 88, 91.

V

Vacherot, 73.
Vaëz (Gustave), 348.
Vanderbourg, 132, 297.
Varner, 361.
Vauban, 86.
Vaudoncourt (de), 209.
Vaugelas, 44.
Vaulabelle (de), 210.
Vayer (La Mothe Le), 75.
Velly, 154.
Ventura, 151.
Verdier (Mme), 303.
Vergniaux, 150.
Véron, 136.
Vertot, 155.
Viardot, 244, 259.
Viennet, 281, 307, 326, 327.
Vigny (Alfred de), 256, 306, 360.
Villèle (de), 152.
Villemain, 72, 132, 213.
Villeneuve Trans (de), 213.
Vincent (E.), 212.
Virgile, 35, 74, 271, 273, 274, 276, 278, 279, 282, 283, 289, 291, 294, 302.
Vitet, 72, 134.
Vivien, 151.
Voiart, (Mme Élise), 257.
Volney, 35, 54, 55, 81, 82.
Voltaire, 27, 39, 47, 61, 74, 78, 85, 87, 100, 101, 109, 114, 115,

116, 117, 119, 120, 121, 125, 127, 128, 130, 145, 191, 197, 219, 247, 261, 264, 275, 283, 302, 308, 309, 324, 350, 356.

W

Waddington, 73.
Wailly (de), 191, 297.
Wailly (G. de), 348.
Walkenaer, 134, 213.
Wafflard, 338.
Washington Irwing, 191.
Weiss (Ch.), 213.
Wieland, 280.
Witt (de), 213.
Wolowski, 106.
Wordsworth, 280.

Z

Zévort, 161.
Zschohhke, 259.

TABLE.

	Pages.
Avertissement.	v
Notice sur Chénier, par Daunou.	1
Introduction.	23
CHAPITRE I. — Grammaire; Art de penser; Analyse de l'entendement.	43
II. — Morale, Politique et Législation.	74
III. — Rhétorique; Critique littéraire.	108
IV. — Art oratoire.	135
V. — L'Histoire	153
VI. — Les Romans.	215
VII. — La Poésie épique. *Poëme héroïque; Poëme héroï-comique; Imitations et Traductions en vers.*	260
VIII. — La Poésie didactique.	283
IX. — Poésie lyrique. *Divers petits genres de Poésie.*	295
X. — La Tragédie.	308
XI. — La Comédie.	329
XII. — Le Drame, les deux scènes lyriques. *Coup d'œil sur les moyens de soutenir l'art dramatique.*	349
Prix décennaux. — *Rapport sur le grand prix de littérature.* — Douzième grand Prix de première classe, à l'auteur du meilleur ouvrage de littérature, qui réunira au plus haut degré la nouveauté des idées, le talent de la composition, et l'élégance du style.	363
Table alphabétique des auteurs cités	393

www.ingramcontent.com/pod-product-compliance
Lightning Source LLC
Chambersburg PA
CBHW071858230426
43671CB00010B/1386